本书系国家社科基金重大项目"百年中国乡土文学与
（项目编号：21&ZD262）阶段性成果

有声的乡村

1949—1965年中国农村的新文艺生活

徐志伟　张永峰 ◉ 著

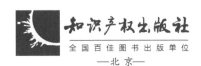

知识产权出版社

全国百佳图书出版单位

—北 京—

图书在版编目（CIP）数据

有声的乡村：1949—1965年中国农村的新文艺生活/徐志伟，张永峰著. —北京：知识产权出版社，2025.1

ISBN 978 - 7 - 5130 - 9248 - 7

Ⅰ. ①有… Ⅱ. ①徐… ②张… Ⅲ. ①农村—社会生活—研究—中国—1949-1965 Ⅳ. ①D422.7

中国国家版本馆 CIP 数据核字（2024）第 030881 号

责任编辑：江宜玲　　　　　　　　　　责任校对：潘凤越
封面设计：杰意飞扬·张悦　　　　　　责任印制：孙婷婷

有声的乡村

1949—1965 年中国农村的新文艺生活

徐志伟　张永峰　著

出版发行：知识产权出版社有限责任公司	网　　址：http://www.ipph.cn
社　　址：北京市海淀区气象路 50 号院	邮　　编：100081
责编电话：010 - 82000860 转 8339	责编邮箱：99650802@qq.com
发行电话：010 - 82000860 转 8101/8102	发行传真：010 - 82000893/82005070/82000270
印　　刷：北京建宏印刷有限公司	经　　销：新华书店、各大网上书店及相关专业书店
开　　本：720mm × 1000mm　1/16	印　　张：20.5
版　　次：2025 年 1 月第 1 版	印　　次：2025 年 1 月第 1 次印刷
字　　数：282 千字	定　　价：88.00 元

ISBN 978 - 7 - 5130 - 9248 - 7

目录

绪　论

一、问题的缘起

"翻身做主人"是新中国成立之后政府凝聚农民认同的重要政治话语，但农民是"翻身"主体的同时，也是被"解放"的对象，他们的思想不可能在一夜之间脱胎换骨。相对于使他们获得"解放"的革命者而言，他们大都还缺少对"社会主义"这一新事物的起码认识，因此非常有必要对他们进行意识形态的熏陶，让他们在思想上也实现"翻身"，经由这一过程，他们才能成为合格的"主人"。正是在这样的背景下，新中国甫一成立，政府便积极开展农村文艺运动，以此来传播新的意识形态，改造农民的"陈旧思想"，召唤出农民的主体意识。

新中国成立初期①开展的农村文艺运动，内容主要包括农村俱乐部建设、农村广播网建设、农村电影放映网建设、农村新文艺读物出版、民间艺人改造、民间戏俗改造、新民歌运动、农村美术活动、公社史编写运动等。农村文艺运动在中国乡村社会的现代转型中占有极其特殊而重要的位置，对于重建乡村文化组织、创新文化管理模式、重构农民的生活世界与思想意识、凝聚农民的共同理想与价值观念等，都具有非常重要的示范作

---

① 本书所论及的新中国成立初期，时限是 1949—1965 年，这段时间通常也被归入"十七年"时期。

用。本书力图具体、动态地揭示中国特色社会主义文化是如何在新意识形态引导的农村文艺组织、生产及改造过程中呈现并逐渐成为乡村文化主流的。社会主义乡村文化传统在今天遇到了新媒体以及都市消费文化的巨大冲击。从某种程度上说，本书的问题意识正是来源于当下农村文化现实的挑战与刺激。在今天，重提新中国成立初期开展的农村文艺运动，并不是要复制过去，而是在新的问题意识的召唤下与其对话，激活其与 20 世纪中国化的现代性经验之间的关联，从而与当下的乡村振兴战略形成一种良性的互动。

二、研究述评

国外汉学界涉及新中国农村文艺运动的研究有多种理论视角，其中最有影响的是"革命视角"和"现代化视角"。"革命视角"下的研究大都倚靠欧美思想界近几十年来深入反省"现代化"理论和"现代性"叙事的成果，将新中国农村文艺运动理想化，或从乡村戏曲中发现中国革命的民众基础[1]，或从新秧歌中发现政府倡导的社会政治文化模式与民众生活之间特有的亲和力[2]，从而建构出一种中国的"革命现代性"，并以此来质疑西方自启蒙运动以来形成的单一现代性。而"现代化视角"下的研究则侧重于考察新中国农村文艺运动的意识形态性，或分析政府怎样把农村文艺作为宣传工具来为其政治目的服务[3]，或分析农村文化改造如何背离官方

---

[1] 董晓萍，欧达伟. 乡村戏曲表演与中国现代民众 [M]. 北京：北京师范大学出版社，2000.

[2] CHANG T H. The dance of revolution [J]. The China Quarterly，2005，181：82 - 89.

[3] HOLM D. Art and ideology in revolutionary China [M]. Oxford：Clarendon Press，2001.

的表述并导致农村社会失范①，所强调的是国家和政党对农村文化的收编与控制。"革命视角"和"现代化视角"都是特定价值立场的产物，所以以此为出发点的历史阐释很容易陷入观念先行的困境，导致无视历史的丰富性和复杂性。历史成了"任人打扮的小姑娘"——我们从中看到的"并不是两种截然相反的历史事实，而是两种绝然对立的价值理念对历史事实的歪曲反映"。②"革命视角"背后涌动的是强烈的阶级意识，而"现代化视角"背后则"搬用西方社会的现代化经验，并以西方社会价值体系为参照系来比附中国近代社会历史发展进程"③，带有较强的"西方中心主义"色彩，所以二者的理论制约性都比较明显。

在国内学界中，关于新中国农村文艺运动的研究曾一度基础薄弱且少人问津。20 世纪 80 年代，除一些前辈学者、老艺人的回忆性文字及部分资料汇编浮现的历史概貌外，相关研究鲜有成果。直到 20 世纪 90 年代以后，随着国外大众文化研究理论的大量引入，加之众多民俗学、人类学学者在相关领域中的独特造诣和持续思考，国内学界对新中国农村文艺运动的重要性、复杂性的认知才得以深入。很多颇具开拓性的研究成果在这一时期相继出现。在这些成果中，有的侧重于分析民间文化与主流意识形态之间的博弈过程④，有的侧重于思考"地方性""革命性"与"现代性"之间的离合关系⑤，有的侧重于考察农村文艺运动与社会主义文化领导权建构之间的复杂关联⑥，总体上呈现出一种超越西方现代性叙事的理论诉

① FRIEDMAN E, PICKOWICZ P G. Chinese village: socialist state [M]. New Haven: Yale University Press, 1991.

② 张佩国. 中国乡村革命研究中的叙事困境: 以"土改"研究文本为中心 [J]. 中国农史, 2003 (2): 72-76.

③ 同上.

④ 蔡翔. 国家/地方: 革命想象中的冲突、调和与妥协 [J]. 当代作家评论, 2008 (2): 4-34.

⑤ 刘禾. 一场难断的"山歌"案: 民俗学与现代通俗文艺 [M] //刘禾. 语际书写: 现代思想史写作批判纲要. 上海: 上海三联书店, 1999.

⑥ 张炼红. 历炼精魂: 新中国戏曲改造考论 [M]. 上海: 上海人民出版社, 2013.

求，无论是在研究思路上，还是在研究方法上，都给人以很大的启发。然而需要指出的是，虽然这些成果开辟了关于新中国农村文艺运动研究的新空间，但未能将新中国农村文艺运动置于更为宽广的历史及理论视野中加以分析，许多深层次的问题尚未得到解决——新中国农村文艺运动如何带动了乡村社会生活的现代转型？它究竟提供了何种独特的现代性经验？这些经验对于今天的乡村振兴战略有何启示性意义？诸如此类的问题还需要我们在充分吸收已有研究成果的基础上作出进一步的回答。

三、创新之处

本书的创新之处有以下两个方面。

一是对象的创新。本书首次把新中国农村文艺运动作为中国乡村现代化进程的一个重要组成部分进行独立研究，系统考察其历史脉络，充分认识其历史地位，全面总结其历史经验。这一方面有助于丰富我们对中国乡村现代化进程的理解，另一方面有助于拓展中国现当代文学的研究领域。

二是观点的创新。本书力图改变将新中国农村文艺运动和其产生的历史背景简单地捆绑在一起的做法，重点考察其相对独立性和自身规律性。本书认为，新中国农村文艺运动曾一度有效地协调了国家和政党意识形态、民间文化传统特质、文艺发展规律、大众审美趣味等之间的复杂关系，不但创造了新的文艺生产方式，提升了农村文艺的品质，重构了民众的公共生活空间，而且将分散的乡土社会纳入统一的精神文化体系，建构了基层社会与社会主义意识形态之间的精神通道，培育了农民的阶级、政党和国家意识，其独特的历史经验对于我们今天的乡村振兴战略仍具重要的参考价值。

第一章　农村俱乐部建设

——农村文艺活动的组织化

　　新中国成立之前，农村文艺活动主要是依靠宗族、家族或民间团体"会""班""社"来开展的。农村"会""班""社"团体的名目较多，以河北为例，较大的农村一般都曾有"同乐会""民俗会""吹歌会"和戏班、剧社等。很多民间团体带有浓郁的宗教文化色彩和地域风格，有的甚至直接宣扬封建迷信，但它们与农村文艺活动有着极为密切的关联，对农村文艺的内容、形式有着极强的制约性。这些团体的存在显然有碍于社会主义文化领导权的建立。新中国成立之后，政府为了在广大农村更好地开展社会主义文艺活动，一方面对这些团体进行了取缔或改造，另一方面也积极建立新的文艺活动组织，农村俱乐部应运而生。由此，农村文艺活动开始逐渐走上了规范化、组织化的道路。

第一节　农村俱乐部的兴起

　　农村俱乐部的历史可追溯到土地革命战争时期。早在 1929 年，闽西革命根据地便开始出现农村俱乐部。同年 12 月，共青团闽西特委要求每个乡组织一个农村俱乐部。中央苏区形成后，农村俱乐部进一步发展，截至 1933 年，仅在兴国县长岗乡，农村俱乐部的数量就多达四个，每个村都有一个。①

---

① 河北北京师范学院中文系. 中国现代文学：上［M］. 内部出版，1959：253.

在中央苏区的示范下，其他苏区也竞相开展农村俱乐部建设工作，其中以闽浙赣苏区最为典型。1933 年 3 月，闽浙赣省苏维埃政府在第二次工农兵代表大会上，将办好农村俱乐部正式列为文化工作决议的重要内容。决议指出：

> 各级政府与各群众团体密切联系起来，协同努力，普遍建立各乡俱乐部。在俱乐部里面，应包括识字、读报、壁报、工农补习夜校，新戏运动、晚会、研究工作的各部。在这些工作中都要以给群众阶级的政治的教育，鼓励群众对革命战争的热情，传达解释苏维埃一切重要决议与中心工作为主要内容。同时，省文化部应计划与实行训练大批俱乐部工作干部。各级政府应发动甲俱乐部与乙俱乐部互订比赛条约，进行各种工作的比赛，更有力地促进俱乐部各种工作的进步。[1]

资料显示，闽浙赣省苏维埃政府主席方志敏十分关心农村俱乐部工作，经常到农村俱乐部和大家一起研究工作并参加娱乐活动。有一次，他亲自登台演出话剧《年关斗争》。该剧剧本也是方志敏同志编的，剧情是：在年关斗争时，农民在党的领导下向地主抗租抗债，参加农民革命团，举行年关暴动，镇压恶霸地主，在庆祝年关斗争胜利的欢乐声中，迎来了新春佳节。方志敏同志扮演一位贫农，担任主角，邵式平、黄道等人也参加演出，演出博得群众一阵阵热烈的掌声。当得知几位领导同志登台演戏时，群众情绪更为热烈，台下不断腾起欢呼声。[2] 由于党和苏维埃政府以及方志敏等领导同志，都把搞好农村俱乐部工作当作一项必不可少的重要工作来抓，农村俱乐部发展很快。到 1933 年年底，"全苏区乡俱乐部达357 所"，基本上实现了 1933 年 3 月召开的全苏"二大"文化工作决议提

---

[1] 江西省档案馆. 闽浙赣革命根据地史料选编：下［M］. 南昌：江西人民出版社，1987：392.

[2] 祝也安. 赣东北苏区农村俱乐部［M］//江西省文化厅革命文化史料征集工作委员会，等. 闽浙赣苏区革命文化史料汇编. 南昌：江西人民出版社，1997：505.

出的"普遍建立各乡俱乐部"的目标。①

在总结各地实践经验的基础上，1934 年，中央苏区教育人民委员部颁布《俱乐部纲要》，规定："乡苏的俱乐部，同时也是该乡一切农民基本群众的俱乐部。每一俱乐部之下，按照伙食单位（或村庄）成立列宁室，每一列宁室至少须有识字班、图书室及墙报，此外，还必须有运动场或游艺室的设备"；"凡是苏维埃公民都得加入他所在地方的某一俱乐部。"② 这一纲要的颁布，意味着苏区农村俱乐部进一步健全了组织形式。

全民族抗日战争和解放战争时期，在敌后抗日根据地和解放区，农村俱乐部的数量持续增长。据 1945 年 6 月统计，仅在胶东解放区、游击区，农村俱乐部的数量就达到了 12500 多个。③ 这些农村俱乐部内设剧团、民校④、识字班、壁报组、秧歌宣传队、读报组等，围绕中心工作广泛开展文娱活动：据 1946 年统计，有 5000 个农村剧团配合土地改革运动演出过歌剧《白毛女》和《兄妹开荒》《败子回头》等小歌舞剧。⑤ 这些文娱活动，不但有利于提高农民的文化水平，而且也有利于培育农民的民族意识与阶级意识。

新中国成立后，各级人民政府继承苏区、抗日根据地及解放区的传统，高度重视农村俱乐部建设。以苏南行署区为例，据媒体报道，该区吴县姑苏乡，早在 1950 年 6 月便在县教育科工作人员的指导下，成立了农村俱乐部。农村俱乐部由专设的委员会（由冬学委员会改组）领导，委员中

---

① 祝也安. 赣东北苏区农村俱乐部［M］//江西省文化厅革命文化史料征集工作委员会，等. 闽浙赣苏区革命文化史料汇编. 南昌：江西人民出版社，1997：505.

② 中央苏区教育人民委员部. 俱乐部纲要［M］//张鏖，张玉龙. 中央苏区教育史料汇编：上册. 南京：南京大学出版社，2016：126. "乡苏"是乡苏维埃政府（人民委员会）的简称。

③ 马少波. 胶东文协二十年［M］//《胶东风云录》编写组. 胶东风云录. 济南：山东人民出版社，2014：346.

④ 民校：中国共产党领导下的革命根据地民办的业余学校，包括半日学校、早学、午学、夜校、识字班（组）等。多数为初级小学程度，也有相当于高级小学程度的。

⑤ 陈志昂. 胶东解放区音乐史稿［M］//山东省烟台市政协文史资料委员会. 烟台文史资料：第 19 辑. 内部出版，1994：16.

包括农会干部、乡行政干部、小学教师、青年团员、工作队干部等 17 人。农村俱乐部下分设文教（负责办民教班、学习互助组、读报组、黑板报、阅览室及流动图书室等）、娱乐（负责领导剧团、歌咏队、儿童歌咏团等）、生产（负责领导蚕桑组、开山组、刺绣组、捕鱼组、制草鞋草包组）、总务（负责管理杂务、代笔问事、大众卫生及群众会堂等）四股。农村俱乐部的经费由群众自愿捐助及副业生产来解决。农村俱乐部所办的民教班，采取生产教学、巡回教学的方法，指导农民学习，取得了很好的成效。生产教学是利用农民在田里生产休息时间，以漫谈的方式进行教学，讲解治螟、施肥等，有时还读报。巡回教学是把学员按自然村分编小组，由小学教师与农村俱乐部干部每天傍晚到各村轮流教学，并利用小先生（五六年级小学生）来帮助农民识字。① 在吴县之后，该区的江阴县人民政府于 1950 年 8 月也作出规划，推行一村一俱乐部运动，并率先在三官殿、南殿、夏港、杨舍四个村子进行试点建设。② 据统计，截至 1950 年 7 月，苏南行署区农村俱乐部的数量已达 130 余个；至 1951 年 4 月，全区农村俱乐部更是发展到 424 个；而 1952 年比 1951 年增加更多。③

与全国各地的农村俱乐部建设实践相配合，文化部也将发展农村俱乐部列入工作计划。1951 年 4 月，政务院批准文化部《1950 年全国文化艺术工作报告与 1951 年计划要点》，要求：争取在两年内做到每一个县有一个文化馆；在有条件的村镇设立农村俱乐部；文化馆、农村俱乐部以识字教育、时事宣传、文化娱乐及普及科学知识为主要任务。④ 1954 年，文化部在《关于 1954 年文化工作的基本总结和 1955 年文化工作的方针和任务》

---

① 苏南行署文教处. 吴县姑苏乡成立农村俱乐部 [N]. 人民日报, 1950 - 06 - 27 (3).
② 谢基立. 江阴将普建农村俱乐部 [N]. 人民日报, 1950 - 08 - 03 (3).
③ 转引自中国社会科学院, 中央档案馆. 1949—1952 中华人民共和国经济档案资料选编：农村经济体制卷 [M]. 北京：社会科学文献出版社, 1992：428 - 429.
④ 文化部. 1950 年全国文化艺术工作报告与 1951 年计划要点 [M]//中华人民共和国文化部办公厅. 文化工作文件资料汇编：1949—1959. 内部出版, 1982：11.

中再次强调：农村俱乐部和农村剧团对推进农村互助合作和农业增产有重要的作用，各地应随着当地农村合作运动的发展，一般地以较大的农业生产合作社或合作运动发展的乡为单位，采取重点试办、积极和稳步发展的方针，开展农村俱乐部的工作，并应大力加强对它们的辅导。①

按照文化部的工作部署，各地的文化主管部门纷纷发出指示，推进农村俱乐部建设。1953 年，湖北省委发出"把农村爱好文艺的青年农民组织到俱乐部，开展各项文化宣传活动，活跃农村文化"的指示，全省各地的文化馆接到指示之后，立即成立工作组深入乡村推进农村俱乐部建设。② 1954 年年初，河北省文化局指示各地重点建设农村俱乐部，要求各县文化馆首先进行摸底选点工作，并向各乡、村作宣传和示范。③ 1955 年，山西省文化局发出《关于发展农村俱乐部的指示》。该指示根据全省各地农业合作化发展情况和群众文化工作基础的不同，提出了不同要求：在农业合作化运动发展较快、群众文化活动发展较好，并且已取得农村俱乐部工作经验的地区，应该以较快速度发展；在基础一般的地区，应该先进行重点试办，待取得经验后再大量发展；在基础较差的地区，须首先发展各个单一的群众文化组织（如图书室、业余剧团、歌咏队、读报组、音乐组、幻

① 文化部. 关于 1954 年文化工作的基本总结和 1955 年文化工作的方针和任务［M］//中华人民共和国文化部办公厅. 文化工作文件资料汇编：1949—1959. 内部出版，1982：31.
② 湖北省丹江口市地方志编纂委员会. 丹江口市志［M］. 北京：新华出版社，1993：574.
③ 比如大城县文化馆，在贯彻"业余、自愿、小型、多样"农村文艺方针的前提下，于 1955 年年初，拟定了农村俱乐部发展规划，确定建立农村俱乐部村庄的条件是：①农业合作化基础稳固；②经济实力较强；③对文化活动要求迫切并有一定基础；④有文艺活动骨干。文化馆通过摸底，确定农村俱乐部的目标，分两批建立了 15 处农村俱乐部。第一批为示范点，在春耕大忙前建成，位于西马村、北蔡、缴庄、郝庄四个村；第二批有八处，到秋收后建成，并于这年冬季召开了农村俱乐部现场会来做典型示范。这样就在巩固已建农村俱乐部的基础上，为以后普建农村俱乐部打下基础。县人民委员会于 1955 年 5 月、11 月两次下达文件，提出组建农村俱乐部的意见。文化馆除留一人负责馆内阵地活动外，其余干部全部下乡分片包干，全力投入农村俱乐部组建工作，并帮助 15 处已建的农村俱乐部，组织起歌舞队、戏剧组、演唱组、乐队组、图书组、宣传组等单项活动组织。1955 年 12 月 21 日，县里还举办了全县农村俱乐部文艺会演。参见河北省大城县地方志编纂委员会. 大城县志［M］. 北京：华夏出版社，1995：651.

灯站、文艺组等），加强领导，逐步提高，积极创造条件，重点试办。对只有形式、缺乏经常活动内容的农村俱乐部，该指示要求加以整顿，使其逐步发展和提高。该指示要求到 1956 年，全省做到平均每个乡有一个农村俱乐部，在条件较好的地区，还应当争取在一百户以上的较大农业生产合作社里都建立起农村俱乐部组织，并且在全省一千个集镇建立中心俱乐部；在大力发展农村俱乐部的同时，还要加强对单一的群众文化组织的领导。[①] 为了学习贯彻文化局的指示精神，1955 年 12 月 25 日出版的《山西日报》专门配发了社论。该社论再次重申农村俱乐部建设的目标："1956 年底以前，全省要培养出两万五千个农村文化活动骨干分子，建立两万个农村俱乐部"，最终"在全省形成一个以农村俱乐部网为中心的农村文化事业网"。[②]

1956 年，随着农业合作化高潮的到来，农村俱乐部工作得到了进一步的重视。1956 年 2 月 9 日，《人民日报》发表了题为《大力发展农村俱乐部》的社论。社论指出：

> 随着波澜壮阔的农业合作化运动的急剧发展，农村的面貌已经发生了根本的变化。由于农业劳动的集体化和生产关系的改变，由于农民中的社会主义意识日益发展，由于发展生产的迫切需要，广大农民群众日益要求提高文化水平和掌握新的科学技术知识，要求有更丰富的精神生活和建立新的生活方式。因此，大力开展农村文化工作，大力发展和巩固社会主义思想在农村中的阵地，来满足农民的需要并且推动农业合作化和农业增产运动的继续前进，这是文化工作的各级领导者当前的一个最迫切的重大问题，也是全体农村文化工作者的最高的任务。
>
> ……

----

① 山西省文化局. 关于发展农村俱乐部的指示 [J]. 山西政报，1956 (1)：51 – 52.
② 《山西日报》社论. 为建立两万个农村俱乐部而努力 [J]. 山西政报，1956 (1)：53 – 54.

开展农村文化工作的中心环节，是大力发展以农业生产合作社为基础的农村俱乐部。①

《人民日报》社论发表之后，文化部会同中国新民主主义青年团中央委员会于 1956 年 2 月 21 日发出指示。首先，该指示明确了农村俱乐部的性质和建设目标：

农村俱乐部是党和政府对农民进行社会主义思想教育的重要基地，也是农民群众进行广泛的文化活动的综合性的组织形式。各地应争取在两年内分批分期地建成一个遍布各乡各村的俱乐部网。②

其次，该指示规定了农村俱乐部的创建主体：

俱乐部原则上应该以农业合作社为基础来建立，使群众的业余文化活动组织和生产组织密切地结合。有些农户太少、人手缺乏、不能单独办俱乐部的合作社，可以和附近的合作社联合起来办。合作社办的俱乐部应该关心社外农民的文化生活，并且欢迎他们参加活动。目前有些以乡或者村为单位建立的俱乐部，可以根据当地的情况，或者转为合作社办，或者暂时保留乡办村办。③

再次，该指示确定了农村俱乐部的创建原则：

俱乐部的组织机构必须以精干和便利工作为原则。暂时还没有条件建立农村俱乐部的地方，应该积极地发展各种单一的文化活动组织，像歌咏队、业余剧团、图书室、读报组、黑板报编辑组、幻灯组、自乐班、舞蹈组和各种球队等，充实它们的活动内容，以便逐步

---

① 《人民日报》社论. 大力发展农村俱乐部 [N]. 人民日报, 1956 - 02 - 09 (1).

② 文化部, 中国新民主主义青年团中央委员会. 关于配合农村合作化运动高潮 开展农村文化工作的指示（1956 年 2 月 21 日）[M] // 国务院法制办公室. 中华人民共和国法规汇编: 1956—1957: 第 3 卷. 北京: 中国法制出版社, 2005: 162 - 163.

③ 同上。

地在它们的基础上建立农村俱乐部。①

最后，该指示还规定了农村俱乐部的活动内容：

> 俱乐部的活动应该同农业合作化运动、农业生产和其他中心工作密切结合，应该主动地配合扫盲工作，同时要注意开展一切有益于群众身心健康的文化娱乐活动，并且要灵活地运用多种多样的活泼有趣的形式和方法，以便吸引广大农民群众自愿地和高兴地参加。俱乐部活动内容一般可以包括宣传、教育、文艺、图书流通、体育、卫生等项，各地应该根据当地情况和俱乐部本身的条件，实事求是地加以安排，可多可少，不要强求一律。②

文化部与团中央的指示发出之后，各地的文化部门和团委迅速行动起来，掀起了农村俱乐部建设的新热潮。统计数据显示，截至 1956 年年底，全国各省、区农村俱乐部的数量均创新高：云南省达 4336 个；吉林省达 5000 多个；广西省达 7221 个；山西省达 17000 个；河南省达 18420 个。③ 而四川省和湖南省更是突破了两万个大关。其中，四川省达到 23699 个；湖南省达到 23626 个，建有农村俱乐部的农业社占全省农业社总数的 28%。④

---

① 文化部，中国新民主主义青年团中央委员会. 关于配合农村合作化运动高潮 开展农村文化工作的指示（1956 年 2 月 21 日）[M] //国务院法制办公室. 中华人民共和国法规汇编：1956—1957：第 3 卷. 北京：中国法制出版社，2005：162 – 163.

② 同上。

③ 云南省文化厅. 云南省志：卷七十三 文化艺术志 [M]. 昆明：云南人民出版社，2002：153；吉林省文化局文化处. 吉林省群众文化工作史料：第三辑 报告、评论 [M]. 内部出版，1979：10；《当代中国》丛书编辑部. 当代中国的广西：下册 [M]. 北京：当代中国出版社，1992：189；山西省图书馆. 山西省图书馆史料汇编 [M]. 太原：山西人民出版社，2003：349；《中国农业全书·河南卷》编辑委员会. 中国农业全书：河南卷 [M]. 北京：中国农业出版社，1999：352.

④ 共青团四川省委青年运动史研究室. 共青团四川省委志 [M]. 成都：成都科技大学出版社，1996：115；湖南省地方志编纂委员会. 湖南省志：第十九卷 文化志 文化事业 [M]. 长沙：湖南出版社，1991：503.

全国农村俱乐部的数量，在 1958 年"大跃进"时期持续增长，截止到 1960 年，仅湖南一省农村俱乐部的数量就逾 6.5 万个，但其中不少是浮夸风和形式主义的产物。进入三年困难时期后，很多地区的农村俱乐部工作陷入停顿，有名无实。1961 年，党的八届九中全会提出对国民经济实行"调整、巩固、充实、提高"方针后，各地纷纷出台指导意见，要求纠正"大跃进"中农村文化活动的一些偏向。通过调整、整顿，各地重新规范了农村俱乐部工作的运行机制。① 1963 年，随着农村社会主义教育运动的开展，农村俱乐部再度活跃，但有的已经改名为社会主义文化室。在很长一段时间内，农村俱乐部与社会主义文化室并存。

第二节　农村俱乐部的组织及设施

农村俱乐部是农业合作社的一个组成部分，被定性为党对群众进行政治思想教育的重要阵地、农村业余文化活动的核心组织，这就决定了它必须在社内党组织的统一领导下开展工作。至于具体由谁来领导，要看农村俱乐部所属范围的大小而定：由一个农业合作社办的，就由这个社的理事会来领导；由几个农业合作社合办的，就由几个社的理事会推举代表共同来领导，上面都是受乡人民委员会领导；当地的文化馆（站）对所有的农村俱乐部，都有业务辅导的责任。② 党支部领导农村俱乐部时一般采取以

①　如浙江省文化厅于 1961 年提出了《关于当前加强农村群众文化工作的几点意见》，对农村文化工作做了规范，并向全省发出了《关于大力开展当前农村社会主义文化宣传活动的通知》，要求各地纠正"大跃进"中农村文化活动的一些偏向。参见《中国农业全书·浙江卷》编辑委员会. 中国农业全书：浙江卷 [M]. 北京：中国农业出版社，1997：409.

②　殷功普，任嘉禾，张柄清，等. 怎样办农村俱乐部 [M]. 上海：上海文化出版社，1956：5.

下方法：审查修订农村俱乐部活动计划，经常检查执行计划的情况；定期召开农村俱乐部主任、活动组组长会议，贯彻意图，布置任务。这种统一领导的好处是：基层党组织可以把农村俱乐部工作抓起来，确保农村俱乐部为中心任务和中心工作服务。

对于农村俱乐部，除了统一领导，还要有专门的管理机构。多数农村俱乐部都设有委员会，委员人数按实际需要来决定，一般有委员五至七人，其中包括正主任一人、副主任一至二人、事务会计一至二人。委员由党、团代表，文教委员，妇女代表以及各业务活动组织的负责人担任。正主任由党、团代表或乡、社文教委员来担任。副主任由委员会内民主选举产生。事务会计由委员会指定。委员会下按需要设业务活动组，一般有宣传组（如编黑板报、放映幻灯、举办展览、组织讲座等）、学习组（如学习毛主席著作、学习文化、读报等）、文艺体育组（如唱歌、讲故事、演小节目、拔河、打篮球、打乒乓球等）、总务组（保管活动工具、筹集活动经费等事务工作）。有些基础好、骨干多的农村俱乐部，还单独成立图书室、毛主席著作学习小组、科技研究组、文艺创作组、夜校等。各组设正、副组长各一人，由组内民主产生。当然，这只是通行的农村俱乐部组织架构，并不是硬性标准，文化部在 1956 年 12 月 6—13 日召开的各省、市文化局长会议中曾指出：发展农村俱乐部应从原有群众文化活动的基础出发，规格不宜强求一律，可大可小，可简可繁。① 在具体实践中，业务活动组的数量通常根据各地区、各个社的具体情况而定，没有统一的规格，当时规模较小的农村俱乐部只有两三个活动组。

农村俱乐部的一切活动都与群众的文化生活息息相关。仅靠少数农村俱乐部领导的力量，显然不足以办好农村俱乐部。因此，吸收青年骨干并

---

① 一九五六年文化工作的方针、任务和农村文化工作的全面规划：新华社关于文化部召开各省、市文化局长会议的报道［M］//上海文化出版社. 办好农村俱乐部为农业合作化服务. 上海：上海文化出版社，1956：1.

发动广大群众参与，就成了办好农村俱乐部的关键。很多地区的农村俱乐部在建立初期，群众参与的态度并不积极。有的青年认为演戏是下等的事情，家长更不同意，认为自己的子女到农村俱乐部不光彩，会惹是生非，被人笑话；家长还怕自己的子女到农村俱乐部以后，整天玩乐，耽误生产，影响收入。一部分人还怕农村俱乐部办起来后，浪费社里的钱。总之，当时遇到的思想问题是多方面的。在打通群众的思想方面，云南省邓川县永福社俱乐部的经验曾被媒体介绍。这个俱乐部把共青团员作为农村俱乐部活动的骨干力量，不断对他们进行教育和帮助，具体的办法有：第一，帮助他们当好家，安排好时间，适当解决生产和生活上的困难；第二，进行经常性评比，通过红旗、光荣榜、喜报等方式及时表扬参加活动的积极分子，鼓舞大家的干劲。参加农村俱乐部活动后，这些青年在政治、文化、生产上的表现都有所提高，因此得到了家长们的普遍支持。①但永福社俱乐部的成功并不是普遍的，也有很多农村俱乐部在吸收青年骨干过程中遇到了阻力。比如山西省昔阳县赵壁俱乐部，在农业合作化之后，该俱乐部的活动日益增多，由于没有发动群众参与，繁重的工作都落在几个骨干分子身上。写黑板报、搞广播、编材料、田间劳作、串街，部内部外都是这几个人在干，有时还要写总结报告，误了生产还得少挣工分，所以有些积极分子就提出不干了。②这种局面使农村俱乐部的领导认识到只有充分发动群众参与，才能保证农村俱乐部的可持续发展。在接下来的实践中，该俱乐部根据群众的不同爱好，积极开展单项活动，以吸引广大群众参与。该俱乐部刚建立时有剧团、幻灯组、读报组等几个基层组织，参加活动的只有20余人。为了使文娱活动真正成为群众性的活动，该俱乐部根据群众的要求组织了八音会，建立了秧歌、快板、歌咏、双簧等

① 云南邓川县永福社俱乐部. 一个以政治为统帅的农村俱乐部［M］//中华人民共和国文化部. 农村群众文化艺术工作会议文件选编. 内部出版，1958：130.
② 山西省昔阳县文化馆. 巩固提高农村俱乐部的几点体会［M］//中华人民共和国文化部. 农村群众文化艺术工作会议文件选编. 内部出版，1958：63 - 64.

组、队，特别是发掘了"渔家乐""小放牛"等民间艺术形式，吸引了一些老年人也都参加了表演。此外，该俱乐部还根据群众的喜好和特长，建立了一个剪纸小组。该俱乐部的基层组织发展到 12 个，参加活动的群众达全体社员的 30%，真正成了上台是演员，下台是观众，大家表演，互相欣赏。同时，该俱乐部委员们明确了分工负责领导各项活动，从而使少数积极分子误工的问题得到解决。①

解决了人员参与问题之后，还要解决农村俱乐部的设施、经费等问题。新中国成立初期，全国农村的物质条件普遍较差，除了极少数农村俱乐部，大部分农村俱乐部都没有固定的活动场所。为了克服这一困难，有的农村俱乐部把乐器、图书、幻灯等用具分别保存在积极分子的家里。许多活动都分散在田间、村头或社员的家里进行。有些比较集中的活动则借用大队的办公室或小学校舍举办。在解决农村俱乐部活动场所方面，江西省九江地区的做法颇具创造性。江西省九江一些地区采用"三堂一部"的办法，妥善地解决了农村俱乐部的场所问题。所谓"三堂一部"，就是利用公共食堂做课堂、会堂和农村俱乐部。这种办法有三点好处：第一，便于领导互相兼顾，加强对农村俱乐部的领导。因为食堂工作一般是由生产队长或支部委员负责的，实行"三堂一部"之后，生产队长或支部委员就可以把农村俱乐部一并管理起来。这样就加强了农村俱乐部活动的政治思想指导，保证了文化工作的政治站位。同时，食堂会计或炊事员还可以兼任农村俱乐部的管理员，从而解决了没有专人管理的困难，保证了农村俱乐部活动的正常开展。第二，可以统一时间，便于集中，利于活动。食堂一般以生产小队为单位设立，地点也较为适宜。每个食堂大概要供给 50 人以上的一日三餐，因此他们每天最少集中三次，这样就给农村俱乐部组织

---

① 山西省昔阳县文化馆. 巩固提高农村俱乐部的几点体会 [M] //中华人民共和国文化部. 农村群众文化艺术工作会议文件选编. 内部出版，1958：63 – 64.

活动带来了很大方便：既可以利用业余时间组织阅读书报、学习文化、唱歌跳舞、表演节目，又可以利用饭前饭后、会前会后的空隙时间，开展小型多样的文化活动。第三，可以充分利用食堂里的设备，节约经费开支。食堂一般设在村上较大、较好的房屋里，均备有足够的桌凳，无论是夜校上课、召开会议、读报看书、下棋、打扑克等，都无须增添桌凳。①

实行"三堂一部"是解决农村俱乐部房屋、桌凳设备的有效办法，但并没有解决所有的设施问题。农村俱乐部要想开展更丰富的活动，就要有相应的设备支持。设备短缺是当时很多农村俱乐部开展活动的瓶颈。面对这一困境，很多农村俱乐部采取的办法是充分发动群众，依靠他们的智慧与力量去解决。比如，浙江省桐乡虎啸公社李家坝大队俱乐部，创办伊始，大队部只有一份《浙江日报》。该俱乐部里的图书除一部分是由县里奖励的以外，大部分是青年们从自己家里拿来的，集中在一起供大家阅读，大队没有为购买图书花过一分钱。演出所用的二胡、笛子、锣鼓等乐器均是青年们从自己家中带来，演出用的简单道具，如服装、帽子、步枪、大刀等则都是自己动手制作，从不花公家一分钱。②而在山西省昔阳县北关俱乐部，因俱乐部没有书架，孙国贞主动将自己的一个破书柜献出来，将它裱糊粉刷后变成崭新的；毛根成也把自己的桌子借给俱乐部；王黑小带头捐图书，在他的带动下，大家共捐了300多本图书。因俱乐部缺少活动工具，音乐组便用蛇皮自己制造了四把二胡，节省开支28元；快板组找了些旧竹筒，制造了六对和平板，节省开支两元。该俱乐部全年在活动中只花了社里5元钱，做的工作却不少：自编了小剧1个、快板84个、顺口溜102个、鼓词8个、说唱12个、秧歌14个、幻灯片6套42片、漫画31张、小调4个，组织晚会7次，演出剧目6个，演唱小型节目

---

①　中共九江地委宣传部. 怎样办好农村俱乐部［M］. 南昌：江西人民出版社，1959：7-8.

②　范树立. 难忘的农村俱乐部［M］//桐乡县政协文史资料工作委员会. 桐乡文史资料：第十三辑 桐乡建国后史料（三）. 内部出版，1994：139.

25 个。①

　　不单是设备，农村俱乐部的活动经费也大都由群众自己解决。农村俱乐部的工作，有些是必须花钱的，如办黑板报、出墙报、办展览等。当时多数合作社的公益金都不是很充裕，无法给农村俱乐部提供经费支持，导致很多农村俱乐部办一阵子就停了。农村俱乐部如果要持续活动，就需要另想办法获取经费。当时农村俱乐部的普遍做法是发扬南泥湾精神，发动农村俱乐部成员自己动手搞创收。比如，福建省长乐县联新大队俱乐部，利用国庆假日，发动团员、青年搞义务劳动，把队里生产的席草搬运到船上去。青年们把这次义务劳动收入的 40 多元作为农村俱乐部的经费。他们还从长远打算，继续发动青年开展义务劳动，在洲田种席草，上山种果树，开辟农村俱乐部活动经费来源。② 浙江省萧山县浦沿公社浦联大队俱乐部，为了搞更多的活动，更是把创收工作常态化。据该俱乐部主任王家安后来回忆：当年俱乐部的第一笔收入，是几个俱乐部骨干把公社房子后面的一个池塘用水车车干，捉了 30 多斤鱼，到街上卖掉所得的 12 元钱。用这笔钱，该俱乐部购买了一把二胡和一些化妆品。初尝了创收的甜头后，该俱乐部又与大队附近的杭州电化厂接洽，找到了挖水沟、背盐包的活儿。该俱乐部的青年成员，利用晚上的时间去杭州电化厂干活，赚的钱比捉鱼的钱多得多。得知公社中心学校要造房子后，该俱乐部派人拿着介绍信去联系，承包了运砖头的业务。在全体俱乐部成员的参与下，砖头很快运完，该俱乐部同样获得了不菲的收入。正是用这些收入，该俱乐部先后排演了歌剧《白毛女》、越剧《智取威虎山》两部大戏并因此名声大振，不仅在本大队的各自然村演出，还被邀请到兄弟大队的农村俱乐部去交流

　　① 山西省昔阳县文化馆. 巩固提高农村俱乐部的几点体会［M］//中华人民共和国文化部. 农村群众文化艺术工作会议文件选编. 内部出版，1958：66.

　　② 共青团福建省委工作组，中国青年报福建记者站. 团结教育青年，活跃团的工作：联新大队团支部举办俱乐部的经验［M］//中国青年出版社. 俱乐部：一. 北京：中国青年出版社，1964：9.

演出。①

总体而言，当时的农村俱乐部建设是在"需要"和"可能"的前提下进行的。所谓"需要"，是指政治、经济形势的需要，群众对文化生活的需要；所谓"可能"，是指适应当时农村生产水平，以及人力、物力、财力方面所能提供的条件。② 可以说，当时的农村俱乐部建设大体做到了"因时制宜、因地制宜、因人制宜"，将大多数群众纳入其中，并激发了他们的参与意识，其成效是显著的。

第三节　农村俱乐部的辅导及活动原则

农村俱乐部在组织上受当地党支部领导，在业务上接受当地文化馆、站的指导。早在1953年，文化部就在《关于整顿和加强文化馆、站工作的指示》中明确规定：文化馆、站是政府为开展群众文化工作、活跃群众文化生活而设立的事业机构；农村俱乐部是农民依据自愿原则建立的业余性的群众文化组织，辅导农村俱乐部工作是文化馆、站的任务之一。③ 1956年，文化部再次发文指示：

县文化馆和区文化站在开展农村文化工作中负有重大的责任，各级尤其是县级文化行政机关必须积极地加强对它们的领导，使它们的

① 王家安. 农村俱乐部琐忆［M］//杭州市萧山区政协文史和教文卫体委员会. 听100个萧山人话过去的事情. 北京：作家出版社，2007：329.
② 北京市人民委员会. 对市文化局关于进一步开展农村业余文化活动的意见的批示［M］//北京市档案馆，中共北京市委党史研究室. 北京市重要文献选编：1963. 北京：中国档案出版社，2006：948.
③ 文化部. 关于整顿和加强文化馆、站工作的指示（1953年12月18日）［M］//国务院法制办公室. 中华人民共和国法规汇编：1953—1955：第2卷. 北京：中国法制出版社，2005：144.

工作得到不断的改进和提高。文化馆和文化站应该加强面向全县、全区的思想，抓紧发展农村俱乐部网这一中心环节，开展群众文化活动的组织工作和辅导工作。要集中地或分片地轮流训练业余文艺活动骨干，为农村培养文化活动人才。这种轮训也可吸收职业的或半职业的民间艺人参加。要有计划地做好图书下乡，图片巡回展览，辅导群众文艺创作，传授各种业务知识，组织讲演报告，供应宣传教育和文艺活动资料等工作。要举办小规模的群众业余文艺会演。文化馆、文化站在开展农村群众业余文化活动的时候，应该注意结合中心工作进行宣传，坚持贯彻业余、自愿、小型、多样的原则，并且应该适应农业生产季节性的特点。要坚决反对脱离政治、脱离群众的倾向和妨碍生产的做法，文化馆在一般情况下应该有一半以上或者三分之二以上的人力经常深入农村去开展和辅导群众的业余文化活动，其余的人留在馆内做好城关工作和馆内业务。文化馆应该用本身的工作向农村俱乐部示范，并且组织俱乐部的积极分子到馆内参观学习。区文化站应该逐步发展为区或者基点乡的中心俱乐部，依靠所在地群众中的积极分子和业余文艺组织来开展各种活动，并且对附近各乡的俱乐部进行辅导工作。青年团组织应该很好地组织城镇和农村的知识青年，帮助文化馆和文化站开展农村文化工作。①

根据文化部的指示精神，各地的文化馆开始将辅导农村俱乐部工作作为重要任务，采取灵活多样的方式推动群众业余文化艺术活动的普及与提高。比如黑龙江省延寿县文化馆，从 1954 年开始，根据上级指示将工作重心转向农村俱乐部辅导。据当时的工作人员回忆，文化馆工作从城镇转向农村后一下子繁忙起来：一方面，辅导组每周都要下乡辅导五天，回来准

---

① 文化部，中国新民主主义青年团中央委员会. 关于配合农村合作化运动高潮 开展农村文化工作的指示（1956 年 2 月 21 日）［M］//国务院法制办公室. 中华人民共和国法规汇编：1956—1957：第 3 卷. 北京：中国法制出版社，2005：163 - 164.

备一天、休息一天；另一方面，幻灯机、幻灯片、演唱材料、图书画报需求量大增，天天都有农村俱乐部的人来馆里取材料和买幻灯机。因一时买不到幻灯机，文化馆还自己动手制作了 50 多台简易幻灯机和一些幻灯片。① 同样繁忙的还有湖北省枣阳县文化馆。1956 年春天，该馆派了 14 个人组成三个工作组，下乡分片包干，每片选择一个重点俱乐部，派两个干部辅导，其他干部也人人扎点，全县共扎了十个点；每个下乡干部结合春耕生产和整社，扎扎实实地驻在重点俱乐部上。② 通过一段时间的辅导，全县十个重点俱乐部得到巩固。同时，为了避免"点上轰轰烈烈，面上冷冷清清"的局面，该文化馆还积极推进农村俱乐部网建设。具体做法是：开辟巡回点，即在重点得到巩固的基础上，每个辅导干部除了坚持原来的重点以外，另开辟两三个巡回点，每月用五至十天的时间到巡回点作辅导。③ 巡回点主要选在邻乡较好的农村俱乐部，以作为中心俱乐部的培养对象。全县共开辟 17 个巡回点，对巡回点的辅导主要是推广重点俱乐部的经验，有计划地进行业务辅导，供应演唱材料和帮助解决比较突出的问题。这些巡回点在文化馆的直接培养和辅导下很快得到巩固与提高，逐渐成了当地的中心俱乐部。由于这些中心俱乐部对周围俱乐部的示范作用，一般俱乐部经常派人到中心俱乐部学习经验。在这种情况下，文化馆通过会议的方式，以原来十个重点俱乐部为中心建成了农村俱乐部网，其他点也都根据条件先后形成了农村俱乐部网。全县的中心俱乐部增至 28 个，而通过中心俱乐部辅导的一般俱乐部则多达 140 余个。

如果说业务辅导是巩固和提高农村俱乐部的重要手段，那么工作人

---

① 冯波. 建立农村俱乐部亲历记［M］//政协延寿县文史资料研究委员会. 延寿文史资料：第 5 辑. 内部出版，1991：94 - 98.

② 湖北省枣阳县文化馆. 辅导农村俱乐部的经验［M］//中华人民共和国文化部. 农村群众文化艺术工作会议文件选编. 内部出版，1958：67.

③ 湖北省枣阳县文化馆. 辅导农村俱乐部的经验［M］//中华人民共和国文化部. 农村群众文化艺术工作会议文件选编. 内部出版，1958：68.

员的多寡则是辅导工作能否全面铺开的关键。因此，克服工作人员缺乏的困境，就成为各地文化馆迫切需要解决的问题。在这方面，山西省左权县文化馆和四川省遂宁县文化馆积累了较为成功的经验。据有关材料介绍，山西省左权县在 1958 年前后，农村俱乐部的数量多达 200 个，但文化馆只有四个人做辅导工作，力量明显不足。面对如此困境，该县文化馆除了采用抓建网、抓创作、抓训练骨干等方法，还广泛调动社会力量，组织了一支业余辅导大军。具体做法是：面向县、乡各部门干部、小学教师、回乡的转业军人、中小学毕业生、民间艺人等群体中的文艺干将和能手发出应聘书，有意应聘者，填好应聘书后返还；文化馆最后对受聘者进行业务培训；经过三期聘请，共有 128 名文艺爱好者被聘为业余辅导员。① 四川省遂宁县文化馆从 1954 年到 1956 年，经过"重点试办"到"成批发展"，协助各农业社建立了 622 个农村俱乐部，基本上达到村村社社都有了农村俱乐部。1958 年上半年，该文化馆为了配合完成县委提出的"奋斗四年，实现全国农业发展纲要"的规划，又将农村俱乐部调整发展到 1941 个，全县平均每 412 人即有一个农村俱乐部。面对这样多的农村俱

---

① 这些辅导员们分布在全县各个乡社，并积极开展了活动。桐滩乡下武村辅导员李志敏，在紧张的夏锄中帮助下武俱乐部进行整顿工作，健全了组织，并经常帮助排练节目。他自己爱吹喇叭，便组织了十多个青年乐器自学小组，每星期除自学外，还集中练习两次。经过半年多的努力，这批人已学会（各种乐器的）很多曲牌，成为花戏、剧团的伴奏者，成了俱乐部活动的骨干分子。这个俱乐部，由不经常活动变为经常活动了；而且活动形式很多，达到了一类俱乐部的标准。十里店乡辅导员李秉旭、范锁江，把全乡四个俱乐部分了工，每人管两个，每月定期到各部辅导一次，了解情况，安排工作，并采用相互竞赛挑战的办法，使四个俱乐部都变成了最好的俱乐部。上武村俱乐部辅导员李梦天，一个月便把上武俱乐部搞得热火朝天。他去当工人离开农村时，还替馆里转聘了一个中学生来代替自己的工作，并从工地来信了解他那个俱乐部的活动情况。燎原社辅导员亲自导演戏剧。桐峪俱乐部辅导员，创造了街头文艺晚会的好形式。石港村俱乐部辅导员，将一个完全停止了活动的俱乐部，很快变成了一个出色的先进俱乐部。熟峪乡俱乐部辅导员歌唱工作搞得好。拐儿俱乐部辅导员郝忠贤，经常编写快板、小调、剧本等供俱乐部演唱，并帮助村创作组编出了《忘本回头》等大型剧本。芹泉俱乐部辅导员郭永泰在俱乐部逐步提高的基础上，建立了 30 多人的歌咏队，成了歌唱工作的骨干。参见山西省左权县文化馆. 一支有力的文艺辅导大军［M］//中华人民共和国文化部. 农村群众文化艺术工作会议文件选编. 内部出版，1958：80 - 81.

乐部，文化馆全馆干部人数当年又已从十人精减到六人，辅导难度显而易见。对此，该文化馆采取的主要措施是多渠道挖掘辅导力量，具体做法是：馆内直接举办"工农业余文艺学习班""川剧化装学习班"与"金钱板演唱学习班"等；集中县上举办训练班，训练农村俱乐部领导和业务骨干；分区分乡举办训练班，训练农村俱乐部领导和业务骨干；以师傅带徒弟方式培养骨干；依靠各乡小学举办"农民业余文艺学习班"；依靠各乡中心俱乐部帮助培养邻近农村俱乐部骨干；组织下乡巡回宣传队，集中乡上或深入村内传授业务技术；依靠寒暑假返乡中学生，举办业务传授展，培养农村俱乐部业务骨干；通过县、区有关会议，结合教唱新歌与举办农村俱乐部示范活动；通过县有线广播站教唱新歌，借以培养歌咏活动骨干。此外，该文化馆还分别与有关方面加强了联系：联系科普协会与农技部门，共同举办"科普技术宣传员训练班"，共同研究印发科普宣传资料，共同举办科普和农技展览、讲座；依靠川剧团和曲艺队在县上举办了"俱乐部文艺骨干学习班"，并依靠他们协助进行民间音乐、舞蹈的发掘、推广工作。① 该文化馆不但多渠道挖掘辅导力量，还创造了"互助两利"工作方法。比如，该文化馆在依靠各个小学对农村俱乐部进行业务辅导的同时，也与各个小学在自愿的基础上，普遍订立了"文艺结合合同"。该文化馆协助县教工会于寒暑假举办"小学文娱教师进修班"（1956 年和 1957年均曾举办），供给各个小学儿童歌选和儿童剧选，并适当借予各种宣传工具与供给各种宣传资料，帮助各个小学搞好文娱教学工作与各种宣传工作。② 该文化馆由于调动了多种力量，成功解决了全县农村俱乐部分布广、数量多、难以辅导的困难。仅 1958 年，该文化馆就分期、分批、分片、分点，在县、区、乡、社分别训练了农村俱乐部领导骨干和业务骨干共

---

① 周立. 五十年代大力发展的农村文化活动［M］//中国人民政治协商会议遂宁市委员会文史学习委员会. 遂宁文史资料：第十辑 文化教育专辑. 内部出版，1997：14.

② 同上。

42702 人，包括俱乐部主任 3882 人，宣传鼓动骨干 19410 人，科普骨干 3882 人，文体骨干 11646 人，创作骨干 3882 人，平均每个农村俱乐部有 22 人参加了训练。①

当时文化馆对农村俱乐部的业务辅导，一般采取以下几种办法：一是帮助农村俱乐部制定活动计划并促其实现；二是开办训练班，培养文艺骨干；三是供应文娱活动材料；四是举行会演，总结、交流经验。文化馆的辅导，带动了农村俱乐部活动的活跃性。还是以四川省遂宁县为例，该县文化馆自 1956 年开始注意发展和繁荣群众创作，并采取了一系列措施：举办"农民业余文艺创作骨干座谈会"；聘请有创作才能或文艺修养的机关干部和中小学教师 95 人担任群众创作辅导员，负责修改稿件的工作；馆内编印了《俱乐部园地》和《群众文艺创作选》，以刊登群众创作的作品，并把最优秀的作品推荐给省级或专区报刊，酌情赠送信封、稿笺给在馆内编印发表了作品的作者；举办"群众文艺创作作品展览"及"群众文艺创作节目会演"，并评模给奖。该文化馆的举措调动了群众的创作热情。1956 年至 1957 年，省上和专区的报刊登载或出版该县农民群众创作的各种形式文艺作品 30 多件，形式有山歌、快板、花鼓、金钱板、莲花闹、舞蹈、歌曲、话剧、歌剧等。有的农村俱乐部及时将创作的作品用来宣传教育群众，适当解决了农村俱乐部缺乏宣传资料的困难。② 1958 年 4 月，因农村俱乐部声势大、效果好，该文化馆出席了文化部在北京召开的全国农村文化艺术工作会议，大会印发了遂宁县文化馆辅导农村俱乐部的经验材料。1959 年，该文化馆编印了《遂宁县群众文艺创作唱词选集》《遂宁县群众文艺创作剧本选集》。1960 年 3 月，该文化馆出席了文化部在太原召

---

① 周立. 五十年代大力发展的农村文化活动［M］//中国人民政治协商会议遂宁市委员会文史学习委员会. 遂宁文史资料：第十辑 文化教育专辑. 内部出版，1997：13.
② 周立. 五十年代大力发展的农村文化活动［M］//中国人民政治协商会议遂宁市委员会文史学习委员会. 遂宁文史资料：第十辑 文化教育专辑. 内部出版，1997：15.

开的全国农村文化艺术工作会议，大会印发了遂宁的经验材料。1965 年 12月，马家公社青年农民蒋玉安因多年热心于地方戏创作，出席了在北京召开的全国青年业余文学创作者积极分子大会。①

在文化馆的指导下，农村俱乐部的活动一般都遵循以下两个重要原则。

一是为政治、为生产服务。因为当时的农村俱乐部被视为宣传社会主义思想的阵地，团结群众、动员群众完成各项任务的有力工具和进行自我教育、文化休憩的中心场所，所以在平常活动时，就要特别注意防止单纯为了满足群众文化生活需要而脱离政治、脱离生产、为娱乐而娱乐的偏向。当时的大部分农村俱乐部都做到了与党的宣传网密切配合，在各个时期的中心工作中利用读书、读报、收听广播、放映幻灯、小型展览等多种多样的形式进行了时事、政策、生产的宣传鼓动工作；这些宣传鼓动工作基本上都能够做到经常化。每一项中心工作布置下来，各地的黑板报上都能及时发布通俗的讲解，新编的快板一登出来，很快就能在群众中流行开来。除了经常的时事政治宣传，农村俱乐部还不断地用群众最熟悉的事物和具有说服力的材料来教育群众。以河南省为例，密县胜利农业生产合作社俱乐部在农业合作化运动中开辟了一个展览室，用图画、实物等形象化的材料来宣传农业生产合作社的规划，使一万多名来社参观的群众受到了深刻的教育。荥阳司马乡农业生产合作社在 1955 年秋收的时候，发现有些社员对"细收细打、颗粒还家"抱着不在乎的态度，认为："吃馍还掉个渣哩，社里几百户，撒一点没啥关系。"农村俱乐部便举办了一个"细收细打"展览会，帮助群众算了一笔细账。很多参观的人看了以后提高了认识，群众反映说："一粒一穗不拾净，确实是个大漏洞。"1956 年春节期间，郑州市郊区七里营农业社俱乐部布置了许多挂图来说明几年来社员生

①　四川省遂宁市地方志编纂委员会. 遂宁县志 [M]. 成都：巴蜀书社，1993：739 – 740.

活的变化，使群众真切地看到了自己不断向上的幸福生活，大大激发了他们的劳动热情。由于这些宣传教育工作运用了群众熟悉的现实材料，群众感到特别亲切。还有些农村俱乐部善于抓住在群众中出现的典型事例，通过表扬、批评来教育群众。上蔡县星火一社有些社员做活儿不讲质量，播种不匀，地头地边没种到，他们认为："少收一点没有关系，自己能分多少？"农村俱乐部便针对这种错误思想，编了个快板登在黑板报上，批评做活儿不讲质量的现象，还算了一笔细账，说明如果地头地边没种到，每亩就要少种半分，全社就要少种 60 亩，少收几十石，这样就大大地教育了做活儿粗糙的人。荥阳司马乡农业生产合作社有些社员在犁地的时候当着人犁得深，背着人犁得浅。社长就编了"假进步、活眼皮"的快板登在黑板报上，发表以后，犁地的社员自觉地做了检讨。农村俱乐部不只是积极地批评，还更多地注意了对好人好事的表扬，以鼓舞群众奋进。当中心工作到来的时候，农村俱乐部能很快地把宣传力量组织起来，有力地展开各种宣传活动。例如，当征兵工作开始的时候，几乎所有的剧团都排演了《应征前夕》；图书管理员还挑选了反映人民解放军、志愿军英雄事迹的通俗读物送给青年们读；在安阳的郭王度、鹿邑的丁亮村等地，张积慧、黄继光的英雄事迹对青年们有极大的鼓舞；除在小报和黑板报上表扬了父母送儿子、妻子送丈夫争先应征的模范事例，业余创作人员还编写了许多诗歌来歌颂青年人的爱国思想和行为。司马乡农业生产合作社在转高级社的时候，业余剧团排演了《扔界石》；通过幻灯放映了《苏联集体农庄》；农村俱乐部布置了农业生产合作社远景规划的展览会；图书室展览了苏联集体农庄幸福生活的图片；黑板报上写满了迎接建立高级社的快板，到处充满了走社会主义道路的新气象。①

　　二是业余、自愿、小型、多样。"坚持贯彻业余、自愿、小型、多样的原则，并且应该适应农业生产季节性的特点"，是文化部为农村俱乐部

---

　　① 河南省文化局文化科. 农村俱乐部是怎样开展活动的［J］. 文化通讯，1956（3）：10-11.

活动确定的第二条原则。"业余"，是指农村俱乐部的文娱活动在生产之余进行，不妨碍生产。当时，有多地的农村俱乐部曾发生过文娱活动影响生产的事件。比如，四川省西充县的一些农村俱乐部，成员都是青年，因经常参加文娱演出，平时误工很多，又和人民公社按劳取酬的原则发生矛盾，群众很有怨气；公社、大队一时无解决方案，群众积极性大减。① 河北省盐山县望树公社望树大队俱乐部，曾在农忙时排演大型现代话剧《霓虹灯下的哨兵》和《箭杆河边》。两剧内容都很长，情节复杂，台词又多，需要的演员也多。参加排演的青年每天晚上都排练得很晚，有时还占用了中午的休息时间，更不应该的是还占用了一些劳动时间。这样排演了几天，效果不大，大家却已感到十分劳累，第二天干活时无精打采，有的早晨还得休息，影响了出工。群众对此严重不满，向《中国青年》杂志写信反映。② 为了避免在群众中间引发矛盾，各地的农村俱乐部活动都尽量适应农业生产的季节，农忙期间少搞，农闲期间多搞。而业余剧团演出及大型活动，在农忙时则不搞或少搞。以吉林省为例，该省延边朝鲜族自治州，三、四、五、十、十一这五个月是农忙时期；一、二、八、九、十二这五个月是农闲时期，这时除一部分人参加副业生产外，绝大部分群众都可以参加活动。基于此，该自治州文化处要求各县的群众文艺会演等集中的大型活动都要放在这个时期举行。该省的桦甸县也要求各乡俱乐部把一些集中的、较大型的活动放在挂锄、冬季和春节期间。③ 同时，为了避免影响生产，多地都出台文件，要求农村俱乐部的活动必须坚持自愿的原则，不能强迫命令，积极分子参加业余文化活动，一律不记工分。④

---

① 西充县志编纂委员会. 西充县志［M］. 重庆：重庆出版社，1993：715.
② 任金城. 俱乐部的活动要小型多样［J］. 中国青年，1965（19）：31.
③ 王志清，李志忠. 春风农社第一生产队的俱乐部工作［M］//吉林省文化局文化处. 吉林省群众文化工作史料：第四辑 典型经验. 内部出版，1979：19.
④ 北京市人民委员会. 对市文化局关于进一步开展农村业余文化活动的意见的批示［M］//北京市档案馆，中共北京市委党史研究室. 北京市重要文献选编：1963. 北京：中国档案出版社，2006：948－949.

　　需要指出的是，农忙期间少搞活动，不意味着不搞活动。因为农忙时节农民的劳动是比较紧张的，所以如何在这样的时节开展活动，就成了摆在农村俱乐部领导面前亟须解决的问题。各地的经验表明，坚持小型多样原则是农忙时节有效开展活动的关键。比如云南省大理白族自治州剑川县邓川公社永福管理区俱乐部，根据农忙时节社员生产、吃饭在田间的实际情况，"把土广播、图书、报纸等由民师、会计、知识青年带到田间读给社员听，真正做到'有的放矢，对症下药，由深变浅，长文变短文，读报变讲报'。出现了好人好事，就立即用土广播进行表扬，鼓干劲，掀高潮，甚至马上形成高工效运动，使日进度翻了一番"。① 大字报下田也是永福管理区俱乐部的特点。"田间休息的时候，大家就来个山歌、快板、'花里曲'等类的文艺节目，鼓舞大家的生产热情。他们还以知识青年和有经验的老农相结合组成的一个农业技术研究小组，经常进行农技研究，带头实验，举办讲座。"② 吉林省桦甸县永隆乡春风农社第一生产队（双龙屯）俱乐部，在农忙的时候把活动化整为零，开展了小型多样的适合于地头、田间的活动，如：把文化活动组织与生产组织结合起来，以生产队为基础，以青年团小组为核心，团结、带动广大社员参加活动，并根据社员的年龄、性别、爱好和专长开展多样、灵活的地头活动；在春耕和夏锄的时候，开展地头读报、唱书会、朗诵会、读书故事会、地头歌舞、图书流动展览、地头快板、音乐会、黑板报、庭院娱乐晚会，以及各种体育活动。这样，每个作业区的休息时间都变成了"地头俱乐部"③。这种小型多样的

---

　　① 云南省文化局. 一个坚持业余自愿、小型多样的白族俱乐部：介绍大理白族自治州剑川县邓川公社永福管理区俱乐部活动经验［M］//云南省文教系统社会主义建设先进单位先进工作者代表大会秘书处. 朵朵山茶映日红：云南文教战线上的几面红旗. 昆明：云南人民出版社，1960：111 – 112.

　　② 同上。

　　③ 王志清，李志忠. 春风农社第一生产队的俱乐部工作［M］//吉林省文化局文化处. 吉林省群众文化工作史料：第四辑 典型经验. 内部出版，1979：19.

文娱活动有许多优点：一是不受生产季节和天气变化的限制，简便易行，反映事物快；二是随时随地鼓舞生产劳动热情，解除疲劳，培养乐观精神；三是通过文娱活动可以加强社员之间的团结；四是能够团结更多的农民群众参加文艺活动，扩大了文艺活动的队伍。

小　结

　　总体而言，新中国成立初期的农村俱乐部建设是颇有成效的。农村俱乐部的建立，一方面增加了农村文艺的种类和供给量，另一方面也促进了传统文艺形式向现代文艺形式转型。这些成效的取得，首先是与政府的主导、行政的推动分不开的。当时的各级政府部门在制度上规定了农村俱乐部的发展方向，都把农村俱乐部视为传播社会主义思想的阵地，而不是简单地将其视为发展文化产业的机构，更不允许资本介入其中牟利。尽管因财力、人力所限，很多农村俱乐部的活动水平不高，但其至少赋予文艺活动以政治内涵，凝聚了群众的阶级认同与民族国家认同，增强了国家对乡村社会的动员能力。其次，这些成效的取得也与广大群众的积极参与是密不可分的。当时，广大群众之所以愿意参加农村俱乐部建设，是因为他们不仅被视为农村俱乐部服务的对象，更被视为农村俱乐部建设的主体。他们在参与农村俱乐部建设的过程中不但享受到了文艺，而且也体验到了参与文艺创造的乐趣。正是因为广大群众的积极性和创造性被调动起来，所以农村俱乐部网在国家极少投入的情况下在广大农村迅速建立起来，并做到了皆大欢喜，各得其所，"大家闹，大家看"。

第二章 农村广播网建设

——重塑农村文艺生态

新中国成立初期，政府在向农民宣传社会主义现代化时，有一个通俗的标语："耕地不用牛，点灯不用油，听戏坐炕头。"其中，"耕地不用牛"说的是农业现代化，"点灯不用油"说的是能源现代化，而"听戏坐炕头"说的则是文化的现代化。这个标语很好地揭示了广播在农民文化生活中的位置，因为就当时的条件而言，要实现"听戏坐炕头"的愿望，只能借助广播这一现代媒介。虽然按照今天的标准，广播已经属于"传统媒介"，但在当时它却是十足的"新媒介"。其传播速度之快，传播范围之广，节目形式之灵活，是其他媒介所无法企及的。正是因为广播具有这些优点，各级文化宣传部门特别注重利用广播来传播社会主义新文艺，这也就促成了广播文艺的异军突起。新兴的广播文艺，不但重塑了群众的文化生活，也给农村的文艺生态带来了重大改变。

第一节　农村广播网的建立

中国共产党人一直高度重视广播事业，"发展人民广播事业"早在1949 年 9 月 29 日就出现在具有临时宪法作用的《中国人民政治协商会议共同纲领》中。按照这一规定，各省、区、直辖市相继建立了人民广播电台。① 但是，在新中国成立初期，由于工业生产能力有限，收音机尚属稀有之物，价格昂贵，普通群众并没有能力购买。为了创造条件，让广播节目能够到达普通群众那里，1950 年 4 月，政务院新闻总署发布了《关于建立广播收音网的决定》。该决定指出："无线电广播事业是群众性宣传教育的最有力的工具之一，在我国目前交通不便、文盲众多、报纸不足的条件下，作用更为重大。"② 该决定要求全国各县市人民政府、人民解放军各级政治机关以及其他机关、团体、工厂、学校均应设置或酌情设置专职或兼职收音员，"其任务为收听或记录中央和地方人民广播电台广播的新闻政令和其他重要内容，向群众介绍和预告广播节目，组织听众收听重要节目"。③ 所有收音员均应向地方或中央广播电台登记，并按月报告工作情况和听众意见。④ 为实施上述决定，中央广播事业局于 1950 年 4 月 26 日专门给各地方广播电台发出了有关通知。

　　各地方广播电台根据通知精神，纷纷出台条例，制订方案，组织培训收音员，积极推进收音站建设工作。以湖南省为例，长沙人民广播电台接到上级通知后，迅速行动，于 1950 年 8 月 5 日在长沙市修业小学内举办第一期收音员训练班，为各县市培训收音站干部，历时 15 天，主要学习形势与任务、广播收音知识和技术。长沙、衡阳、常德、益阳四个专署所辖县（市）人民政府派出 37 人参加学习。第二期收音员训练班于 8 月 25 日开学，沅陵、邵阳、会同、零陵、郴州、永顺六个专署所辖县（市）人民政府派出 35 人参加学习。边远县未派人来学习的，由长沙人民广播电台代为招收 29 名高中以上文化程度的学生，学习后分配到县收音站担任收音员。

---

　　① 截至 1950 年年底，中国大陆除中央人民广播电台外，共有地方广播电台 65 座。参见徐光春. 中华人民共和国广播电视简史：1949—2000 ［M］. 北京：中国广播电视出版社，2003：17.

　　② 新闻总署. 关于建立广播收音网的决定 ［M］//国务院法制办公室. 中华人民共和国法规汇编：1949—1952：第 1 卷. 北京：中国法制出版社，2005：284.

　　③ 同上。

　　④ 同上。

9 月，全省先后建立收音站 101 个，由中央广播事业局各配发广播牌四灯、五灯交流电或直流电收音机一部，各县、市收音站相继开展广播收音工作。① 不仅在湖南这样的内地省份，在云南、新疆、内蒙古等边疆地区，收音站也都以较快的速度建立起来。据统计，截至 1955 年年底，全国已建成 28800 多个收音站。②

收音站一般归当地的党委宣传部领导，主要工作内容是：抄收中央和地方人民广播电台广播的新闻政令和其他重要内容，抄收以后及时送给当地县委领导阅知，并出版油印小报或黑板报，扩大宣传面。在执行这一任务时，各地均取得了颇为显著的成绩。山东省，据 1951 年 1—2 月统计，全省 81 个县（市）收音站，共收抄新闻政令 5800 件，曾在 735 个部门的 9782 人中传阅；据 1952 年全省 67 个收音站统计，一年共出版油印小报 2367 期，发行 35 万多份，并为三万块农村黑板报提供了宣传材料。③ 贵州省，到 1954 年，全省除息烽、长顺、遵义县收音站外，其他所有具收音站都出版小报或广播材料，出版的电讯和印发的资料共达 2708 期，47.6 万份；到 1955 年，出版的电讯和印发的资料数量上升到 4740 期，94.8 万份。当时，县收音站一般每年印发 50～100 期小报或宣传资料，最好的站印发的资料平均每天一期以上。例如，麻江县收音站，从 1950 年到 1955 年刻印的电讯快报就达 3550 期。④ 新疆，据 1954 年统计，全疆有 68 个收音站，联系 1200 多块黑板报，出版维吾尔、汉、哈萨克、蒙古四种文字的油印小报 105 种，发行 52.2 万多份。小报的名称有：《广播新闻》《新闻

① 湖南省地方志编纂委员会. 湖南省志：第二十卷 新闻出版志 广播电视 [M]. 长沙：湖南人民出版社，1997：225.

② 《当代中国的广播电视》编辑委员会. 当代中国的广播电视：上 [M]. 北京：当代中国出版社、香港：香港祖国出版社，2009：303.

③ 山东省地方史志编纂委员会. 山东省志：第七十三卷 广播电视志 [M]. 济南：山东人民出版社，1993：153.

④ 贵州省地方志编纂委员会. 贵州省志：广播电视志 [M]. 贵阳：贵州人民出版社，1999：205.

《广播》《新闻简报》《新闻快报》《群众小报》等。① 云南省，据 1953 年的统计，有 97 个县办了《收音快报》《收音简讯》等油印报，印数总计155600 份；云南省各地在县城和农村集镇出的黑板报，光是在大理地区就有 1056 块。傣族聚居的瑞丽、潞西、景洪等县收音站，还把抄收的政策法令和重要新闻翻译成傣文，登在油印小报和黑板报上，供傣族干部、群众阅读和学习。② 新中国成立初期，边疆、农村地区交通不便，报纸传递缓慢，而收音小报一般两三天出版一期，遇到重要的新闻，抄收后就及时印发、传播。记录广播成了广大干部、群众了解中央、省委精神，获取信息的主要渠道。

收音员除抄收新闻政令外，有时还要背着收音机下乡组织农民收听广播。1953 年 1 月，中央广播事业局发出《关于春节期间组织对农民广播发动收音员下乡宣传的通知》，要求各地电台应充分利用春节农闲时间，组织对农民的特别节目，发动收音员下乡，向广大农民群众广泛而深入地进行新形势、新任务的宣传。③ 全国各地广播电台根据通知要求，分别组织了送收音机下乡的活动。贵州人民广播电台根据通知要求，编播了《一个村的春节晚会》《一个农协小组关于继续加强抗美援朝工作的座谈会》《一个互助组的总结检查会》三组节目，各站收音员均下乡组织收听。据不完全统计，贵州省约有两万人收听了这组广播节目。为了表彰这次收音活动，中央广播事业局颁发"春节下乡纪念"证章，奖励下乡组织收听取得好成绩的收音员。贵州省黔西县收音站被评选为春节下乡宣传成绩优良收

① 新疆维吾尔自治区地方志编纂委员会. 新疆通志：第七十九卷 广播电视志 [M]. 乌鲁木齐：新疆人民出版社，1995：71.

② 云南省地方志编纂委员会. 云南省志：卷七十八 广播电视卷 [M]. 昆明：云南人民出版社，1996：152-153.

③ 中央广播事业局. 关于春节期间组织对农民广播发动收音员下乡宣传的通知 [M] //《当代中国的广播电视》编辑部. 中国的有线广播. 北京：北京广播学院出版社，1988：41.

音站，获得二等奖。① 云南人民广播电台也举办了春节特别节目，各县收音员用扁担挑着收音机、干电池和行李，走村串寨，巡回组织农民收听。据 50 个县的统计，直接听到这次广播宣传的达 20 万人。云南人民广播电台总结这次广播下乡的经验，开办了固定的"农村巡回收听特别节目"，每月办一次，连续广播四天，便于收音员下乡组织收听。② 20 世纪 50 年代初期，听广播对于农民而言，是一件新奇的事情。因此收音员每到一地，都受到了当地农民的热烈欢迎，踊跃参加收听活动。曾有收音员这样回忆当时的场面："每到一处，农民兄弟都高兴地积极帮助架起天线，有的火急地叫开收音机。黄昏后，收音机一打开，老的、少的、年轻的听众团团围住。有的小孩，家长叫回去吃饭、洗澡也不愿离开；有的在家吃饭时听说开了收音机，连忙端着饭碗出来听；有的听得发呆。第二天，（我们）要启程到别的山村去，许多农民依依不舍，要求多放一天。"③ 由此可见，收音机这一新媒体对农民的吸引力是非常大的。

20 世纪 50 年代初期的收音站是根据当时农村的具体条件和客观需要建设起来的，在传达政令、活跃农民的文化生活、调动农民的生产热情以及天气预报、救灾抢险等方面都曾发挥过重要的作用，成为政府联系群众的重要纽带之一。但需要指出的是，收音站还存在很多缺点："第一，它需要的费用太大，购买一架普通的能够使用的收音机，差不多要一百五六十元，另外每月电池费还需要二三十元；第二，每一个收音机，还要一个专人来保管，这是十分不经济的；第三，收音机零件太多，构造复杂，一

---

① 贵州省地方志编纂委员会. 贵州省志：广播电视志 [M]. 贵阳：贵州人民出版社，1999：205.

② 云南省地方志编纂委员会. 云南省志：卷七十八 广播电视卷 [M]. 昆明：云南人民出版社，1996：153.

③ 黄良柱. 翁源县收音站与第一部收音机 [M] //中国人民政治协商会议广东省翁源县委员会文史资料委员会. 翁源文史资料：第八辑. 内部出版，1990：128.

且发生毛病，在农村不容易找到人修理。"① 由于这些原因，收音站在农村的发展受到了一定的限制。而要想克服这些缺点，最好的办法就是发展农村有线广播站。有线广播站和收音站比起来，具有明显的优点：首先，它的建设费用比收音站低，广播站建成以后，农业合作社和农户安一个广播喇叭，只要二三十元就够了，而且每月不需要花电池费，也不需要专人管理，收听非常方便。其次，通过它，不仅各乡各社都能收听到中央和地方人民广播电台的广播，而且县里的党政领导机关也可以直接向群众讲话。在少数民族地区和方言较重的地区，广播站必要时还可以用民族语言或地方语言进行广播。最后，它的传播速度更快，有什么紧急任务，只要通过广播站播出，农民马上就可以听到，有利于实现快速动员。

全国第一座面向农村的有线广播站诞生于吉林省九台县，它的创建来自电话串音的启示。1950 年的一天，吉林省九台县县委书记张凤岐在打电话时，听到里面有广播唱戏的声音，经调查发现是由于县城内一家国营工厂的有线广播线和电话线靠得太近而造成相互串音。张凤岐从中得到启发，他联想到九台县有通往各区、村的电话线，如果能利用它对各区、村进行广播，就无须再另外架设广播线。于是，他派人拿着广播喇叭到距县城 10 千米的龙家堡和距县城 55 千米的其塔木两个远近不同的地点进行实验。结果证明，用电话线传送广播基本可行。1951 年年初，九台县领导班子正式决定筹建有线广播站，利用电话线传送广播，把广播喇叭引到农村去。县人民政府从地方财政结余中拨出 7000 多万元（东北币），用于建站开支，并拨给了一些物资。经过筹建、试播，全国第一座面向农村的县广播站，于 1952 年 4 月 1 日在九台县诞生。当时全县共有 330 只广播喇叭，分装在各区、乡、村人民政府和农业生产互助组、供销社、学校和文化站等场所。每到广播时间，男女老少成群结队地到有喇叭的地方去收听。每

---

① 鹿野. 建立农村广播网［M］. 北京：科学普及出版社，1956：2.

个喇叭周围少则二三十人，多则上百人，全县每天听广播的人数最多时达两万余人，有的农民还把住在外县的亲友请来听。①

九台县广播站甫一诞生，就受到各级领导部门的重视。中共吉林省委、中央广播事业局、东北人民广播电台、吉林人民广播电台，先后对九台县有线广播的情况进行了调查，全面系统地总结了经验，并率先在吉林省内推广。1952 年 12 月，第一次全国广播工作会议肯定了吉林省办有线广播的方向，向全国推广了九台县的经验。② 中央广播事业局局长梅益称这种面向农村的广播为"九台式"广播。九台经验很快在东北推广开来，辽宁省的台安县、庄河县、北镇县和吉林省的农安县、黑龙江省的尚志县等较早进行试点，取得了良好的效果。南方省份较早借鉴九台经验的是福建省顺昌县和云南省昭通县。此后，全国各地都掀起了建站高潮，江苏、浙江、山东、广东、山西、四川、陕西等省都纷纷派人学习九台经验，建起了各自的有线广播站。到 1954 年年底，全国共有县广播站 547 个，中小城镇广播站 705 个，有线广播喇叭 49854 只。③

当时的农村有线广播站，设备虽然简陋，但在农村开展思想教育和丰富文化生活等方面发挥了重要的作用，因此得到了党中央的高度重视。1955 年 10 月 11 日，毛泽东同志在党的七届六中全会的讲话中把"发展农村广播网"作为农村文化教育规划的组成部分提出。④ 同年 12 月 21 日，他在《征询对农业十七条的意见》中又提出："在七年内，建立有线广播

---

　　① 《当代中国的吉林》编辑委员会. 当代中国的吉林：下 [M]. 北京：当代中国出版社、香港：香港祖国出版社，2009：102.

　　② 《当代中国的吉林》编辑委员会. 当代中国的吉林：下 [M]. 北京：当代中国出版社、香港：香港祖国出版社，2009：102－103.

　　③ 赵玉明. 中国广播电视通史 [M]. 北京：中国广播电视出版社，2014：196.

　　④ 毛泽东. 农业合作化的全面规划和加强领导问题（1955 年 10 月 11 日）[M] //中共中央文献研究室. 毛泽东文集：第六卷. 北京：人民出版社，2004：475.

网，使每个乡和每个合作社都能收听有线广播。"① 毛泽东的指示，对农村广播网的建设和发展起到了重要的推动作用。1955 年 12 月 15 日至 22 日，中央广播事业局在北京举行第三次全国广播工作会议。会议的主要议题之一便是研究发展农村有线广播的方针、规划。局长梅益在会上作了《关于发展农村广播网的方针、规划的初步报告》。这次会议在调查研究的基础上，针对有线广播网发展中出现的问题逐一提出相应的意见。会议专门制定了农村广播网事业的建设方针：依靠群众的积极性，充分利用现有设备，因陋就简，分期发展，逐步正规，先到村社，后到院户。② 会后，《人民日报》发表了题为《发展农村广播网》的社论，指出：随着农业合作化运动高潮的到来，发展农村广播网的工作已经提到日程上来了。地方各级领导机关应该充分关心和重视这一工作，把它列为地方全面规划的一个重要项目，加强对它的领导，并且在一些重要问题上，如在经费、编制、通信网以及和党的宣传网密切结合等问题上给予明确的指示和支持。③ 全国有 22 个省、自治区、直辖市先后出台了农村有线广播网的发展规划。1956 年 1 月 23 日，中共中央政治局提出了《1956 年到 1967 年全国农业发展纲要（草案）》，其中的第三十条对全国农村有线广播网的发展做了明确规划："从 1956 年开始，按照各地情况，分别在七年或者十二年内基本上普及农村广播网，要求各乡和大型的农业、林业、渔业、牧业、盐业和手工业的生产合作社都装置收听有线广播或者无线广播的工具。"④ 为了给"普及农村广播网"创造条件，1956 年 4 月，中央广播事业局与邮电部协商，

---

① 毛泽东. 征询对农业十七条的意见（1955 年 12 月 21 日）[M] //中共中央文献研究室. 毛泽东文集：第六卷. 北京：人民出版社，2004：510.

② 徐光春. 中华人民共和国广播电视简史：1949—2000 [M]. 北京：中国广播电视出版社，2003：27.

③ 《人民日报》社论. 发展农村广播网 [N]. 人民日报，1955 - 12 - 30（1）.

④ 中共中央政治局. 1956 年到 1967 年全国农业发展纲要（草案）[M] //国务院法制办公室. 中华人民共和国法规汇编：1956—1957：第 3 卷. 北京：中国法制出版社，2005：4.

利用与县内电话线路同杆同线，定期定时开放有线广播，并联合颁发了《利用县内电话线路建立农村有线广播网暂行规则》。①

由于党中央的高度重视和相关决策的出台，全国农村有线广播网得以迅速发展。到 1956 年年底，县级广播站增至 1458 座，1957 年年底增至 1698 座（1949 年仅 11 座）；广播喇叭增长很快，1956 年年底增至 50.67 万只（1949 年仅 900 只），1957 年年底增至 94.12 万只。② 与两年前相比，"普及农村广播网"的成效显著。

但需要指出的是，农村有线广播网的发展也不是一帆风顺的，中间也经历了很多曲折。比如 20 世纪 60 年代初期，很多地区的广播站出现了停播的情况。以吉林省为例，据吉林省广播工作会议资料记载：1961 年，全省有 200 多个公社广播放大站停播，占全省公社广播放大站总数的 44.7%；全省有线广播喇叭中有近半数的喇叭声音小或者不响，20 万用户听不到广播。③ 造成这种局面的主要原因是："大跃进"中有线广播发展速度超越了当时的物质条件，广播网设施质量低劣；国民经济出现困难，经费紧张，物资贫乏，电源不足；有线广播的管理、维护工作没有跟上。由此，全国农村有线广播网进入全面整顿时期。各级文化管理部门，在党委和政府领导下，采取组织建设、制度建设、技术创新相结合的综合治理方针，展开了整顿工作。经过大约三年时间的整顿，大部分瘫痪的广播网络和

---

① 这里需要指出的是，《利用县内电话线路建立农村有线广播网暂行规则》出台后，有线广播网迅速扩大，沿线广播喇叭越装越多，这就使用电话造成困难。原规定广播馈送电压不得超过 240 伏，但因为喇叭增多，为了保证音量不得不提高信号电压，有时高达 360 伏、480 伏不等，个别的甚至高达 1000 伏，曾造成维护人员伤亡和通信设备损毁的事故。另外，有线广播时间逐渐延长，开始每天播放两小时，后来增至五六小时，最长达到十小时。这严重影响了通话质量，曾多次发生延误重要电话的事故。直到 20 世纪 80 年代，广播部门开始自建农村有线广播网，同时采取技术措施，将仍利用电话线路传输的广播节目改用低电平信号输出，上述矛盾才有所缓和。参见《当代中国的邮电事业》编辑委员会. 当代中国的邮电事业 [M]. 北京：当代中国出版社、香港：香港祖国出版社，2009：267.

② 赵玉明. 中国广播电视通史 [M]. 北京：中国广播电视出版社，2014：238.

③ 吉林省地方志编纂委员会. 吉林省志：卷四十二 新闻事业志 广播电视 [M]. 长春：吉林人民出版社，1991：210.

停播的公社广播放大站得到了恢复，农村有线广播事业重新步入正轨。

1965 年 9 月，在人民广播事业创建 20 周年之际①，党和国家领导人毛泽东、刘少奇、周恩来、朱德、邓小平、陈毅、彭真、陆定一等为广播事业题词，鼓励广播战线广大同志努力办好广播，为全中国人民和全世界人民服务。1966 年 3 月，第九次全国广播工作会议召开，周恩来同志出席会议并作了重要讲话。会议提出了"面向农村，办好广播，更好地为五亿农民服务"的方针。由此，全国农村有线广播又迎来了大发展。据统计，1966 年，全国有县级广播站 2181 座，公社广播放大站和公社广播站 8435 座，广播喇叭 1100 多万只，77% 的人民公社、54% 的生产大队和 26% 的生产队均普及了有线广播②，在数据上达到了历史最高水平。

农村广播网的建立与发展，改变了中国农村的宣传鼓动工作，分散的村落被无形的电波整合为一个"共时性"的空间，是乡村社会向现代化迈进的一个重要标志。无论是在遥远的边疆，还是在偏僻的山村，农民都能及时、同步地知道国家大事。而且广播是声音媒体，听众容易凭声音喜欢上某些播音员并在一定程度上产生亲近感，这又大大加强了党政机关与农民之间联系的成效。

第二节　广播文艺的节目来源及类型

新中国成立初期，广播被赋予的功能共有三种，即"发布新闻、社会

---

① 按照早先的历史记载，中国人民广播事业创办于 1945 年日本宣布投降后的 9 月 5 日。因此，直到 1980 年以前，每年的 9 月 5 日都被当作人民广播的诞生日来纪念。1980 年 12 月 23 日，经中宣部批准，人民广播事业诞生日改为 1940 年 12 月 30 日。

② 赵玉明，艾红红. 中国广播电视史教程 [M]. 北京：中国广播电视出版社，2009：117.

教育和文化娱乐"①。但其中的"文化娱乐"在现实的广播工作中往往容易被忽略，这种情况很快引起了媒体和中央领导的注意。《人民日报》在社论《发展农村广播网》中特别指出："要使各时期的节目都能体现党委的工作意图和切合群众的需要。此外，还要防止现在比较普遍存在的那种喜欢播送长篇大论，而不愿意播送群众喜爱的文艺节目的偏向。"② 刘少奇同志在《对广播事业局工作的谈话》中也强调："广播要跟人民建立联系，政治上当然也要跟人民联系，但是总不能只限于政治上的，人民关心的事情是很多的，想听的事情也是很多的。这方面也应该关心到。有许多人想听戏，好的戏也很多，也应该让他们能听得到。"③刘少奇同志的指示发出后，各级广播电台迅速组织学习、贯彻，"重新闻，轻娱乐"的倾向在一定程度上得到了纠正。此后，在全国各级广播电台中，文艺节目的比重明显增加。

新中国成立初期，各省、市、县广播电台中的文艺节目主要来源于中央人民广播电台。作为全国广播事业的核心机构，中央人民广播电台在当时广播文艺的生产过程中，扮演了主要角色。由中央人民广播电台编播的文艺节目，经乡村有线广播网的传输，可以迅速响彻乡村，成为农民文化生活的一部分。

中央人民广播电台自建台始就特别重视文艺节目。20 世纪 50 年代初，文艺节目约占播出时间的 10%，1952 年增加到 30% 左右，至 1956 年增加到 50% 左右。④ 中央人民广播电台播出的文艺节目不是古今中外文艺的大杂烩，而是严格按照当时的政治标准筛选出来的。为满足节目制作、播出

---

① 京津新闻工作会议讨论要点初步意见（1950 年 3 月）[M] //中国社会科学院新闻研究所. 中国共产党新闻工作文件汇编：中卷. 北京：新华出版社，1980：158.

② 《人民日报》社论. 发展农村广播网 [N]. 人民日报，1955 – 12 – 30（1）.

③ 刘少奇. 对广播事业局工作的谈话（1956 年 5 月 28 日）[M] //《当代中国的广播电视》编辑部. 中国的有线广播. 北京：北京广播学院出版社，1988：4.

④ 徐光春. 中华人民共和国广播电视简史：1949—2000 [M]. 北京：中国广播电视出版社，2003：15.

的需求，该台成立了一个规模庞大的文艺部，里面聚集了许多不同艺术门类的专才；20 世纪 50 年代，先后成立了民族管弦乐团、说唱乐团、广播剧团、广播乐团等，主要为电台创作、录制节目；为满足少儿广播的需要，还特意成立了少儿合唱团。这些团体不仅提供了大量的节目，而且造就了一批深受群众喜欢的艺术家。

中央人民广播电台编播的文艺节目主要分为四类：音乐节目、戏曲节目、曲艺节目、文学节目。

一、音乐节目

音乐节目在文艺广播中占有重要的位置。但在新中国刚刚成立时，由于录音设备、技术水平有限，相关人才匮乏，导致本土音乐节目的制作能力较弱。外国音乐一度成为音乐节目的主角。为了改变这种偏向，中央人民广播电台在各地广播电台的协助下做了很多努力。1951 年，中央人民广播电台先后派出三个采录组分赴华北、东北、华东、西北、中南五个大区采录音乐节目，历时四个多月，采录节目的时长超过 90 小时。此后，中央人民广播电台又集中力量录制了第一届全军文艺会演中的优秀音乐作品，其中包括《英雄们战胜了大渡河》《歌唱二郎山》《桂花开放幸福来》《三套黄牛一套马》等后来广为传唱的歌曲。在同一时期，中央人民广播电台还制作了《刘胡兰》《王秀鸾》等几部歌剧录音剪辑。这几部歌剧录音剪辑都是由中央人民广播电台的音乐编辑顾湘写稿，康普播音，连同歌剧的音乐一起录在蜡片上。这是中国音乐广播史上最早的歌剧录音剪辑。[1] 这

---

[1] 《当代中国的广播电视》编辑委员会. 当代中国的广播电视：上 [M]. 北京：当代中国出版社、香港：香港祖国出版社，2009：195.

些节目丰富了本土音乐节目的曲库，为调整中外音乐的播出比例创造了条件。同时，中央人民广播电台还开办了《教唱歌曲》专栏节目，大力在群众中普及革命歌曲。当时由于录音设备缺乏，节目组有时要请教员到播音室直接教唱。这个节目不仅迅速普及了《解放区的天》《翻身道情》《咱们的领袖毛泽东》等解放区的歌曲，还教唱了新涌现的优秀歌曲，如《中国人民志愿军战歌》《全世界人民心一条》《全世界人民团结紧》《歌唱祖国》等。从 1955 年 7 月起，中央人民广播电台还开办了推介优秀歌曲的《每周一歌》节目，在《全国联播》之前播出。该节目将一大批革命歌曲向群众推广，使其迅速流行。

1956 年 8 月，第一次全国音乐广播工作会议召开，会议在总结之前工作的基础上提出了音乐广播工作的方针：为工农兵及其干部服务；中西形式并存，发扬民族传统。同时，会议也明确了音乐广播工作的任务：对人民进行社会主义、爱国主义的思想教育；满足人民欣赏音乐的要求；提高人民的音乐水平。① 在会议方针的指导下，中央人民广播电台和各地广播电台都加强了对民族、民间音乐和少数民族音乐的宣传。中央人民广播电台开办了《中国民歌讲座》《民族乐器讲座》《少数民族乐器介绍》等专题音乐节目。这些节目不仅有助于普及民族、民间音乐知识，而且也有利于将少数民族群众纳入社会主义文化生活。

1956 年，在"百花齐放、百家争鸣"方针的指导下，中央人民广播电台加强了音乐节目的欣赏性、知识性和趣味性。节目的内容和形式较以前有了较大的改观，欣赏性的音乐节目明显增多，而且加强了与听众的互动性，开办了《音乐信箱》《听众点播的音乐节目》等栏目，征集群众的意见，解答群众的问题，播送群众点播的歌曲，颇受群众欢迎。但尺度的放

---

① 《当代中国的广播电视》编辑委员会. 当代中国的广播电视：上［M］. 北京：当代中国出版社、香港：香港祖国出版社，2009：196.

宽也引起了一些争议。1957 年，周璇在 20 世纪 30 年代演唱的《天涯歌女》等歌曲在中央人民广播电台播出，在群众中引发了较大争议，有群众认为广播电台不应该播出这些靡靡之音。面对批评的声音，有关领导决定停播这些歌曲，并将此事定性为"广播电台工作中的错误"。但也有群众喜欢这些歌曲，写信给广播电台要求继续播放。为了满足群众对音乐的多元化需求，中央人民广播电台于 1958 年开办了《中国轻音乐》和《月末舞会》节目。1963 年，有领导同志认为广播电台播送的轻音乐是无益的，于是在领导的批示下，这两档节目也停止播出。尽管当时的音乐节目在曲目选择上时紧时松，但总体而言，其在引导群众情绪、塑造群众情感、鼓舞斗志等方面都起到了非常积极的作用。

二、戏曲节目

戏曲在中国一直拥有深厚的群众基础，但在中央人民广播电台建台初期，每周却只播出半个小时的戏曲节目。播出时间短并非台里不重视戏曲节目，而是因为节目源缺乏。当时，台里仅有一些不符合现实需要的旧戏唱片，现代戏则少之又少。这种状况一直到 1952 年才有所改观。1952 年文化部举办的全国戏曲观摩演出大会和 1954 年中共中央华东局举办的华东地区戏曲观摩演出大会，展演了大量优秀的现代剧目。中央人民广播电台利用这两次会演的机会，采录了一大批节目，使戏曲库存大大增加：可供播放的剧种增至 60 多个，剧目增至 400 多个。一批颇具时代精神的现代戏，如评剧《刘巧儿》《小女婿》、沪剧《罗汉钱》、淮剧《王贵与李香香》、吕剧《李二嫂改嫁》、曲剧《妇女代表》等，都是在这一时期产生并为听众所熟知的。自此，戏曲在文艺节目中所占的比例一路上升，最高时曾经达到了41.95%①，而现代戏的播出率也开始超过传统戏。高播出率对现代戏起到了扶植作用，不但提升了人们对现代剧目的认知度，也推动了全国现代剧目创作的繁荣。在中央人民广播电台1956年举办的"最好的一出戏"征文活动中，有很多听众选择了《李二嫂改嫁》等现代戏；《王贵与李香香》等剧目也被各大剧种争相移植。现代戏在短时间内能够得到群众的认可，获得与传统戏争夺观众的能力，中央人民广播电台的反复播放功不可没。

1958年，第五次全国广播工作会议提出了文艺广播的"三三制"原则后，新编现代戏的数量进一步增长，一大批质量上乘的现代戏相继诞生，如豫剧《朝阳沟》《袁天成与能不够》、评剧《金沙江畔》、沪剧《星星之火》、淮剧《党的女儿》等。这些戏曲无论在思想上，还是在艺术上都具有一定的开创性，为戏曲改革工作打开了新局面。中央人民广播电台及时对这些剧目进行重点推介，使其很快获得了全国性的影响。但需要指出的是，当时也有很多现代戏是配合中心工作的产物，水准不高。当时，每有政治任务，比如人民公社化运动、"大跃进"运动、大炼钢铁运动等，戏曲界都被要求及时配合。但因为戏曲有其自身的规律，创作与排练的周期较长，所以在满足几乎每天都有的任务时难免力不从心，于是大批粗制滥造的标语口号式戏曲小演唱应运而生。有些剧团紧跟形势，创作演出了许多配合任务的戏。当时虽然看出这些戏质量不高，而且存在这样那样的问题，但考虑到在短期内赶排出这样的大型剧目"政治热情可嘉"，中央人民广播电台还是将它们经过删节剪辑后及时广播，突出宣传。②

解决戏曲库存问题之后，还要解决剧种布局和剧目排列的问题。这个

---

① 中央人民广播电台简史编写组. 中央人民广播电台简史［M］. 北京：中国广播电视出版社，1987：118.

② 《当代中国的广播电视》编辑部. 中国的广播节目［M］. 北京：北京广播学院出版社，1987：619.

问题在新中国刚刚成立时几乎不存在，因为当时剧种、剧目的库存较少，没有多少选择余地。但随着戏曲库存的猛增及戏曲广播次数、时间的大幅增加，剧种如何布局，剧目如何排列，就成为一个特别需要斟酌的问题。当时全国有剧种 300 多个，某个剧种播放的多寡会影响到该剧种在全国的地位。而剧目安排在什么时间什么次序，也表明对该剧目的重视程度。从公平的角度考虑，中央人民广播电台曾力图兼顾所有剧种，播出的剧种一度达 170 多个。但实践证明，这种做法有较大的负面作用。因为一些小剧种的语言局限很大，过多地照顾这些剧种会导致听众大量流失。有鉴于此，中央人民广播电台及时调整了方案，以播出流行地区广的剧种为主，兼顾各省、自治区、直辖市的主要剧种。1960 年以后，通过对听众来信的调查，中央人民广播电台拟定了以京、评、豫、越、川、秦、粤七大剧种为主的方针，这些剧种占全部戏曲节目的 65%～70%；一些语言易懂、曲调优美或流行地区较广的中型剧种，如河北梆子、晋剧、吕剧、黄梅戏、锡剧、沪剧等也适当注意安排；其余剧种则相应照顾，播出时加以介绍，以帮助听众收听。[①] 这种安排显然更具合理性。

　　总体而言，中央人民广播电台当时在剧种、剧目的选择上是严谨的，既注重戏曲的艺术水准，也注重其社会效果，为戏曲的推陈出新作出了应有的贡献。其中的很多剧目，不仅在当时深受群众欢迎，而且直至今天也仍然是戏曲广播中的主角。

三、曲艺节目

　　曲艺是民间说唱艺术的统称，大多起源于乡村，农民和普通市民是其

---

　　① 《当代中国的广播电视》编辑部. 中国的广播节目 [M]. 北京：北京广播学院出版社，1987：623 - 624.

主要消费群体。曲艺的种类繁多，其中较有代表性的有相声、评书、快板书、山东快书、山东琴书、河南坠子、北京琴书、京韵大鼓、评弹等。早在 1949 年 9 月，中央人民广播电台的前身北平新华广播电台就与中华全国曲艺改进会筹备委员会联合开办了专栏文艺节目《广播曲艺》，每天播送一次，每次由演员直播 30 分钟。1950 年第一季度，播出的曲艺节目有 40 多段，种类包括京韵大鼓、太平歌词、乐亭大鼓、西河大鼓、北京琴书等，其中的太平歌词《过新年》、北京琴书《生产就业》和西河大鼓《捉妖拿邪》，是老舍创作的。1951 年 4 月，中央人民广播电台录播了"赴朝曲艺大队"汇报演出，其中包括单弦《金圣云打飞机》、京韵大鼓《飞虎山》等，这是曲艺第一次以实况录音的形式进入广播。

在所有的曲艺门类中，相声和评书最受群众欢迎。相声，由于从业艺人一度不了解广播，同时也缺乏优秀的曲目，所以直到 1953 年才首次进入中央人民广播电台的广播中：首播的相声是孙玉奎、侯一尘合说的《新历书》；随后，1954 年 1 月 9 日首次播出整理过的传统相声《大保镖》，由刘宝瑞、侯一尘合说；接着 2 月 2 日播出了《改行》，由侯宝林、郭启儒合说；2 月 4 日播出了《朱夫子》，由刘宝瑞、孙玉奎合说；6 月 7 日播出了新相声《婚姻与迷信》。[①] 1954 年，中央人民广播电台全年只播放了上述五段相声。相声节目大量播出是从 1955 年开始的。是年，侯宝林、郭启儒参加了说唱团工作，不断排练节目并进行录音，保障了节目的供给。当时，广播相声的文本来源主要有两个。一是根据需要，或向社会征集，或从报刊上选材，编辑自行加工，然后根据作品内容，选演员表演。在节目排练过程中，编辑经常担负起导演的任务，分析主题，提出要求，待排练成熟后才进行录音。比如，1956 年 10 月，中央人民广播电台发起了一次

---

① 《当代中国的广播电视》编辑部. 中国的广播节目 [M]. 北京：北京广播学院出版社，1987：641–642.

征稿活动，全国各地的众多相声爱好者踊跃参与，积极投稿。后来成为相声经典之作的《珍珠翡翠白玉汤》（高炳华整理）、《黄半仙》（冯不异作）、《离婚前奏曲》（王命夫作，经侯宝林、刘宝瑞等加工），即来自这次征稿活动。1959 年同样的活动再次举办。二是来源于对传统相声的挖掘和整理。1960 年 10 月，中央人民广播电台说唱团参照 1939 年著名相声演员戴少甫、高德明、常宝堃经常演出的《曲名总目》和各地出版的传统相声选集，编纂了《传统相声目录》，共列入传统相声 296 段。中央人民广播电台文艺部决定根据《传统相声目录》先在相声组进行挖掘、录音。从 1960 年 10 月到 1961 年 4 月，说唱团相声组录制完成了 100 多段相声，而后又历时一年派人到天津、济南、沈阳、吉林、哈尔滨等地采录，录制了 180 多段相声。到 1962 年年底，库存传统相声节目达 287 段，其中约有一半经整理后播出。

与相声一样，评书也是当时曲艺广播的重头戏。最早与中央人民广播电台结缘的评书演员是袁阔成。1950 年 3 月，中央人民广播电台直播了他根据赵树理同名小说改编的中篇评书《小二黑结婚》。据当事人后来回忆，第一次走进演播室面对话筒，他颇为紧张，因为传统评书的一些套路并不适合在广播新书中使用。比如《三侠五义》讲包公时可以说"微合二目，捻髯沉吟"，观众认可，也听得习惯。但是要说我军政委，再这样形容就不行了。一来，政委没留这么长胡子；二来，电台录书是只闻其声不见其人，这一做动作、一沉吟，听书的以为说书的忘词了呢。[①] 这样一来，说书人就需要根据新书和广播的特点对以往的说书习惯作出调整。袁阔成是在编辑的帮助下才逐渐改掉了一些旧习惯，逐渐适应了在广播里讲评书。当时，影响力最大的评书演员当数连阔如。1954 年 5 月 5 日，他的长篇评书《三国演义》在中央人民广播电台开播，这是该台首次播放长篇评书。

---

① 王娜，于嘉. 当代北京广播史话［M］. 北京：当代中国出版社，2013：51.

这部评书在当时产生了非常大的社会反响，甚至达到了万人空巷的程度。后来成为中央人民广播电台曲艺编辑的陈连升回忆说："我记得，1954年我在北京八中上初一，每天中午12点，广播电台播送《三国演义》，11点45分刚下第四节课，我就拼命往家跑，非听不可。"① 其在群众中的影响力由此可见一斑。在连阔如之后，与其年纪相仿的评书演员陈荣启、马连登也相继在中央人民广播电台录制了各自的拿手书目《精忠说岳》和《杨家将》。20世纪50年代末，中央人民广播电台对传统书目的重视程度开始减退，从1958年开始掀起了说新唱新的浪潮，一大批说惯传统书目的艺人改弦易辙演播新书。1963年，中央人民广播电台先后录制了新评书《赤胆忠心》《平原枪声》《红岩》《铁道游击队》《烈火金刚》等。这些新评书播出后，也颇受群众喜欢。

四、文学节目②

文学节目是将古今中外的文学作品做广播化处理的节目形态。中央人民广播电台开办较早的文学节目是《故事讲述》（1950年4月），主要播送民间故事和童话寓言。该节目后来曾改名为《讲故事》（1954年8月）和《革命故事》（1957年7月），改名为《革命故事》后，节目的播出次数和播出时间都有所增加。该节目寓革命教育于故事之中，颇受听众欢迎，持续了十年之久。1954—1955年，中央人民广播电台相继创办了《小说朗诵》《诗朗诵》《文学书籍》和《最近文艺刊物》等栏目；1958年5

---

① 王娜，于嘉. 当代北京广播史话［M］. 北京：当代中国出版社，2013：50.

② 广播电台的文学节目，有广义的和狭义的两种说法。广义的文学节目，包括文学作品的朗诵和评介、广播剧和电影、话剧录音剪辑等；狭义的文学节目，是各类文学作品的朗诵、评介和文学活动的报道。本节所讲的是广义的文学节目。

月，开办了《长篇小说连续广播》节目，播出的作品有《红旗谱》《红岩》《红日》《青春之歌》《林海雪原》《苦菜花》《敌后武工队》《小城春秋》等。1954 年，为了简化名称，该节目更名为《小说连续广播》，播出的作品有《三里湾》《艳阳天》《风云初记》《古城春色》《百炼成钢》等。1962 年，文艺部要求这个节目的编播向评书学习，走民族化的道路。1965 年，该节目更名为《说新书》，播出了《欧阳海之歌》《焦裕禄》《英勇坚持社会主义道路的吕玉兰》等新评书。这个节目的优点是不照本宣科，播出的作品都经过了编辑的处理，每天播出的内容既独立成章，又留有悬念，颇具吸引力。当时，在广大文学爱好者中颇具影响的节目是 1961 年 5 月开办的《阅读和欣赏》。这个节目旨在通过对古今中外优秀文学作品的介绍，帮助听众提高阅读能力和欣赏水平。节目选材广泛，但侧重古典文学。节目着重对文学作品进行艺术赏析，熔字句疏通、内容串讲、背景介绍、思想分析于一炉，有别于一般课堂中的语文教学。[①] 节目的撰稿人，大都是高等院校从事文学研究的专家和优秀的中学语文教师。诗人臧克家，作家叶圣陶，红学家周汝昌、李希凡等都曾为该节目撰写过稿件。

电影和话剧录音剪辑也是广义的文学节目的组成部分。电影录音剪辑是中国独有的文艺广播形式，最初叫"电影录音"，是在偶然的情况下诞生的。由于新中国成立初期广播电台的文艺节目缺乏，所以在 1950 年东北电影制片厂出品的故事片《白衣战士》上映后不久，中央人民广播电台的有关编辑就开始探讨在广播电台播送这部影片录音的可能性。编辑觉得，如果光放影片录音，听众只闻其声，不见画面，难以听明白，于是写出了《白衣战士》的故事梗概，并随着影片的音乐、对话、音响进行解说。结果，节目播出后竟收到了意想不到的艺术效果，由此诞生了中国的第一部

---

① 《中国广播电视年鉴》编辑委员会. 中国广播电视年鉴：1990 ［M］. 北京：北京广播学院出版社，1990：264.

"电影录音"。之后，中央人民广播电台又播出了《钢铁战士》《中华儿女》《光荣人家》《民族大团结》和早期的苏联影片《收获》《金星英雄》《玛丽黛传》等。1955 年 11 月，中央人民广播电台在播出影片《天罗地网》（上海电影制片厂摄制）时，将"电影录音"改称为"电影录音剪辑"。从这以后，所有播出的影片都叫电影录音剪辑。1960 年 5 月，中央人民广播电台开办了《广播影院》专栏，所有的电影录音剪辑都统一放在这个专栏里播出。这档节目很快成为全台最受听众欢迎的节目之一。

话剧录音剪辑是由电影录音剪辑派生出来的，它以剧场演出实况录音或演员在电台室内的录音为素材，经过编辑加工取舍和插入解说制作而成。它的制作比电影录音剪辑要简易一些。话剧录音剪辑节目形式在 1952 年开始出现。1955 年，在全国话剧观摩演出会上，中央人民广播电台组织力量采录了大量节目。20 世纪 50 年代后期，中央人民广播电台开办《广播剧院》专栏，大量播出话剧录音剪辑，其中既有《钦差大臣》《以革命的名义》《中锋在黎明前死去》《雷雨》《屈原》《蔡文姬》《骆驼祥子》等中外名剧，也有《万水千山》《霓虹灯下的哨兵》《同志，你走错了路》《千万不要忘记》等反映革命历史和现实生活的话剧。尽管话剧录音剪辑的收听率不及电影录音剪辑，但也有其相对稳定的听众群。

群众喜欢听电影和话剧录音剪辑有内外两方面原因。外因是：对普通群众，尤其是对广大农民来说，平时看电影和话剧的机会非常少，而电影和话剧录音剪辑正好满足了这部分群众的需要。它雅俗共赏，老少咸宜，不费"举步"之劳，不为购票所苦，还不耽误手中活计。① 内因是：尽管电影和话剧录音剪辑中不可能出现直观的形象，但通过解说和音响水乳交融般地结合，借助于听众的"二度创作"，可以在听众脑海中出现"视

① 张凤铸. 中国广播文艺学［M］. 北京：北京广播学院出版社，1994：221.

像"，这是一种挂在听众脑海里的"银幕形象"①。

广播剧是适应电台广播需要而兴起的一种文学形式。中国的广播剧起步较早，早在 20 世纪 30 年代，一批戏剧家为宣传抗日就参与创作广播剧。② 新中国成立之后，广播剧的发展进入快车道。1950 年 2 月 7 日，中央人民广播电台制作、播出了反映铁路工人支援国家建设的广播剧《一万块夹板》，这是该台播出的第一部广播剧；1950 年 3 月 8 日国际妇女节，又有反对包办婚姻、提倡妇女解放的广播剧《潘秀芝》播出；抗美援朝期间，又制作、播出了《朝鲜丹娘——金玉姬》《哈尔滨之夜》《小人书》等广播剧。这时的广播剧大都是创作剧目，因条件限制，人物不多，情节也略显简单。1954 年到 1957 年，由于录音设备的改进，广播剧的生产能力大大提高。全国各广播电台每年能够制作二三十部广播剧。广播剧的内容也愈加丰富，既有根据中外名著改编的，也有反映社会主义现实生活的。在这一时期，由中央人民广播电台制作的、水准较高的广播剧有《皇帝的新装》《黎明的河边》《检验工叶英》《粮食的故事》《安业民》《苍蝇是怎样变成大象的》等。其中，《皇帝的新装》比较突出，在《全国联播》节目中播出后成为保留剧目。1957 年之后，广播剧虽有短暂的曲折，但经过调整，很快又重入正轨。1960 年至 1965 年，全国出现了一批艺术质量较高的广播剧，如《红岩》《故乡》《杜十娘》《国际主义战士白求恩》《真理的光芒》《山谷红霞》《接关系》《团圆》《党员登记表》等。其中，《山谷红霞》于 1961 年参加了法国国际广播剧比赛并获录音奖。总体而言，这些剧目都具有鲜明的艺术风格和较强的艺术感染力，标志着中国广播剧走向了成熟。在此之前，广播剧的位置一直比较边缘；而在此之

①　张凤铸. 中国广播文艺学 [M]. 北京：北京广播学院出版社，1994：218.

②　中国第一部广播剧是 1933 年由上海亚美广播公司制作的《恐怖的回忆》。该剧在上海亚美广播公司组织募捐支援抗日前线将士的活动中播出。在这以后，作家洪深、夏衍、孙瑜、于伶等相继发表广播剧，有的在广播电台播出。

后，文艺界开始重视广播剧，将其视为文学节目的重要组成部分。

在广播电台的所有节目中，文艺节目所拥有的听众群是最大的。当时，除了中央人民广播电台，各省级广播电台也特别重视文艺节目的编播工作。总体而言，各省级广播电台的文艺节目在类型和播出方式上与中央人民广播电台基本一致。所不同的是，在各省级广播电台的文艺节目中，地方文艺所占的比重更大。尤其是各省级广播电台在播放戏曲节目时，大都以本地剧种为主，充分体现地方特色。比如湖南人民广播电台，在 1951 年，本地戏曲占了全年文艺节目的 70%。这无疑会对本地剧种的发展和传播起到重要的推动作用。

但需要指出的是，中国地域辽阔，民间文艺种类繁多。中央及各省的广播电台即使倾尽全力也无法满足所有地区、所有民族听众的差异化需求。这时，有线广播的优势就显露出来。有线广播作为区域性广播，具有分布区域广、数量多、节目容量大的优点，能针对特定区域民众的特殊文艺需求编播节目。中国的少数民族众多，各族群众对本民族的文艺都有特殊的感情。但很多文艺形式只是在小范围内流行，只在县、乡广播站经常性播出。当时的很多县、乡广播站，在转播中央及省台文艺节目之余，都自办文艺节目，农民足不出户就可以听到带着浓浓乡土气息的文艺节目。以贵州省为例，从 1958 年开始，该省多个少数民族聚居区的广播站都自办了民族文艺节目，如黔东南州各县广播站的文艺节目都结合本地特点，播出民歌、山歌等，如苗族的苗歌、芦笙舞曲，侗族的侗歌、侗戏等；黔南州望谟村广播站的《地方文艺》节目，由于当时没有录音设备，就邀请当地布依族、苗族歌手到广播站演唱。群众听到本民族的文艺节目，兴趣极浓。很多群众一听到喇叭响，就坐在一起，跟着喇叭哼唱。①

---

① 林青. 中国少数民族广播电视发展史 [M]. 北京：北京广播学院出版社，2000：473.

第三节　广播文艺对农村文艺生态的重塑

　　总体而言，新中国成立初期全国各级广播电台的文艺节目，在很大程度上起到了政治整合的作用，参与了新中国"共同的价值观、理念、信息和文化表达方式"① 的建构。这一作用在当时的农村体现得尤为明显。

　　资料表明，当时各级广播电台的文艺节目受到了全国听众，特别是广大农村听众的欢迎。1963 年 4 月初，《文艺报》记者曾随中央人民广播电台文艺部文学组、河北人民广播电台文艺部文学组到河北省饶阳县五公人民公社和晋县周家庄人民公社，做了一次文艺广播节目在农村收听情况的调查。调查显示：由于五公人民公社自己有发电设备，周家庄人民公社由石家庄供电，所以这两个公社收听广播工具的数量增长很快，听广播已经成为当地社员的主要娱乐方式之一。五公人民公社社员刘兰相在果园劳动，发现果园有个晶体管收音机，他就接上一条线通到家里，在家里安上个小喇叭，这样他白天劳动，晚上休息，都能听得到。到了晚上，二三十个人守着一个收音机的现象很平常。更有趣的是，前几年只有矿石收音机的农户家里，在《小说连续广播》时间，也常有一群人收听：由其中一个人戴上耳机，听完里面讲的一段故事之后，就兴致勃勃地向周围的人复述一遍。不识字的农村妇女更是听得入迷，因为她们平时没有什么文化娱乐活动，又不能阅读报纸、刊物，晚上收听自己喜欢的文艺节目，就成为十分快乐的事情了。经常收听广播后，社员和广播建立起了特别的情感。有

---

　　① 卡瑞，辛顿. 有权无责：英国的报纸、广播、电视与新媒体 [M]. 栾轶玫，译. 北京：清华大学出版社，2016：245.

不少公社社员，凭着收听经验，找到了中央人民广播电台每天在什么时间广播什么节目的规律，而且能通过一些广播员、演员的声音，知道他（她）叫什么名字，对他们有着亲切的感情。有位老太太曾经朝着家里的收音机，对正在播音的女广播员，满怀深情地说："你们这些小闺女，一天说呀唱呀，总也没个完。不吃饭，不喝水，也不咳嗽一声，真的不饥不渴不累？出来和大娘歇会儿吧！"① 由此可见，随着广播网的建立，广大农民的精神生活和趣味都已经发生了很大变化。

调查显示，虽然农民听众各有所爱，但总的来说，除了他们听不懂的一些节目，像外国的交响乐、某些听不清唱词的戏曲以及一些语言不够群众化的文学作品之外，他们对大多数节目都是喜欢或比较喜欢的。从作品的形式来看，受到社员普遍欢迎的是相声、评戏、河北梆子、革命故事、革命歌曲、民间故事和民族民间音乐；从广播的栏目来看，受到社员普遍欢迎的是《广播影院》《小说连续广播》和《广播剧院》。而《文学爱好者》栏目经常播出的短篇小说、诗歌、散文和小品文等，主要受青年农民、基层干部和中小学教师欢迎。中老年农民也并非绝对不喜欢这类形式的文学作品。调查表明，中老年农民经过适应，也完全可以接受这类形式的文学作品。文化馆干部高化民曾向调查组讲了一个有趣的例子。他的妹妹爱听广播小说，可是他妈妈却不爱听，妹妹因此受到了妈妈的干涉："你听那个干嘛？找段戏听吧！"妹妹没办法，只好一边听，一边给她讲解。经过这么几次辅导，妈妈便逐渐有了兴趣，后来不但喜欢听，而且能记住人物、故事，并向别人讲出来。有的中老年农民，不但能够接受广播小说，而且还能够用新的观念对小说进行品评。有一次，调查组借用周家庄的有线广播电台播送了短篇小说《于文翠》和《两个队长》。有一位50

---

① 本刊记者. 更好地利用广播为农民服务：河北省饶阳县、晋县收听文学广播情况的见闻札记 [J]. 文艺报，1963（5）：2-7.

多岁的老大爷，在听完《两个队长》后表示："这个小说不错，有意思。当生产队长嘛，为了大家的利益，就不能怕得罪人，可是也不能到处得罪人。最好像人家那个队长那样，既不得罪人，又保住了社里的利益，还让那个贪便宜受了罚的妇女蛮高兴。"① 从广播文艺作品的内容来看，反映不同革命历史时期斗争生活的各种题材长篇小说也日益受到农民喜爱，像《小说连续广播》中播出的《红岩》《红旗谱》《林海雪原》《青春之歌》《铁道游击队》《苦菜花》《烈火金刚》《敌后武工队》，《广播影院》中播出的电影录音剪辑《李双双》《洪湖赤卫队》《槐树庄》《宋景诗》《林则徐》《画中人》，《广播剧院》中播出的话剧《八一风暴》《哥俩好》《全家福》，都在农民中间广为传诵。许多农民对《革命故事》中播出的大量作品，如《王若飞在狱中》《读"红岩"忆亲人》等的反映，也相当强烈。据一位青年农民介绍：有一次，他刚进家门，见嫂子坐在炕沿上啼哭，以为家里出事了，一再追问下，嫂子才说她刚听了一个革命故事。② 由以上事例可见，经过广播电台多年对新文学的普及之后，农民的欣赏习惯已经发生了改变，接受能力也有了很大的提高。

当时的广播文艺不但受到了农民的欢迎，而且悄然调整了农民的关注点，影响了农民的好恶。这一点可以从当时广播电台收到的农村观众来信中得到证明。以中央人民广播电台为例，房山上坊公社的社员听了该台播出的河南坠子《两个南瓜》后，写信说："别看批评偷瓜的事情不大，却表现了两种思想的斗争。我们要维护集体利益，爱社如家。我们欢迎这样内容的新段子。"易县西陵公社的一个社员听了相声《家庭会议》后，反映："它告诉我们平日过生活要勤俭持家，养成艰苦朴素的风气。我以前生活没计划，安排得不好，影响了生产积极性，今后一定要把精打细算养

① 本刊记者. 更好地利用广播为农民服务：河北省饶阳县、晋县收听文学广播情况的见闻札记 [J]. 文艺报，1963（5）：2-7.

② 同上。

成习惯。"还有个听众写信说："听完这段儿相声，我们全家当时开了一个小时的会，谈的是怎样按计划用钱。"顺义县南法信村的一位社员写信说："相声《改行》表现了旧中国的腐朽黑暗，听了以后我们更感到今天生活的幸福。"一位爱听评书《杨七郎打擂》的社员写信说："假杨七郎就怕碰见真杨七郎，假的真不了，真的假不了。这段儿书有现实意义。"密云不老屯公社一社员写信说："《卖布头》丰富了我的生活和历史知识，吃完晚饭一听，解除了我下工回家的疲乏。"农民对节目也不是一味地表扬，对个别节目中思想内容不健康的地方，他们也写信提出了批评。昌平横桥村一社员写信说："相声《猜字》里说到'王'字加八点儿念'王麻子'，我觉得不入耳。我们生产队有个姓王的社员，解放前出了天花，因家穷无钱医治，长了一脸大麻子，本来精神上就很苦恼了，听了这段儿相声后，有人管他叫'王字加八点儿'，增加了他的苦恼。单口相声《新旧婚姻》里还说到'一只眼的瞎老太太，就是过去那年头下轿时射的'。眼睛有毛病的女社员听了，心里就不大愉快。拿别人生理缺陷当笑料是不礼貌的，是旧社会那种低级庸俗的表演手法。"个别艺术上粗糙的节目，农民也逐渐有能力鉴别。比如，有农民写信批评唱词语言不精练，信中写道："山东琴书《王汉喜过年》，水词儿太多，没结没完，听着不带劲。"还有农民写信对节目的内容、题材等方面提出了要求。香河县安头屯公社一社员说："我觉得相声应该多说些农村的事情，怎么总也听不到？"大兴县芦城公社一位女社员说："听了评剧《夺印》，也想听听评书或鼓书《夺印》。胡素芳是值得学习的，我们想多受一点教育，好坚决和坏人坏事坏思想做斗争。《红岩》，我也想听听。"翼城县杨集庄公社一社员说："想听到促进社员之间，婆媳、妯娌之间团结友爱的曲艺节目，尊敬老人的也要有一点。"涿县百尺杆公社一社员说："要多编点宣传婚姻制度，批判买卖婚姻的。"望都县固店公社一社员说："像《参军记》那样，能在青年中起到爱国主义教育的，应该多编点。"也有农民对传统节目整理、表演得太少提出了意见。宝坻县大白公社一社员说："《关公战秦琼》《蛤蟆儿》不错是不错，就是听的时间太长有点腻了，能不能换点别的？"还有的农民写信催问："高元钧同志说的《快活林》怎么没说完就不说啦？英雄武松后来怎样了？演员是不是病了？希望病好了再给我们说下去！"房山县官道公社和天津小孙庄公社的很多社员则希望在广播中听到长篇大书。① 以上农民对节目的表扬、批评及要求，一方面表明广播文艺已经成为农民日常生活的一部分，另一方面表明农民经过多年的社会主义教育后已经初步建立起一套新的是非标准。尽管这套新的是非标准高度依赖当时的主流话语，但它至少意味着农民已经被纳入了新中国的政治进程之中。

广播文艺之所以能够在农村实现其政治功能，与各级广播电台对节目的精心选择和编排密不可分。当时，各级广播电台的文艺编辑始终把节目的鉴定和选择放在工作的首位。

首先，各级广播电台都优先保障社会主义新文艺节目的播出比例与频率。1958 年 4 月，周扬在第五次全国广播工作会议上提出：文艺节目要跟上形势，应包括配合政治任务的、现代的和传统的三类节目。会议总结时归为文艺广播的"三三制"原则，即三类节目各占三分之一。中央人民广播电台为了落实"三三制"原则，规定文艺节目的安排大体是"今二古一、中七外三"②。1962 年以后，中央人民广播电台又开始加强文艺广播的革命化，现代题材特别是配合政治任务的节目数量大幅度增加。③ 例如，在 1964 年全国京剧现代戏观摩演出大会后，现代戏的播出比例由 30% 上升到 55%，继而激增到 70%。1964 年秋天，文化部向戏曲团体发出了暂时不要上演传统戏的号召。1965 年年初，中宣部要求广播电台把传统戏的比例控制在 10% 以内，中央人民广播电台文艺部将它具体化为 8%。④ 如

---

① 本段材料出处均见：王决. 农村听众对广播曲艺节目的反映［J］. 曲艺，1963（3）：44 – 45.

② 中央人民广播电台简史编写组. 中央人民广播电台简史［M］. 北京：中国广播电视出版社，1987：114.

③ 同上。

④ 《当代中国的广播电视》编辑部. 中国的广播节目［M］. 北京：北京广播学院出版社，1987：620.

此大量地播出现代题材的节目，其目的之一显然是不断巩固和扩大社会主义新文艺在农村的阵地。

随着现代题材节目播出时间的显著增加，已有的节目源已经难以满足播出的需要。为了拓宽渠道，建立更广泛的节目源，各级广播电台纷纷向全社会征集"为农村服务"的文艺作品。以中央人民广播电台为例，1963年7月，该台的文艺部联合《歌曲》编辑部，《音乐创作》编辑部，中国音协上海、辽宁、广东、陕西、四川、湖北、天津等地分会等单位举办了"为农村服务的音乐作品征稿"活动。此次活动历时近两年，得到了全国各地专业、业余词曲作者的响应。最终评选出的72件作品，都与当时的政治需求高度吻合。"诸如歌唱党和领袖，歌唱人民公社，歌唱贫下中农当家作主，歌唱大寨精神和榜山风格，歌唱农村社教运动后所出现的新气象新风尚，歌唱新的城乡关系，歌唱阶级斗争和生产劳动以及农村青年、妇女、民兵等题材，在'征稿'评选作品中得到较为全面的反映。"① 这些作品经中央人民广播电台播出后，很快进入了农民的文化生活，其中的部分曲目，如《社员都是向阳花》《大海航行靠舵手》《学大寨，赶大寨》等，在很多地区更是做到了妇孺皆知。这些音乐在"以社会主义的、革命的音乐代替封建的及其他落后的音乐，以社会主义的、革命的音乐鼓舞农民群众的阶级斗争和生产斗争"② 方面，无疑起到了重要的作用。

其次，各级广播电台在播送传统文艺作品时，都严格把关，尽量删除其中的消极部分，同时通过对作品的介绍来引导听众的情感。传统文艺是特定时代的产物，因此不可避免地留有旧时代的印记，区分出其中的精华和糟粕是一项难度很大的工作。即便是中央人民广播电台，在把握节目尺度上也曾引起过很大的争议。1957年5月19日，中央人民广播电台应部

---

① 晓星. 更好地为五亿农民歌唱：评"为农村服务的音乐作品征稿"的评选歌曲 [J]. 人民音乐，1965（6）：9 – 10.

② 林明. 巩固成绩，总结经验，更好地为农村服务 [J]. 人民音乐，1965（4）：6 – 7.

分听众的要求播出了 20 世纪 30 年代的故事片《马路天使》中的插曲《天涯歌女》和《四季歌》。歌曲播出前，编辑部里有两种不同意见："一部分同志认为周璇的歌声在表现电影《马路天使》里小红这一特定人物的思想情感方面是恰如其分的；不应脱离了影片也就是不能脱离了当时的社会背景来谈歌曲，虽然这支歌曲的情感距离现代的情感远了一些，但它并无毒素，可以广播。周璇唱的其他歌曲也可能有极少数内容问题不大而具有一定艺术水平，可以适当广播来满足听众需要。持这种意见的同志认为应该相信解放后八年来，人民的思想觉悟及鉴别能力已有很大提高，只要电台慎重选择，少量地放，不把色情、低级的歌曲放出去，就不会引起不良后果；为了能启发听众的思考兴趣，可酌情放一两支内容有些问题的歌曲，以引起争论。"[①] 另一部分同志认为："解放后，群众的思想虽已提高，社会主义的因素占了优势。但资产阶级还没有最后消灭，资产阶级的阶级意识对群众的影响仍旧很大。解放以后，虽然黄色歌曲销声匿迹了，但它并没有根绝。电台广播这类唱片，群众可能误解为电台提倡这些东西，那么，紧接着《天涯歌女》和周璇早期唱片以后，大批黄色歌曲将会出笼，不但危害青年人的身心，而且不利于社会主义国家经济建设，不利于对人民进行共产主义教育。因此应该坚决不放。"[②] 后来，赞成播放的意见占了上风，1957 年 5 月到 7 月，中央人民广播电台在四个节目中陆续播送了周璇演唱的 11 首歌曲：《天涯歌女》《四季歌》《百花歌》《拷红》《渔家女》《街头月》《难民歌》《歌女泪》《青楼恨》《葬花》《梦断关山》。

中央人民广播电台密集地播放周璇的歌曲，而又缺少必要的说明，这给地方广播电台造成了一种错觉，以为文艺节目的审查标准松动了。一些地方广播电台不但开始播送周璇的歌曲，甚至还播送了一些黄色歌曲。比

---

① 康普. 电台在播送旧歌曲上的一些问题 [J]. 人民音乐，1958（1）：15 – 16.
② 同上。

如，天津人民广播电台的《旧歌重放音乐会》播送的歌曲中，"有歌颂纸醉金迷生活的《夜上海》，有教人离开生活和斗争，陶醉于个人爱情小天地的《凤凰于飞》插曲和《扁舟情侣》，有以日本歌曲《支那之夜》填词的《春之梦》，还有以唱黄色歌曲著名的白光唱的《期待》，还有低级趣味的《睡的赞美》和《相思夜》等"①。一时间，天津的大街小巷响起的都是这些旧歌曲。这显然挤占了革命歌曲的空间，冲击了社会主义文艺领导权的建构。此事引起了中宣部的关注，在其指示下，中央人民广播电台很快停播了周璇的歌曲，并作出了检查。为进一步遏制黄色歌曲的蔓延，1958 年 4 月，中共中央〔58〕329 号文件批转了文化部党组《关于肃清黄色音乐问题给中央的报告》。该报告提出在群众中进行一次不买黄色音乐唱片、歌片，不唱黄色歌曲、不听黄色音乐、不跳黄色交际舞的宣传教育，并要求各地对现有黄色音乐唱片、歌片，应该区别不同情况，加以取缔，不让它们继续放毒。② 出此，一场全国性的反击黄色歌曲运动拉开了帷幕。多家报刊组织文章，对黄色歌曲的来源、性质、危害进行揭示。此后，各级广播电台在播送有争议的旧歌曲时变得更加谨慎，音乐广播的主要任务也转变为向广大群众推广、普及社会主义新歌曲。这也折射出文艺广播向社会主义文化领导权建构媒介发展的趋势。

各级广播电台的文艺节目不但在农村实现了政治功能，也深刻改变了农村的文艺生态。首先，广播文艺节目极大地丰富了农村文艺的类型。在广播进入农民生活之前，农民所能接触到的文艺类型是比较固定的，主要是地方性的戏曲和曲艺。而在广播进入农民的生活之后，农民不但接触到了流行音乐、广播剧、小说联播、电影录音剪辑、话剧录音剪辑等新鲜的节目，而且他们喜闻乐见的戏曲、曲艺节目的种类也大大丰富起来。比如

---

① 康普. 电台在播送旧歌曲上的一些问题 [J]. 人民音乐, 1958 (1)：15 - 16.

② 文化部党组. 关于肃清黄色音乐问题给中央的报告 [M] //中华人民共和国文化部办公厅. 文化工作文件资料汇编：1949—1959. 内部出版, 1982：228 - 231.

戏曲，除了京、评、豫、越、川、秦、粤等主流剧种，河北梆子、晋剧、吕剧、黄梅戏、锡剧、沪剧等中小剧种也应有尽有。可以说，当时社会上流行的大部分文艺节目，都通过电波进入了农村的文化空间，供农民选择。而且，广播文艺在传播效率上也是其他文艺形式所无法企及的。一个艺人走村串巷说评书，即使说上一年，也没有广播电台广播一天的听众多。由于广播文艺天天有，各种文艺形式几乎样样有，这就使得农民的文化生活具有了多样性和经常性。农民在参与方式上也开始"由群体化转向家庭化、个性化"①。尤其是一些家庭有能力购买收音机之后，在家中就可以自由选择收听一些文艺节目，而不用再像以前一样，要聚集到村里的公共空间才能观看到文艺节目。

最后，传统民间文艺进入广播文艺节目后也逐渐走上了规范化的道路。中国传统的民间文艺形式，种类繁多，但名称并不规范：有些名称比较随意，比如戏曲多以"某某班""某某腔"相称；有些干脆就没有正式的名字，比如后来被定名为"山东琴书"的曲艺形式曾一度被称为"唱扬琴"；有些称谓混乱，比如锡剧在统一名称之前曾被不同地区的人分别称为常锡戏、常锡剧、常锡文戏、苏锡文戏、无锡文戏。② 剧种这类规范性概念的出现是在新中国成立之后。有研究者考证，20 世纪 50 年代在戏班登记时，登记表中设了"剧种"这样一个栏目，于是各地戏班给自己演唱的戏曲起名为"某某剧"③，从此"剧种"一词才被广泛使用。当时，如果说戏改部门完成了剧种的分类与命名，那么广播则完成了剧种在观众中的认知与普及。大量的传统民间文艺以新的名字进入广播之后，不但被本地的听众重新接受，也被全国的观众所认知。评剧走向全国，同北京、天

---

① 梁景和，等. 现代中国社会文化嬗变研究：1919—1949：以婚姻·家庭·妇女·性伦·娱乐为中心 [M]. 北京：社会科学文献出版社，2013：478.
② 傅谨. 戏曲"剧种"的名与实 [J]. 戏剧（中央戏剧学院学报），2015 (4)：59-70.
③ 刘文峰. 关于建立认定剧种标准的意见和建议 [J]. 戏曲研究，2014 (3)：1-6.

津和东北各地广播电台的宣传、推广是分不开的；全国解放时还仅限于在安徽省安庆地区一些县流行的黄梅戏，后来成为受到全国各地群众喜爱的剧种，在很大程度上应当归功于安徽各级广播电台的发掘、录音、推广和介绍；在越剧、豫剧、吕剧的发展和普及过程中，上海、浙江、河南、山东等省、市各级广播电台起了很大作用；吉林各级广播电台对二人转和吉剧的大力扶持和宣传，四川、重庆、成都各级广播电台为振兴川剧所做的努力，也受到了戏曲界和听众的赞扬；广东各级广播电台的粤剧节目不仅在本省，而且在港澳同胞和海外华侨中也有着良好的反响。① 与社会舞台不同，广播电台对于播出的文艺节目的思想性和艺术性有着非常严格的要求。正是这些严格的要求促使传统民间文艺不断推陈出新，向着更加规范化、更符合政治与群众需求的方向迈进。

小　结

综观新中国成立初期各级广播电台的文艺节目，其最显著的特征就是把农民群体视为主要服务对象。当时，不仅各省级广播电台的工作被规定为"面向农村、为农民服务"，中央人民广播电台也被要求多办供农村转播的节目。② 为此，中央人民广播电台一方面开办了《对农村广播》节目，另一方面在其他节目的内容和形式上也充分考虑农民的需要和接受能力。为了让农民"听得顺耳、听得懂、听得进"，各级广播电台都建立了干部、

---

　　① 《当代中国的广播电视》编辑委员会. 当代中国的广播电视：上［M］. 北京：当代中国出版社、香港：香港祖国出版社，2009：203.

　　② 《当代中国的广播电视》编辑部. 中国的有线广播［M］. 北京：北京广播学院出版社，1988：5 – 7.

播音员、主持人定期下乡制度。据云南人民广播电台播音员常振美回忆：20 世纪 50 年代，播音员要经常到农村去体验生活，下到农村后，和农民同吃同住同劳动，在田间地头把稿件播给农民听，征求意见，增强播音员的播讲愿望和对象感。当时，交通不便，不是每次都有汽车可坐，有时要坐马车，有时要走路，是很艰苦的，但播音员都争着去，以求得到思想上的锻炼和提高。[①] 正是因为有了这样的工作态度，才使得包括文艺节目在内的大部分广播电台节目都受到了农民的欢迎。

此外，当时的文艺节目也充分释放了广播的政治动员潜能，真正起到了教育群众、改造群众的作用。广播作为媒介，具有多种潜能，比如商业的潜能和政治动员的潜能。当时，广播文艺被赋予了"人民文艺"的崇高地位，其被重点挖掘的是政治动员潜能，而商业潜能则被排斥在外。这种排斥并不是因为"体制僵化"，而是因为社会主义建设事业的需要。恰如列宁所言："对于社会主义无产阶级，文学事业不能是个人或集团的赚钱工具，而且根本不能是与无产阶级总的事业无关的个人事业……文学事业应当成为无产阶级总的事业的一部分。"[②] 广播文艺作为社会整合和动员的有力武器，在新中国的国家建设中起到了非常重要的作用。当时的广播不仅大量吸纳革命战争年代创作的作品，如《白毛女》《兄妹开荒》《义勇军进行曲》等来建立群众对中国革命的认同，而且大量编播反映社会主义建设的新作品，如《朝阳沟》《百炼成钢》《三里湾》等来鼓舞群众的生产热情并建立群众的阶级认同。正是因为广播的政治动员潜能在当时几乎被发挥到了极致，才使得广大农民群众在短时间内就对"社会主义""国家""集体"等概念形成了正确认知，而长久以来积蓄在他们内心的"私"的观念开始慢慢松动。

---

① 常振美. 五十年代的播音工作 [M] //云南省老新闻工作者协会. 征程留踪：云南老新闻工作者回忆录：第 5 集，内部出版，2000：17.

② 列宁. 党的组织和党的文学 [M] //列宁. 列宁全集：第 10 卷. 北京：人民出版社，2017：25.

第三章　农村电影放映网建设

——电影文化权利的重新分配

　　列宁曾经说过："在一切艺术中，对我们最重要的是电影。"① 这是说电影作为新兴的极富有群众性的艺术，是用来提高人民群众的政治、思想、文化水平的最有力工具。这样的电影观同样为中国共产党人所倡导，因此，新中国成立后电影下乡就成为政府开展的一项重要文艺运动。

　　1949 年 7 月，新中国成立前夕，中华全国文学艺术工作者代表大会在北平召开，会议将解放区的"文艺为工农兵服务，知识分子和工农兵相结合"的方针确立为今后全国共同的文艺方针。在此之后，依据这样的方针，有关部门逐步开始对全国电影业实施社会主义改造，全国初步建立起一套新的电影体制。关于这套电影体制，有研究者指出：

　　　　在制片方面，全国的制片机构完全国有化，统一由中央电影局领导。中央电影局及其上级部门通过控制电影剧本和实行严格的审查制度来控制影片生产。第一，中央电影局组织、审查和决定剧本是否投拍，并把决定投拍的剧本分配给制片厂，制片厂没有选择和决定剧本是否投拍的权力。第二，剧本下厂后，摄制组的导演、摄影和演员等创作人员也主要由电影局和电影厂党政领导选择和决定，电影厂实质上是影片加工厂，而摄制组则是具体加工车间。第三，影片摄制完成后，要经过制片厂、当地文化管理部门、中央电影局乃至文化部和中宣部的层层严格审查，审查通过后，发给准许放映证，方可进入流通渠道。在发行方面，各电影制片厂生产的影片由中国影片经理公司

---

① 转引自林淡秋. 新中国人民电影事业的胜利 ［N］. 人民日报, 1951 - 03 - 07（3）.

（1953 年 8 月改为中国电影发行公司）统一收购、统一发行，外国影片也由中影公司统一输入、统一发行，各省、市、地和县的发行机构是中影公司的代理机构，……放映业虽然与发行业相互独立，电影院与发行机构属于租片关系，但是事实上，放映业几乎等同于发行公司的下属机构。1958 年 3 月，中国电影发行公司与中央电影局放映事业管理处合并为中国电影发行放映公司，发行放映完全一体化。[①]

新的电影体制为贯彻"电影为人民服务，首先为工农兵服务"的方针提供了保障。这个方针的贯彻实施，实际上包含三个方面的目的：第一，电影参与创造社会主义新文化；第二，发挥电影对广大群众的宣传教育功能；第三，保证工农兵在电影文化分配方面的平等权利，改变解放前电影只为城市少数人所享有的状况。这样的方针预设了广大农民群众在电影受众中的重要地位，因此，电影下乡就成为当然之举。但是，在当时农村经济文化相对落后的情况下，电影在农村的发行放映遇到了诸多问题。正是在解决各种问题的过程中，新中国的电影下乡取得了重要成就和值得总结的历史经验。

第一节　农村电影放映网的建立

1949 年 1 月，欧阳予倩、蔡楚生、史东山、阳翰笙、夏衍、张骏祥等 26 人联合向中共中央提出《电影政策献议》，共提出电影政策 20 条。其中包括：广泛设立公营戏院，先在每一省会、每一直辖市着手，然后推及每一县域以至较大村镇，公营戏院平时收费低廉，并定期免费放映；广设流

[①] 张硕果. "十七年"上海电影文化研究［M］. 北京：社会科学文献出版社，2014：78.

动电影放映队，选择有文化教育意义影片，到农村、工矿区及军队中放映。① 这是新中国成立前夕电影工作者提出的有关电影下乡的建议，而当时在广大农村地区根本看不到电影。

一、农村电影放映网的初步建立

1949 年 4 月，中央电影事业管理局在北平成立，由中宣部领导，中华人民共和国中央人民政府成立后，改由文化部领导。1949 年 11 月 21 日至 12 月 14 日，中央人民政府文化部电影局召开首届行政会议，会议讨论并决定了 1950 年度影片生产、发行、实行企业化管理等方面的计划。对于影片发行工作，会议决定逐步建立全国发行网，除加强影院经营外，更要发展电影放映队。电影放映队的工作对象，应以工农兵为主。② 为了将放映工作扩大到部队、工厂和农村，会议计划在 1950 年内成立 700 个电影放映队（派到部队去的有 260 个，派到工厂、机关、团体和各地农村的有 440 个）。再者，会议决定影片经理公司"应当根据发行收入，量入为出，做到全部自给。国营影院和放映队，除全部自给外，应争取一定盈余"③。

1950 年 6 月至 11 月，文化部电影局在南京举办电影放映人员培训班，培训由各地派来的 1870 余位学员。培训毕业时，以捷克生产的 16 毫米放映机和苏联代为制作的《青年近卫军》《保卫察里津》《会师易北河》等影片的 16 毫米拷贝，装备了 600 个电影放映队，分赴部队和全国各地厂矿农村，开始改变我国只有大、中城市才有电影院、才能看电影的状况。但

---

① 欧阳予倩，等. 电影政策献议［M］//吴迪. 中国电影研究资料：1949—1979：上卷. 北京：文化艺术出版社，2006：4.

② 新华社. 文化部电影局首届行政会议 决定今年影片生产计划 坚定地继续贯彻工农兵方向［N］. 人民日报，1950 – 01 – 17（3）.

③ 同上。

由于当时还没有缩制洗印 16 毫米影片拷贝的设备和能力，农村电影放映队配备苏联代制的影片拷贝，难于为农民观众看懂和接受，因此亟待建设我国自己的缩制 16 毫米影片拷贝的设备。① 而且已有的电影放映队伍，离实际需要还差得很远，"中国那么大，人口那么多，尤其是一向没有看电影机会的广大农民，迫切要求电影下乡"②。

1951 年，山东省文教厅电影巡回放映队成立，该队在省文教厅的直接领导下，由南京放映人员培训班学习归来的 46 人组成，基本上每四人编成一个小队，共分为 11 个放映小队，每小队配备电影放映机和幻灯机各一部。电影巡回放映队的主要任务是深入广大农村放映电影、幻灯。在一年多的时间里，他们走遍了整个山东，据 40 多个县四个月的放映统计，有370 多万农民看到了电影。《人民日报》曾详细描述过电影巡回放映队到山东最早的抗日根据地沂蒙山区放映电影时的情景：

> 电影队到达莒南县人民政府驻地十字路时，全县人民沸腾起来了。从十字路往东的那一段崎岖小路，俗话称为"九岭十八坡"，马车也不能通行。农民说："我们有办法。马车不能走，我们不能去抬电影机吗？"第二天他们自动来了十六个小伙子，他们找到了电影队，一开口就说："俺盼你们盼了两个多月了。"他们轮班抬着三百多斤重的发电机，飞快地走着。电影放映队同志说："同志们累了歇歇吧！"他们兴致勃勃地回答："不累，听说看电影，劲头就来了。"走了三十里路，他们真的一点儿也不累。
>
> 费县是个山区，山又高又多。这里主要的运输工具是小毛驴，很少有路可以推小车，马车更不能通行。柱子山、莲山、梁山、蒙山真是山峰罗列，悬崖陡峭，沟深水急，形势险要。电影队在放映过程中

① 季洪. 新中国电影事业建设四十年：1949—1989 [M]. 内部出版，1995：32.
② 林淡秋. 新中国人民电影事业的胜利 [N]. 人民日报，1951 – 03 – 07（3）.

碰到很多困难，这些困难，都在农民支持下被克服了。笨重的发电机和大小机器零件都是农民亲自来抬的。有些山路，咱们空身走，都有些困难，农民们抬着机器，却走得比我们都快。在莲花庄、大邵庄、啊乐庄、石井等地放映时，我们把他们搬运机器的行列，摄了几个镜头，他们说不出地高兴。

这里看过电影的人很少很少。一听说放电影，有的人爬过几道高山，渡过几道大河，走出三十多里路来看。有的头几天就搬亲戚，叫闺女，好像过春节一样热闹。每场电影的观众都在万人以上，真是人山人海。晚上看完电影，群众都点灯回家，南山上便出现了许多闪烁的灯光。这个地方去年到今年共放映过两次电影，看的人一次比一次多。放映队在这里放映过《陕北牧歌》《抗美援朝》《赵一曼》，农民受到了很大的教育。《陕北牧歌》影片的歌子，在各村里都唱开了。

五莲山区的山比费县更多，费县有四个区还没有用人抬机器，五莲县演了十七场，机器全是用人抬过去的。放映队的同志不仅要走路爬山放电影，还要帮助民工们搬机器。我们到处受到农民的欢迎和欢送。在潮河村放映后，群众依依不舍，不愿我们走开。少年儿童队打着锣鼓，喊着口号，送我们到庄头上，对我们说："同志！您以后多到俺山里来放电影呀！"①

从这一情景中可见当地农民群众对电影下乡的欢迎程度，看电影成为人们最隆重的节日。

1951 年 9 月，《人民日报》在"读者来信"中刊登了北京大学余福铭的来信，该信以"农民欢迎电影下乡"为题，传达了吕梁山老解放区农民群众对电影的渴盼，呼吁尽最大努力做好电影下乡工作：

---

① 汲甫. 人民电影在沂蒙山区［N］. 人民日报，1952 – 06 – 09（3）.

我这次随中央访问团的电影队到老解放区农村放映电影。每到一处，六七十里甚至百里以外的农民，都跑来看。有些走不动路的老头、老太太，叫人背着来看。每场观众都是几千人，最多的时候竟有两万多人。单是吕梁区十个县的观众，就有 25 万多人。许多农民从来没见过电影，这次看到了有声电影，真是高兴。有些老人说："毛主席派人来放有声电影，给我们长见识来了。"农民们在银幕上看见了毛主席，更是高兴。我们这次带去的《吕梁英雄传》《农家乐》，都是表现农民生活与斗争的影片，农民最是欢迎。有些新闻片，表现工人怎样生产和怎样进行抗美援朝运动，也受到农民的欢迎。由此看来，农民是多么需要电影下乡啊！我们应该尽最大的努力，组织电影放映队经常到农村去放映。①

1952 年 5 月，《人民日报》召开北京市郊区农民文艺座谈会。这次座谈会反映了当地许多村子电影放映的具体情况以及农民对于电影下乡的迫切要求：

几年以来，郊区的农民很少看电影，甚至有的人还没有看过。下营村虽然是十二区的重点村，也只放映过三次电影；十三区比较偏僻的南安河的农民，直到最近，才看了看幻灯片《赵一曼》和《鸭绿江上的怒火》，刮顶大的风，农民也都来看。那里的人甚至没有见过毛主席的照片，当他们看见了幻灯片上毛主席的像时，高兴极了。电影在农村中放映的效果是非常大的。电影《白毛女》在十三区东北旺放映时，群众看到黄世仁给大春抓住了，都愤怒地喊："枪毙他！枪毙他！"十四区北顶 50 多岁的马连喜说："我们村子里的人看过两回《白毛女》以后，影片里的歌子，普遍唱开了，像我这样年纪的人也学会了。"他们热烈地盼望着电影下乡。②

---

① 余福铭，庞季云，唐西民，等. 读者来信 [N]. 人民日报，1951 - 09 - 28 (2).
② 农民迫切要求文艺食粮：记本报召开的农民文艺座谈会 [N]. 人民日报，1952 - 05 - 24 (3).

1952年6月，《人民日报》刊登"读者来信综述"，传达了更多地区"农民要求电影下乡"的意愿和心声。文中说：

> 近来本报收到许多中小城市读者的来信，这些来信反映了电影队下乡给农民放映电影，受到群众热烈欢迎的情形。他们希望有更多的电影下乡，给农民放映。苏南高淳县杨继龙来信说，他去年在苏南高淳县和农民一起看到了电影，农民高兴极了。他说，高淳县在去年下半年就放过一次电影，农民实在喜欢看。他们总盼望着啥时候再看看电影，但总盼不来。
>
> ……
>
> 山东潍坊官象明的来信说，最近山东省文教厅曾到山东潍县第九区放映电影《新儿女英雄传》，一个晚上，便集合了观众一万多人。这说明了农民多么喜爱电影。①

1952年7月，文化部下达《关于加强电影发行与放映工作的指示》，强调：为改进和加强电影的放映工作，全国各地区文教、工会、中苏友协、青年等系统的电影放映队，应在省市以上文化主管部门主持下建立电影放映队的联合组织，依据当地经济、交通、人口分布等情况，分工合作，共同商讨电影放映地区的划分、电影放映网的建立、电影放映队的统一排片与统一使用、票价的统一规定等，以期节省运输影片与放映机的时间和费用，并充分发挥每一影片与放映机的效能。② 该指示提出在省市以上文化主管部门的主持下建立电影放映队联合组织，在此基础上筹划建立电影放映网，并加强对电影放映队的统一管理。

随着电影放映网开始建立，1953年12月，文化部再次下达《关于加强电影放映和发行工作的指示》，其中对电影放映队提出更具体的要求和

---

① 群众对放映电影的意见：读者来信综述 农民要求更多的电影下乡［N］. 人民日报, 1952 - 06 - 30（2）.

② 文化部. 关于加强电影发行与放映工作的指示（1952年7月3日）//中华人民共和国文化部办公厅. 文化工作文件资料汇编：1949—1959. 内部出版, 1982：83 - 84.

管理措施。该指示认为当时存在的主要问题是：对电影放映单位缺乏经常的系统的管理；在电影放映与发行工作中，往往单纯追求数字而没有足够地注重质量，电影的宣传工作特别是对农村观众的通俗解释工作做得不够，对农村和工矿地区放映节目的选择，亦未能完全适合工农观众的需要，对纪录片、新闻片和科学教育片的发行未给予足够的重视。① 为了解决这些问题，在管理措施方面：第一，为使电影放映队逐步做到固定放映地区，便于取得当地政府的直接领导和对当地工作的更好配合，各省可视电影放映队的分布情况及经常活动地点，将电影放映队分别划交专署文教科管理。第二，调整和加强各级电影放映事业管理机构。首先是充实和加强省（市）文化局（处）的电影科，以统一管理本省（市）的电影放映工作。各省（市）现有电影放映队大队部、影院管理委员会等机构，一般可予撤销。原电影放映队大队部人员适当调整后并入电影科。放映管理工作较繁重的地区，亦可考虑设电影处。电影科（处）下分组或设专人分管业务、财务、统计等工作。大队部撤销后，专区（市）设有中队部者，其人员亦并入专区归文教科内，作为管理电影放映工作的专职干部。第三，关于电影放映队，为加强和改进电影放映工作，各级文化主管部门应采取措施如下：首先，在逐步固定电影放映队放映地区的基础上，制定电影放映队的放映路线，并保证合理的工作日数。1954 年要求全国电影放映队平均全年每队达到 140 个工作日。各省（市）应根据本地区的自然和交通条件制定适当的定额。其次，电影放映队继续实行企业化经营，但应视各地农村经济生活和文化要求的不同情况，规定不同的收费标准和减免办法，并切实改善在农村中的收费方式，防止和克服各种变相的强迫摊派行为。②

---

① 文化部. 关于加强电影放映和发行工作的指示（1953 年 12 月 12 日）[M]//中华人民共和国文化部办公厅. 文化工作文件资料汇编：1949—1959. 内部出版，1982：139.

② 文化部. 关于加强电影放映和发行工作的指示（1953 年 12 月 12 日）[M]//中华人民共和国文化部办公厅. 文化工作文件资料汇编：1949—1959. 内部出版，1982：139 – 141.

该指示对于电影放映队管理机构的调整和电影放映队的企业化经营作出了比较详细的规定。比如，撤销大队部和中队部，其职能分别并入省（市）文化局电影科和专署文教科，将电影放映队划交专署文教科管理。再者，根据农村的实际状况规定收费标准和减免办法，改善在农村中电影放映的收费方式。不过，该指示对于建立农村电影放映网并没有制订进一步的规划措施。

该指示下达不久，1953 年 12 月 24 日，中央人民政府政务院第 199 次政务会议通过了《关于建立电影放映网与电影工业的决定》。该决定中说："为使电影适应我国经济和文化建设的需要，更大地发挥其对广大人民的教育作用，满足群众日益增长的文化要求，必须有计划、有步骤地发展电影放映事业，以逐渐达到在全国范围内建立电影放映网。……就全国范围来说，放映单位数量尚少，且分布不平衡，很多地方人民终年看不到电影，劳动群众对电影的要求非常迫切。各级文化主管部门对放映工作缺乏经常的领导和管理。"① 基于这样的目标和现状，该决定提出电影放映事业发展的方针是"首先面向工矿地区，然后面向农村；在小城市和广大农村，则以发展流动放映队为主"②。依据这样的方针，省文化主管部门应着重管理全区流动放映队的工作；划定流动放映队的活动地区，根据具体情况分别交由专区或县文化主管部门直接领导，制订流动放映队的工作日和工作制度，经常检查并指导流动放映队的工作；定期举办放映员的轮训，并由专区或县对其加强经常的政治思想教育；而且，流动放映队应逐步实行企业经营，并须做到逐年减少国家补贴。③

该决定提出了建立电影放映网和电影工业的目标要求，确定了电影放映事业的发展方针——先工矿后农村，肯定了农村电影放映采取的形

———————————

① 中央人民政府政务院. 关于建立电影放映网与电影工业的决定 [N]. 人民日报, 1954 - 01 - 12 (1).

② 同上。

③ 同上。

式——流动放映队。在此基础上，该决定要求划定电影放映队的活动地区，把电影放映队的管理权限下移到专区或县文化主管部门。这些措施的实施推动了农村电影放映网的建立。

农村电影放映网从 1950 年开始着手建立，到 1952 年，农村放映单位达到 696 个，农村有机会看电影的观众达到 1.8 亿人次。[①] 到 1955 年，全国农村已经有 2300 多个电影放映队，平均每个县有一个，少数的县有两个以上，当年"农村电影放映队的观众预计可以达到 3.8 亿多人次，比去年增加 6000 多万人次"。[②]

政府在推动电影下乡的过程中，也遇到了一些问题。农村电影放映队带来的电影虽然受到了农民群众的热烈欢迎，但是"有些县、区领导干部没有很好地掌握和充分地运用这一宣传教育的武器，甚至把它和中心工作对立起来，认为电影不能配合当时当地的中心工作，反会影响工作，扰乱群众的情绪，因而用各种方法阻挠放映队下乡进行放映。例如江苏省昆山县在今年进行统购统销工作时，不让放映队下乡；经放映队一再要求，也只许在几个离城较近的大镇上放映。中共江阴县县委会在去年进行统购统销工作中，要两个放映队停止全部工作。热河省建平县的放映队三月份大部分时间没有为群众放映，在县城'配合'一个接着一个的会议。黑龙江穆棱县的领导同志借口'工作困难，群众也不愿意看电影'，硬把省文化局分配给该县的放映队送回去。这些情况说明了有些县、区领导干部至今还没有认识到在农村放映电影的重大作用。"[③] 这些事例一方面暴露了某些县、区领导干部对于农村电影放映的轻视态度，另一方面也说明电影放映的垂直管理与农民群众文化需求之间存在某种程度上的脱节。这种状况随着农业合作化运动高潮的到来而得以改观。

① 季洪. 新中国电影事业建设四十年：1949—1989 [M]. 内部出版，1995：35.
② 新华社. 二千三百个农村电影放映队 [N]. 人民日报，1955-12-04 (1).
③ 朱树兰. 充分发挥农村电影放映队的作用 [N]. 人民日报，1955-05-06 (3).

1956 年 2 月，中央人民政府文化部和中国新民主主义青年团中央委员会发布《关于配合农村合作化运动高潮 开展农村文化工作的指示》。该指示首先指出，为了"配合已经到来的农业合作化运动的高潮，各级文化行政机关和各级青年团组织必须依靠广大人民群众特别是农村青年群众的力量，大力开展农村文化工作。……开展农村文化工作的中心关键，是建立和发展以俱乐部为中心的农村文化网"①。农村电影放映网是农村文化网的一部分，对其未来发展，该指示做了详细规划：

> 七年内应该达到一县几个或十几个电影放映队，使每个农民每年能看到几次到十几次电影。农村电影放映队应当根据当地党政领导机关的指示，结合中心工作，制订一个时期的定点定线放映计划，努力克服困难，深入偏僻乡村，扩大观众范围。要做好影片的宣传解释工作，帮助农民群众了解影片的内容和意义。要减少和消灭放映事故，保证不使农民徒劳往返。要逐步地同农村俱乐部的活动配合，通过俱乐部来组织观众，并使电影放映成为俱乐部的经常的重要活动内容之一。为了保证电影放映网的迅速和健全的发展，省（自治区）、市、专区（自治州）文化行政机关应该有计划地培养和训练放映人员，并且积极地提高现有放映人员的政治水平和业务能力，使他们成为放映工作队伍的骨干。应该在适当的地点建立和发展放映机器的修配机构。各个电影制片厂应该加强适合农民需要的艺术片、新闻片、科学技术片和农村短片的摄制。中国电影发行公司和它的各地分支机构应该改进影片的发行工作，注意选择对于农民群众富有教育意义的影片到农村放映，克服不顾群众需要和宣传效果的偏向。②

---

① 文化部，中国新民主主义青年团中央委员会. 关于配合农村合作化运动高潮 开展农村文化工作的指示（1956 年 2 月 21 日）[M] //国务院法制办公室. 中华人民共和国法规汇编：1956—1957：第 3 卷. 北京：中国法制出版社，2005：162.

② 文化部，中国新民主主义青年团中央委员会. 关于配合农村合作化运动高潮 开展农村文化工作的指示（1956 年 2 月 21 日）[M] //国务院法制办公室. 中华人民共和国法规汇编：1956—1957：第 3 卷. 北京：中国法制出版社，2005：163.

　　该指示设定了 1956 年之后七年农村电影放映网的发展目标，使农民群众享有更多看电影的机会。在具体措施方面，把电影放映网纳入以农村俱乐部为中心的农村文化网建设当中，强调电影放映与农村俱乐部活动两者之间的配合。并且，该指示对于放映人员的培养、放映工作队伍的建设以及适合农民群众需要的影片的摄制和发行，都做了相应的规划。

　　值得一提的是，该指示中专门提到农村电影放映队要做好影片的宣传解释工作，帮助农民群众了解影片的内容和意义。实际上，当时农村电影放映队既承担着电影放映的任务，又负责对电影内容和意义进行介绍和解释。虽然新中国成立后普遍开展扫盲运动，但广大农村经济文化落后，交通和信息闭塞，农民群众识字率很低，普遍存在对电影内容看不懂或不能准确理解的现象。因此，电影放映员同时要成为具有一定政治水平和宣传能力的宣传员。例如，一个农村电影放映队给社员们放映《狼牙山五壮士》，由于电影放映队没有做好宣传工作，有些社员在看到五壮士弹尽粮绝，从狼牙山山峰上跳下悬崖时便说："真倒霉，我们八路军被日本鬼子打得落花流水，都牺牲了！"[1] 这样的反应与电影要表达的主题正好相反。这样的例子很多。因此，电影放映员的宣传工作首先是通过映前介绍、映间解释使农民群众看懂电影，并在映后搜集观众反映。再者，就是利用放映电影前的时间，用幻灯片或口头广播进行时事政策宣传。[2] 还有，在少数民族聚居的农村地区，电影放映员还要用该少数民族语言翻译对白解释

---

　　① 陈琳. 使观众看懂电影 [J]. 电影放映, 1963 (7)：28.
　　② 这样的例子很多。例如，江苏省农村电影放映队在巡回放映过程中，还深入乡、社、队收集生产中的先进人物、先进事例，编写成幻灯片，在放映前向广大观众进行宣传，鼓舞群众的生产干劲。(电影到山区水乡 [N]. 人民日报, 1958 - 05 - 14 (7).) 又如，浙江省平湖县农村电影放映员们在和群众接触中或通过会议了解到情况后，经常应用这些资料编写成宣传材料或绘制成幻灯片，配合影片进行宣传。如平湖县第一电影放映队访问了翻身农民褚正荣以后，就自画了一套幻灯片将褚正荣的新旧生活作了一番对比，并且配上通俗的顺口溜解说，使得农民通过褚正荣的情况明确地认识到农业合作化的好处。参见：许崇义. 电影放映队帮助农民辨明是非 [N]. 人民日报, 1957 - 12 - 21 (7).

影片。①

在当时的历史条件下，农业合作化运动被视作走社会主义道路的必然选择，因此在农业合作化运动中，电影肩负着动员和教育农民群众自觉地走社会主义道路的重任。这一点也构成了发展农村电影放映网的历史动力。当时，有报道称："农村电影放映队配合农村中开展的大辩论向农民进行社会主义教育，发挥了很大的作用。他们挑选了许多具有现实教育意义的影片四处巡回放映，运用了多种多样通俗易懂的形式进行宣传解释工作，帮助农民辨明是非，促使农民增强了走社会主义道路的信心和勇气。"② 例如，配合农业合作化运动中出现的反瞒产运动，浙江省平湖县第一电影放映队放映了《智取华山》《沙家店粮站》和《苏联的一个集体农庄》等影片。在放映过程中，根据《智取华山》《沙家店粮站》等影片内容，他们尽力做好宣传解释工作，"着重宣传了中国人民解放军艰苦的战斗精神，以及老区人民为了支援解放战争，忍饥挨饿把粮食缴给国家的重要意义，有力地批判了当地某些人瞒产积粮的错误想法"。③ 许多人看了影片后，都很感动地说："老解放区人民在那样艰苦的情况下，还踊跃交公粮，今天国家根据三定政策，订出了合理价格来收购粮食，如果我们还要积粮不卖，那实在太不对了！"④ 在放映《苏联的一个集体农庄》时，电影放映员们又着重阐述了苏联的今天就是我们的明天的道理，给农民群众指出了社会主义农业合作化的远景和奋斗的道路。

农业合作化运动对于电影宣传的需要，推动了农村电影放映网的拓

---

① 例如，吉林延边朝鲜族自治州和广西壮族自治区等地区的电影放映单位，以本民族语言翻译对白解说影片。许多电影放映员口头翻译工作做得很出色，有的译得和一般翻译片的水平差不多。如果观众不知道有人在当场做口头翻译，甚至会以为是在看本民族语言的翻译片。参见：电影放映工作上的一个重大创造 [N]. 人民日报，1964 - 12 - 16（2）.

② 许崇义. 电影放映队帮助农民辨明是非 [N]. 人民日报，1957 - 12 - 21（7）.

③ 同上.

④ 同上.

展。1956 年这一年中，全国电影放映网有相当大的发展。全国放映单位从 1955 年的 5869 个增加到 8662 个，其中农村电影放映队发展到 2535 个。城乡电影观众增加 4.1 亿人次，比 1955 年增加 40.6%。① 到 1957 年年底，政府文化系统电影放映队已达 4800 余个，农村电影观众达 8.2 亿人次。

不过，由于中国地广人多，已有的放映设备和队伍还远不能满足群众的需要，"1957 年平均每个农民只看到 1.5 次电影。电影队少，不仅农村观众看的次数少，而且放映不普遍，群众看一次电影要走很远的路，有的地区则根本看不到"。② 这就要求进一步发展农村电影放映事业，以适应形势的需要。

二、农村电影放映的"跃进"与各地放映实践

1958 年，随着中国社会主义建设总路线的确定，电影发行放映工作也开始实行"跃进"。是年 3 月，全国电影发行放映工作会议提出"大跃进"口号："鼓起干劲，力争先进，普遍深入，提高质量，增加观众，增加收入，打破常规，便利观众，节约开支，比多比快，比好比省，为工农兵、为社会主义建设服务！"③ 会后，文化部印发《关于促进电影发行放映工作大跃进的通知》，向全国电影发行放映工作者发出倡议：当年全国放映电影 400 万场，达到 30 亿观众人次（包括军队系统观众约 4 亿人次）；上缴发行放映利润及税金 1.07 亿元（包括中央和地方）。④

1958 年 6 月，中央电影事业管理局局长王阑西发表讲话，讲话中

---

① 季洪. 新中国电影事业建设四十年：1949—1989［M］. 内部出版，1995：80.

② 林碧. 提倡民办电影放映队［N］. 人民日报，1958 - 05 - 15（7）.

③ 发行放映工作紧跟上来［N］. 人民日报，1958 - 03 - 10（7）.

④ 文化部. 关于促进电影发行放映工作大跃进的通知（1953 年 3 月 15 日）［M］//中华人民共和国文化部办公厅. 文化工作文件资料汇编：1949—1959. 内部出版，1982：157 - 158.

强调：

> 虽然我们放映单位已有一万个稍多（解放前只有 700 个），去年的观众已有 20 亿人次，但 80% 的县城还没有电影院，广大农村只有极少数的放映队，农村人口平均一年还看不到两次电影，电影放映还远远不能起到应有的作用，所以必须大力发展，发展的方针应该是在十年或更多一些时间内达到县有电影院，乡有放映队。争取在五年内达到 90% 县城有电影院，（平均）三个乡有一个放映队。如果达到这个要求，则中小县城的居民每年看电影可以达到十次，农民每年看到电影六至八次。电影院由地方举办，放映队则以农业（生产合作）社联合举办或自办为主，这样就可以节约国家的资金，逐渐达到电影普及。①

这里不仅提出城乡电影放映单位和观众人次方面的发展目标，而且提出农村电影放映队以农业生产合作社联合举办或自办为主。这个办法把电影放映队的管理和主办权限向农村基层下移，有利于农村电影放映网的迅速拓展。

同年 6 月 30 日，文化部发出《关于试办农业生产合作社自办电影放映队的通知》，提出自 1958 年起，用十年的时间逐步达到"县有电影院，乡有放映队"的水平。依据中央社会主义建设总路线的精神，今后农村电影放映队的发展，实行由政府投资举办和群众（农业生产合作社）集资自办相结合的方针，并建议 1958 年内各省、自治区试办一批，以取得经验。②该通知还指出：农业生产合作社自办电影放映队的性质为集体所有，资金由集体筹集，人员由生产队抽调，经营方式按企业管理，进行收费放映。

---

① 王阑西. 解放思想，在电影事业中坚决贯彻党的社会主义建设路线［N］. 人民日报，1958 - 06 - 03（7）.

② 季洪. 新中国电影事业建设四十年：1949—1989［M］. 内部出版，1995：107.

费用由放映收入解决，社办社管，乡办乡管。①

在社会主义建设总路线和"跃进"方针政策的指引下，各地纷纷制定电影放映的"跃进"计划，开展"跃进"实践。例如，根据农业生产"跃进"的新形势，安徽省 290 个农村电影放映队提出每个电影放映队当年要放映电影 400 场，其中农村场数不得少于 90%。以每场观众 1000 人来计算，观众将达 9000 万人次，这样每一个农民当年可以看三到四次电影。②又如，江苏省 280 个农村电影放映队，"根据生产情况，在乡、社统一安排下，把电影送到每个农业社、偏僻山区、水乡和沿海渔盐区，大大改变了以往电影队过多地集中在少数城镇放映的现象。过去很少看到电影或从未看过电影的群众，现在都能看到电影了"。③

与以上两省的"跃进"计划和实践相比，河北省更具有开拓性，率先实施农村电影放映队"由政府投资举办和群众（农业生产合作社）集资自办相结合"的方针。河北省昌黎县赤洋口乡红星农业生产合作社、靖安乡曙光农业生产合作社和沙河县万户之家农业生产合作社先后建立了自己的电影放映队。农村电影放映队以前都是由政府投资举办，随着农业生产的发展和农业生产合作社收入的增加，由政府投资举办和农业生产合作社投资自办两者并举，既可以减少国家投资，又能迅速地发展农村电影放映事业，尽可能满足广大农民群众看电影的迫切要求，使电影放映更紧密地配合农业生产和社会主义的宣传教育。因此，河北省的这种实践当时被称作"我国电影放映事业随着农业生产大跃进开放的一朵鲜花"④。

到 1958 年 9 月，河北省农村电影放映队达到 494 个，归属公社的有331 个。全省各县文化主管部门大部分建立了电影放映专管机构，为了适

---

① 季洪. 新中国电影事业建设四十年：1949—1989 [M]. 内部出版, 1995：131.
② 文化圈内 [N]. 人民日报, 1958 - 03 - 09 (1).
③ 电影到山区水乡 [N]. 人民日报, 1958 - 05 - 14 (7).
④ 林碧. 提倡民办电影放映队 [N]. 人民日报, 1958 - 05 - 15 (7).

应公社电影放映事业迅速发展的新形势，这些机构加强了对公社电影放映队的管理，进行了业务辅导。公社不熟悉电影业务的情况有所扭转，有些公社已经摸索到一些工作规律，如涿县的涞水镇和石亭公社。基于这种发展形势，河北省文化局强调：关于电影放映事业的发展、电影放映队的活动地区划分、影片选择以及机器检修等工作，由县统一安排、统一解决。为了便于工作，设有三个电影放映队的县应配备一名电影专管干部，设有五个以上电影放映队的县增设电影专管机构，负责当地电影事业的全面管理。县电影事业管理机构，应受县文化主管部门的直接领导，实行企业化经营，对放映单位进行业务指导，对公社的电影管理工作加以辅导，机构名称叫"电影管理站"。针对全省还有 500 多个公社没有电影放映队的情况，要加强放映活动的统一安排，大力普及放映，在原则上由县统一掌握之下，积极解决没有电影放映队的公社群众看电影的问题。电影放映队要积极上山下乡、深入边远地区、深入生产建设的第一线，紧密为政治服务，为生产服务。[①]

据统计，到 1958 年年底，全国放映单位从 1957 年的 9965 个发展到 12579 个，增加了 26%；其中电影放映队从 6692 个发展到 8384 个，增加了 25%（农村电影放映队从 5057 个发展到 5805 个）。[②] 1958 年，全国放映电影 381.9 万场，比 1957 年增加 135.4 万场，没有实现 400 万场的当年"跃进"指标。全年电影观众为 28.6 亿人次，比 1957 年增加 17.3 亿人次，也没有达到 30 亿人次的"跃进"指标。在全国电影观众中，农村观众人数激增（一般都是估计而不是统计的）。[③] 这在一定程度上是农业生产合作社自办电影放映队带来的结果。

1959 年 2 月，中宣部召开工作会议，文化部党组检查了 1958 年的工

---

① 智杰. 为了实现全面跃进 河北省抓紧农村电影放映工作 [J]. 电影放映，1959（21）：13.
② 季洪. 新中国电影事业建设四十年：1949—1989 [M]. 内部出版，1995：131.
③ 季洪. 新中国电影事业建设四十年：1949—1989 [M]. 内部出版，1995：109 - 110.

作，在电影方面也检查了影片宣传浮夸风、电影事业发展上的头脑发热，不切合实际情况等偏差。同年 5 月，周恩来同志邀请文艺工作者在中南海紫光阁举行座谈会，在会上发表讲话《关于文化艺术工作两条腿走路的问题》。此后，电影界继续纠正"大跃进"运动中出现的偏差，电影主管部门领导人夏衍、陈荒煤等到全国各地调查研究，帮助各制片厂落实庆祝新中国成立十周年献礼影片的生产计划。在为新中国成立十周年献礼的氛围中，广大电影工作者又掀起电影发展的新高潮，电影创作也达到新中国成立以来的第一个高峰。

1959 年 9 月 25 日到 10 月 24 日，文化部为庆祝新中国成立十周年举办"国产新片展览月"，共展出 36 部影片，其中故事片 18 部、纪录片 7 部、科教片 7 部、美术片 4 部。① 这些献礼片在广大观众中引起了强烈反响，首轮展出，观众就达 1.2 亿人次。各地电影放映队将这些影片及其他影片迅速传送到厂矿、农村等广大地区，在 10 月创造了放映 54 万场、观众 4.2 亿人次的空前纪录，其中农村观众达 3 亿多人次。② 1959 年全年生产故事片 82 部，全国共放映电影（不包括部队）551.7 万场，观众 414635 万人次，发行收入达 9213.6 万元。③

1959 年，全国电影放映网已经从解放前集中在少数城市的 600 多个电影院，发展到将近 15000 个放映单位（部队放映队尚未统计在内）：不仅普遍建立了具有现代设备的新影院，而且以工农兵群众为对象的电影放映

---

① 本刊记者. 电影艺术的"大跃进"大丰收：为"国产新片展览月"成就欢呼 [J]. 电影艺术, 1960（1）：5 - 12. 这次展出的故事片有：《林则徐》《老兵新传》《聂耳》《红孩子》《绿洲凯歌》《春满人间》《钢铁世家》《宝莲灯》《我们村里的年轻人》《五朵金花》《冰上姐妹》《风从东方来》《青春之歌》《风暴》《万水千山》《海鹰》《回民支队》等 18 部。纪录片有：《英雄战胜北大荒》《第十个春天》《绿色原野》《锁住黄龙》《泥人张》《远征沙漠》等 7 部。科教片有：《在西双版纳的密林中》《中国猿人》《让祖国大地园林化》等七部。美术片有：《雕龙记》《渔童》《萝卜回来了》《小鲤鱼跳龙门》四部。

② 新华社. 深入群众为生产鼓劲：电影放映队伍遍及祖国城乡 [N]. 人民日报, 1959 - 12 - 23（4）.

③ 尹乐心. 1959 年度电影发行放映计划完成情况的几点说明 [J]. 电影放映, 1960（4）：13.

队和电影俱乐部更从无到有地大量发展起来。就广大农村电影放映来说：

> 各地许多人民公社建立了电影放映队。对于我国五亿农民，电影艺术已从过去完全陌生的情况，成为迫切需要的精神食粮。各地群众热情地欢迎为工农兵服务的电影放映队。当陕西省第一个放映队冒着刺骨的寒风去到陕北偏僻山村放映时，群众敲锣打鼓、鸣放鞭炮到十几里之外来迎接他们，许多农民从几十里甚至上百里以外赶来看"毛主席的电影"。当太行山东麓河南林县的年轻放映员，背着拆卸的机器零件，越过"滚尸山""鬼门关"等险要地带把电影送上四方脑山村时，群众歌颂道："电影上了山，人人笑连天，不是有了共产党，做梦咱也梦不见。"全国各省涌现出许多深受群众爱戴的模范放映队，群众赠予他们"夜明珠""毛主席的放映队"等光荣称号。许多放映队为了更多更好地满足群众需要，在现有人力、设备条件下，开动脑筋努力增加映出场次，许多放映队都能经常提前超额完成放映计划。

> 各地的电影放映活动，坚决贯彻为政治为生产服务的方针，注意根据不同对象，挑选有教育意义的影片，在映前、映间、映后进行通俗简明的解说，介绍影片的内容、意义、人物、情景等，千方百计使群众看到、看懂、看好电影，并结合当地中心工作，运用广播、幻灯、展览、座谈等多种宣传形式，鼓舞群众的生产干劲，传播文化科学知识。①

农民群众对于电影下乡的热烈欢迎和热情支持、电影放映队不畏艰苦和努力工作，是电影下乡成功开展的重要条件。农村电影放映员在放映电影的同时还要做宣传员，千方百计使群众看到、看懂、看好电影，并结合当地中心工作，鼓舞群众的生产干劲，传播科学文化知识，这些是针对当

---

① 新华社. 深入群众为生产鼓劲：电影放映队伍遍及祖国城乡 [N]. 人民日报, 1959 - 12 - 23 (4).

时农村的现实需要而产生的一种创造性实践。

当时在全国各地放映实践中，涌现出许多深受群众爱戴的模范电影放映队，河北省涿县涞水镇"三姊妹"电影放映队就是其中一个。这支电影放映队由郑玉珍、李景贤、张秀荣三位初中毕业的、身强力壮的姑娘组成，成立于 1958 年 12 月。就在涞水镇公社成立后不久，这支电影放映队连续八次被评为专区、县、公社的先进单位，成为涿县公社电影放映队伍中的一面红旗。"不怕山高，何惧路远，把银幕插遍深山小村，把电影送到厂矿田间"，这是三姊妹普及放映的行动口号。一年来她们爬山涉水，顶风冒雪，走遍了全社的大小村庄。为了让群众看到电影，她们不畏艰险。1959 年 11 月，她们从东明义村到南北庄去放映时，被河水挡住了去路。她们就脱去鞋袜跳进冰冷的河水里，一趟趟地把机器运过河去。1959年，她们共放映电影 758 场（长片 363 场），观众超过 115 万人次，公社每人平均看到 14 次电影。为了避免大小事故的发生，她们建立了三查四勤五保证的检修制度，做到机器蒙尘不过夜，发现毛病及时修，给机器建立档案。她们随时准备着试声、试光片，每次放映前都试验一次机器，不放没把握的电影。为了更好地保护影片，她们试制了一个小润片箱，放映前后把影片放在有盐水的箱子里，这样既避免了断片，又延长了影片使用寿命。由于认真执行了技术操作规程和保护影片的五项办法，1959 年她们连续安全放映了 650 场，安全放映率超过 99%。为了做好电影宣传工作，她们学会了大鼓、相声、快板、洋片、山东快书、评词等多种文艺宣传形式。她们利用这些文艺形式进行影片解说，帮助群众看懂电影，最大限度地发挥影片的宣传教育作用。每当接到一部新片，她们都先试映一次，认真分析影片的主题思想和教育目的，并确定宣传形式；然后，再参照《大众电影》《电影故事》中的影评及影片介绍，编写映前介绍、映中插说及映间小结。当一晚放映两部影片时，她们就巧妙地将两部影片联系起来。例如，有一次同时放映《党的女儿》和《苏联的一个集体农庄》，她们就先放映《党的女儿》，通过解说引导观众回忆过去，让大家看到今天的幸福生活是怎样取得的，然后再放映《苏联的一个集体农庄》，引导观众展望未来，取得了显著的宣传效果。她们每到一个放映点，首先找生产队的领导，了解当地的中心工作和在劳动中涌现出来的先进人物和模范事迹，编写成文艺演唱的宣传材料，并制出美观的幻灯片，就地进行宣传，热情歌颂那些在生产劳动中涌现出来的新人新事。如她们在西垒子村表扬了挖渠挑土干劲十足的社员赵桂香以后，全村社员们提出"生产要立功，争取上电影"的口号，并开展学先进、赶先进、超先进的生产劳动竞赛。在一年的时间里，她们共编写这种宣传材料370多件，表扬先进人物450多名。在电影放映工作中，她们还根据不同时期农作物的生产情况，进行农业科学技术的宣传和推广。例如，1959年夏天，她们利用幻灯片详细介绍了玉米人工授粉的科学道理和授粉器的制作方法，在南王庄村的生产实际中得到推广。[1]

北京市通州区宋庄人民公社电影放映队，是一个被人们誉为"宣传队""战斗队"的农村电影放映队，曾经三次被通州区评为红旗单位。这个电影放映队成立于1958年11月13日，队长黄自兴是从通州区电影放映修配站下放到公社的。其他两人，一个叫蔡玉兰，是位20来岁、结结实实的姑娘，原是辛店乡高级社的副社长；另一个是22岁的窦文荣，曾任七级村共青团支部书记。这个电影放映队成立后，在一年的时间里，辗转在宋庄人民公社88个村庄和附近的水利工地上，放映了400场电影，观众达48万人次。三位电影放映员在放映实践中不断摸索经验，寻找窍门。他们把全公社48个生产队统一做了安排，按照88个自然村的地形，确定放映的路线。为了让电影配合中心运动，电影放映队有一人做"开路先锋"，

---

① 王保义，王振声. 公社电影队的一支花朵：介绍河北涞水镇三姊妹电影队的成长 [J]. 电影放映，1960 (5)：10.

先到生产队征求党组织和群众的意见，再确定放什么影片。经过他们的努力，社员们平均 20 天就能看到一次电影，生产搞得好的生产队还有"优先权"。三位电影放映员坚信"干字当先，困难低头"。1959 年夏天的雨季，通州区八个人民公社电影放映队中有五个停止了放映工作，但这个电影放映队在七、八月仍然各放映了 38 场和 39 场电影。他们三人拧成了一股绳，不怕雨打风吹、道路崎岖，抓晴天、抢阴天，千方百计地争取超额完成放映任务。有时在放映过程中下起牛毛细雨，电影放映员们就一手打伞保护机器，一手掌握放映机，坚持把影片放完。当电影放映队来到非常偏僻的"摇不动村"时，村里的很多老年人第一次看到了电影，老人们感动地说："社会主义真是好，只有这年头才有福看到电影！"电影放映队除了完成电影的放映任务，还积极开展宣传工作，起到党的"喉舌"作用。

在麦收最紧张的时候，放映队三人在头天晚上就把机器搬到田垄上。天刚蒙蒙亮，他们就在地头准备好，把放映机上的唱机利用起来，当一片朝霞，大伙开始投入麦收战斗时，田野上就飘荡起《社会主义好》等群众喜爱的歌声，真是全场欢腾。一会儿，扩音器又播出了快板："头扎毛巾的陈元丙，干起活来一溜风，拔起麦子赛猛虎，紧赶李振华不放松，全体社员紧追赶，奋力赶上急先锋。"经过这一鼓动，陈元丙和李振华奋勇当先，当天，各拔麦子两亩半，比一般社员几乎多一半。①

这个快板是他们和社员一起劳动时写成的。根据宣传工作的需要，这个电影放映队掌握了 12 种宣传形式。在一年的时间里，他们自编自演顺口溜、诗歌、相声等 30 多个，自画幻灯画片 540 多张，幻灯文字版 220 多张，广播演说 44 件，还巡回在各个生产队办起了八块黑板报。

---

① 朱继功. 放映队 宣传队 战斗队：记北京郊区宋庄人民公社的红旗电影放映队 [N]. 人民日报, 1959 - 12 - 23 (4).

现在，这个电影放映队，已在群众中扎下了根。当他们放映的时候，干部、社员、小学校的教师、学生、供销社的售货员都主动来帮他们把银幕支起来，把机器架好，有的还做义务的售票员。宋庄电影放映队采取因地制宜的办法收费，不仅不需要公社开支，还上缴给公社1200多元钱。①

广西大瑶山瑶族自治县地域辽阔，人口分散，在纵四百里、横二百里的区域里，只有3.6万余人口。这里有瑶、汉、壮三个民族，有十种语言：茶山瑶话、山子瑶话、花篮瑶话、盘瑶话、坳瑶话、壮话、客家话、平南话、蒙山话、地方普通话。1957年，这里有一个电影放映队，1958年达到两个，1959年下半年又增加了一个公社电影放映队。三个电影放映队共有九个电影放映员，其中五个是当地少数民族干部。1959年，平均每队放映电影712场（长片363场），观众总体上达到67.4万人次。大瑶山是广西山最多、交通最不方便的地区之一，到处都是直插云霄的山峰，白云环绕在山腰。在这里普及电影放映，比在平原地区困难得多。电影放映队每天转换放映点都要在蜿蜒于云层中的羊肠小道上行走四五十里。在有的地区，搬运机器时既不能挑，又不能抬，只好把机器拆为几部分背着爬山。长年累月在这崇山峻岭当中，开门见山、出门爬山地从事电影放映，有的电影放映员就想："难道就这样一辈子翻山越岭吗？"由于思想不安定，他们工作不起劲，导致工作有缺点，遭到领导批评后更觉得没出息；后来经过整风学习，他们提高了思想觉悟，认识到在最艰苦的地方干革命工作是最光荣的。并且，在放映工作中，电影放映员到处受到大瑶山各族人民的欢迎和爱护，得到像对亲人一样的关怀。电影放映员开始热爱自己的工作，下决心把放映工作搞好。为贯彻普及放映的方针，1959年电影放映队

---

① 朱继功. 放映队 宣传队 战斗队：记北京郊区宋庄人民公社的红旗电影放映队 [N]. 人民日报，1959 - 12 - 23（4）.

提出"消灭空白点，扫除电影盲"，把银幕插遍了每个山村。这一年全县放映点达到 102 个，比 1957 年翻了一番。电影放映队跋山涉水，与时晴时雨、变化无常的天气作斗争，终于使大瑶山各族人民看上了电影。但是，在这一过程中，电影放映队又遇到了新的问题。这里的群众一开始很喜欢看电影，一个放映点放映，周围二三十里的群众都赶来看，有些人还带着米、带着棉被来看。虽然人口分散，但每场总有二三百观众，可是后来却只有一百多人了，而且在放映中途观众就跑走大半。比如放映影片《牧鹅少年马季》时就是这样。经过深入群众调研，他们发现主要原因是宣传工作没有做好，观众看不懂电影，因此就渐渐不感兴趣了。

要使观众看懂电影，首先要解决宣传工作中的语言障碍问题。于是，电影放映队中掀起了学习各种民族语言的高潮：人人学、处处学，休息时找群众学，行程中找民工学；有时在行程中还对着山谷用民族语言作宣传演习；同志之间互相测验；有的同志用英文和拼音字母记录瑶语，帮助记忆。经过一段时间的勤学苦练，电影放映员一般能用三四种民族语言解释影片。虽然用民族语言解释影片的问题解决了，但是宣传的形式单调，电影放映员用演讲的方式一边讲，群众一边说话，场面很嘈杂。在向群众征求对电影宣传的意见时，有的群众说："讲得太长，没味道，来看电影又不是开会听报告。"这就要求电影放映员学会各族群众喜闻乐见的宣传方式。专区和自治区举办的电影宣传观摩会演，对大家的启发很大。大家开始向当地老艺人学习民间歌唱形式，先聘请老艺人到放映点进行映前演唱，电影放映员仔细记录乐谱、山歌、唱词，认真学习研究，接着自己动手编写山歌。最初，电影放映队用了一天半的时间把影片《长空比翼》的内容介绍编成山歌，但县委书记叫电影放映队唱时，电影放映队怕出丑，不敢唱。县委书记就自己带头唱，这对大家的影响很大。此后，电影放映员人人动手、个个动口，经过两年多勤学苦练，能够运用山歌、新调、快板、渔鼓、零零乐、相声、演唱、朗诵诗歌等多种形式进行电影宣传。当地许多群众抄下他们编写的山歌回去出黑板报；有时他们演唱后，全场观众歌声四起，形成映前山歌会；有时青年或妇女半路遇见了电影放映队，也向他们索要他们编写的山歌来歌唱。有的地区群众在生产中还唱着电影放映队编的山歌。1959 年，两个队全年共编唱山歌 695 首，编制幻灯片 55 套。如 1959 年夏收夏种，他们放映《钢人铁马》，放映前用山歌介绍影片内容，其中一首为："钢人铁马是片名，故事发生上海城，工人大哥干劲足，誓要超英走在前。/工人老吴风格高，技术革新献计多，工厂事情样样管，燃料运输多快好。"①

大瑶山电影放映队在党的领导下走群众路线，运用各民族语言和各民族喜爱的宣传形式，大大提高了电影放映的效果，再没有出现观众中途退场的现象。当再次放映影片《牧鹅少年马季》，出现马季打地主屁股镜头的时候，群众跟着喊打。三角公社甲江大队在配合大搞水利运动放映《牧人之子》后，在意见簿中写道："群众看电影后，反映很好。他们说，看了电影比开一次会还记得清楚。这个片能结合我们修补水利，灌水进田，群众认识到水利的重要，从而推动了兴修水利工作。"② 电影放映队的宣传工作积极配合当地的生产工作，电影放映员有时候走几十里山路到达放映点，顾不得腿疼肚饿，再翻山越岭到公社党委请示当天晚上的宣传工作。这样一来，宣传质量不断提高，对当地的农业生产起到推动作用。例如，宣传农业"八字宪法"，他们能结合当地情况，把"八字宪法"具体化，群众反映说："电影队又会放电影，又会种田，对'八字宪法'讲得真有道理，我们一定要照着做。"③

到 1959 年，上海市区和郊区已经建成由一百多个电影放映队构成的电影放映网。上海、宝山、浦东三个县平均每个公社有一个电影放映队，每

---

① 广西壮族自治区文化局电影科. 千方百计为少数民族看到看懂看好电影的广西大瑶山放映队 [J]. 电影放映，1960（6）：32 – 33.

② 同上。

③ 同上。

名社员平均每年能看到近九次电影。其中，许多电影放映队采取定时、定点的办法，送电影上门，以便公社和生产队根据生产需要，有计划地安排文化娱乐时间。1959 年，市郊 11 个县放映了近 200 部新影片，"放映队除了放映大量艺术故事片以外，还经常结合当前农村中心工作和农事季节，放映有关的新闻纪录片和科学教育片，直接服务于生产，起到了党的宣传助手作用"①。

上述电影放映队承担的电影下乡实践既有各自的具体性，也包含着某种普遍性。比如，电影放映与电影解说以及促进当地农业生产的宣传工作三者紧密结合，就是具有普遍性的实践方式。这种方式将文化娱乐生活、思想政治教育以及发展农业生产密切联系在一起，虽然有其时代局限性，但对于今天中国的电影文化建设仍然可以提供重要的启迪。

三、农村电影放映网的继续发展

1959 年年底，《光明日报》发表社论，说：广大电影放映队的同志不畏艰辛，翻山越岭，把电影送到最广大的工农兵群众中去，并采用多种方式耐心细致地向群众做宣传解说工作，受到了群众的热爱和赞扬。当时，我国的电影放映工作者，已经成为一支进行社会主义宣传教育、鼓舞群众积极性和普及文化艺术的生力军，但是，当时的电影放映工作还跟不上电影制片工作的发展速度，许多摄制出来的影片不能充分推广，不能及时地和广大观众见面，影片的利用率不高。因此，要积极发展电影放映网，尤其是农村电影放映网，要逐步改变城乡放映网的比例，逐步增加农村电影放映网的比重，争取今后达到"县县有电影院，社社有放映队"。② 这篇社

---

① 一百多放映队巡回工厂公社 上海形成电影放映网 [N]. 人民日报, 1959 - 12 - 19 (4).
② 《光明日报》社论. 积极发展电影放映网 [N]. 光明日报, 1959 - 12 - 23 (1).

论提出的大力发展农村电影放映网的设想与电影主管部门的规划相一致。

1960 年 2 月 22 日至 3 月 1 日，文化部召开电影发行放映工作会议。会议认为："在巩固和做好对城市工矿电影发行放映工作的同时，特别要大力面向农村、支援农村。"会议要求："积极做好今年专为农村制作的八部影片的发行放映工作，选择适合农村观众的影片，合理安排调度拷贝；大力提高放映队的出勤率，进一步深入普及山区、牧区、边远地区，加强影片通俗化的宣传解释，使农村观众多看电影、看懂电影、看好电影；充分发挥影片的政治宣传效果，为实现城市现代化、丰富农村文化生活服务。"① 会议提出，要在 1959 年全国完成 41.4 亿观众人次的基础上，今年力争完成 55 亿观众人次，要有 35 亿农村观众人次，使全国 5 亿农民平均全年看到 7 次电影。

这次会议提出的要求促进了电影放映事业的发展，但关于电影观众人次的目标，并未完全实现。据统计，1960 年全国电影放映 743.2 万场，观众达到 53.7 亿人次，未能实现 55 亿观众人次的预定目标。关于全国农村观众人次，由于缺乏统计资料，难以确定预定目标是否实现。此后，由于三年困难时期的影响和中央提出的"调整、巩固、充实、提高"方针政策的实施，全国电影放映场次和观众人次较 1960 年大幅下降。1961 年全国观众下降到 36.6 亿人次（放映场次未详），1962 年全国放映 491.5 万场，观众达 33.3 亿人次。②

在农村电影放映网的建设方面，据报道，1962 年全国农村已经有约 9000 个放映队为农民群众巡回放映电影，这个数目与 1957 年相比增加了将近一倍。1957 年全国平均每个农民一年只能看 1.5 次电影，而 1962 年平均每个农民已经可以看三次电影。

---

① 大力开展农村电影放映工作 [J]. 电影艺术，1960（3）：3.
② 沈芸. 中国电影产业史 [M]. 北京：中国电影出版社，2005：185 – 186.

分布在广大农村中的两万五千多名男女青年电影放映员是我国文化普及工作中的一支尖兵。他们经常是两三个人组成一个放映队，成年累月过着流动的生活。广西、云南、贵州等山区的放映队一出去就是半年或者一年地跋涉在深山密林里。青海、内蒙古、新疆、西藏等地的放映队员，经常要爬雪山，过草地，风餐露宿，甚至在途中只能靠打猎和采野菜充饥。[①]

1962 年，中国电影发行放映公司还特别向农村多发行一些农民群众喜爱的优秀影片，如《红色娘子军》《刘三姐》《冬梅》《枯木逢春》《孙悟空三打白骨精》《洪湖赤卫队》等影片，发行到农村的拷贝一般都在 300 个以上。一部 16 毫米的影片拷贝按技术定额规定可放映 300 场，电影放映员们钻研机器性能和操作技术，精心地爱护机器和影片，延长了影片的使用时间，不少地区能够放映 400～500 场，并且保证了影片的放映质量。

许多放映员们为了让农民更好地理解影片的内容，不仅事先预告影片内容，而且在放映过程中进行口头解说。少数民族地区的放映员还得用少数民族语言来进行翻译。他们之中有些人还能根据影片中人物不同的性别、年龄和性格来翻译对白，尽量给人以真实的感觉，因而受到观众的欢迎和赞扬。[②]

1962 年年末，文化部召开全国电影发行放映工作会议，着重研究加强农村电影发行放映工作问题。会议认为："应该进一步调整和充实放映力量，从城市放映单位抽出部分放映机来支援农村，并且在粮棉和经济作物主要产区新成立一部分放映队，大力加强科学教育片的放映工作。"[③]

1963 年 5 月，中共中央决定在全国城乡开展社会主义教育运动。这场

---

① 九千个电影放映队活跃在农村 [N]. 人民日报，1962 - 12 - 14 (2).
② 同上。
③ 同上。

运动要求电影积极配合，占领社会主义文化阵地，推动了电影在农村的普及放映。1963 年 11 月，文化部召开全国电影发行放映工作会议，重点研究农村电影普及放映问题。随后，文化部下达 1964 年电影发行放映工作的方针和任务，专门提出《关于大力开展电影普及放映 紧密配合社会主义教育运动的意见》，特别强调指出：普及放映是当前电影发行放映战线上一项头等重要的任务，必须全力抓好。① 这样的方针在各地贯彻实施，加快了农村电影普及放映的步伐。

1964 年 6 月，中国电影发行放映公司华东办事处在杭州主持召开农村电影普及工作会议。会议总结推广山东省平度县和浙江省淳安县规划普及放映的成功办法。这套办法是：以县为单位，统一安排放映力量、合理划分服务地区，合理设置放映点和放映场次，合理规定放映点的收费标准。② 他们创造的这套规划放映办法被各地采用后，改变了电影放映队过去蹲集镇、跑大村的做法，使居住在深山小村等偏僻地区的农民也能看到电影了。1964 年下半年，全国已有 24 个省、市和自治区学习推广山东和浙江省规划普及放映的经验。全国有 60 个县在这方面作出了突出的成绩，成为进一步推广规划普及放映的样板。③

就山东省的电影放映来说，1964 年，遍布全省各县的电影放映队有 467 个，从 1 月到 10 月共放映电影超过 13.4 万场，观众达到 17620 万人次。在此前几年，山东省许多电影放映队调查研究本地区的经济、文化、地理、交通等情况和群众的要求，在适当的地区设立了放映点，制订出常年固定的巡回放映路线。到 1964 年，全省有 34182 个村庄设立了放映点，平均不到三个自然村就有一个放映点。这种放映点在山区的分布密度更

---

① 以点带面、点面结合，全面开展普及放映 全力抓紧做好农村普及放映 [J]. 电影放映，1964（6）：7.

② 季洪. 新中国电影事业建设四十年：1949—1989 [M]. 内部出版，1995：135.

③ 新华社. 提高群众社会主义觉悟 促进工农业生产新高潮 让更多的农民从电影中受到教育 [N]. 人民日报，1965-01-12（2）.

大。每一个放映点的半径距离一般只有一二里，远的不超过四里。每一个放映点范围内的几个村庄还可以实行轮换放映，这样就为农村的电影观众带来更大的方便。为了使一些主题重要而拷贝数量不足的新影片能够及时地在农村普及放映，山东省有 60 多个县的电影放映队还试行了一种办法：在一条巡回线上活动的两三个、最多四个电影放映队同时放映一部影片，在放映点之间效仿城市影院"跑片"的办法。这样，一个拷贝一个晚上就可以放映两三场或者四场。① 这种办法提高了影片拷贝的利用效率，促进了农村电影普及放映。

当时除山东和浙江省以外，广东省在农村电影普及放映方面也取得了佳绩。1964 年，广东省农村电影放映点在原有 15000 多个的基础上，又增加了 3000 多个。这些新增加的放映点大都设在偏僻的山区和生产队。东莞县全县 12 个电影放映队，1964 年上半年共放映电影 3100 多场，其中 2600 多场是在大队以下的放映点放映的，占放映总场次的 84%，从而保证本县山区农民每个月能看到一场电影。长年活跃在南阳山区的普宁县电影放映第一队，1964 年在这个山区的最高点、海拔一千多米的峨嵋嶂开辟了新的放映点。这个队的两个男队员和一个女队员，攀越了几十座山峰，走了九个小时才到达目的地。当他们把银幕挂在峨嵋嶂山坳的时候，农民都高兴地说，是共产党和毛主席让他们看到电影了。在海南岛五指山区活动的琼中县电影放映第四队经常要跑的放映点有 30 多个，每转一次放映点都要走几十里路。尽管如此，他们还深入只有几十人的生产队去开辟放映点。有一天晚上，他们在什运公社三联大队放映完电影后，正准备休息，忽然这个大队只有 50 多名社员的番满小队，派十几个青年打着火把来要求电影放映队去放映。电影放映员们马上收拾行装出发，到达目的地已深夜 11 时，

---

① 新华社. 提高群众社会主义觉悟 促进工农业生产新高潮 让更多的农民从电影中受到教育 [N]. 人民日报，1965 - 01 - 12 (2).

但他们仍为这个队放映完电影。广东省各地电影放映队同样千方百计地让农民群众看懂电影，从电影中受到教育。许多电影放映队都坚持做好映前宣传和映间解说工作，并尽量把电影内容宣传和当地的实际情况联系起来。①

1964 年，全国电影观众达到 38.8 亿人次，农村的电影观众达到 20 亿人次，平均每天有将近 600 万农民能看到电影，比 1963 年增加了 1/4。② 到 1965 年年底，全国电影放映单位发展到 20363 个，其中城市电影院达 2528 个，农村电影放映队达 9835 个，年放映电影 655.4 万场，观众达到 46.3 亿人次，其中城市观众达 21.3 亿人次，农村观众达 25 亿人次。③ 至此，遍布全国农村的电影放映网基本形成。这构成了新中国电影下乡所取得成就的一个重要方面。

第二节　农村电影的发行与收费问题

电影的发行是连接电影制作和放映的中间环节，是影片的流通渠道。电影制片厂生产的影片通过这个渠道分配给城乡放映单位放映，在流通领域中取得经济收入，形成资金的循环与周转。影片发行机构联系着全国电影制片厂、洗印厂以及电影机械生产与物资供应部门，又联系着全国城乡电影放映单位。它通过发行放映回收电影资金，保证制片厂、洗印厂的再生产；它是电影行业的经济结算中心，担负着"电影银行"的资金融通住

---

① 新华社. 把革命电影送到偏僻的山村去 广东数百农村电影放映队积极设立新放映点 [N]. 人民日报，1964 - 09 - 16（2）.
② 提高群众社会主义觉悟 促进工农业生产新高潮 让更多的农民从电影中受到教育 [N]. 人民日报，1965 - 01 - 12（2）.
③ 季洪. 新中国电影事业建设四十年：1949—1989 [M]. 内部出版，1995：135.

务。① 同时它又决定着影片的供应和分配，决定着哪些影片以何种途径与观众见面。

就新中国的电影发行来说，从新中国成立前夕开始，伴随解放战争胜利的步伐，我国相继成立了东北、华北、华东、西南、中南、西北等影片经理公司。这些影片经理公司在各自管辖范围内设立分支机构（办事处、发行站）。② 1949 年 11 月，中央人民政府文化部成立，电影局正式划归文化部领导。电影局下设发行处，领导先后成立的各大行政区影片经理公司，管理全国电影发行工作。新中国成立初期，电影事业按照内部分工，分为五个系统：第一，电影制片系统；第二，电影发行系统；第三，电影放映系统；第四，电影工业系统；第五，电影科研与教育系统。其中，电影发行系统包括全国、大区、省、市、自治区、地区、县等各级发行单位。③

电影局召开的第一届行政会议确定了之后电影工作的任务，其中包括：建立与健全全国及国外发行网，改进影片发行工作；大量扩充电影放映队，组成全国部队、工厂、农村的电影放映队。④

1951 年 2 月，中国影片经理公司在电影局发行处的基础上成立，原电影局发行处经办的一切业务都由中国影片经理公司接管。其业务范围包括：代理中外影片的国内发行业务，经营全国各地直属影院，统筹供应全国电影放映队 16 毫米影片拷贝等。⑤ 1953 年 12 月，文化部下达《关于加

---

① 沈芸. 中国电影产业史［M］. 北京：中国电影出版社，2005：182.

② 1949 年 3 月 1 日，东北影片经理公司在沈阳成立，先后在沈阳、哈尔滨、长春、齐齐哈尔、牡丹江设立办事处，在锦州、佳木斯、安东、吉林设立发行站，并设立驻朝鲜代表处。北平解放后，1949 年 5 月 15 日，华北影片经理公司在北平成立，相继在山西、内蒙古、张家口、石家庄、唐山等地设发行代表。上海解放后，1949 年 9 月 15 日，华东影片经理公司在上海成立，下设南京办事处。新中国成立后，1950 年 2 月 1 日，西南影片经理公司在重庆成立，下设四川、云南两省办事处和贵州发行站。3 月 1 日，中南影片经理公司在汉口成立，下设湖南、江西、河南办事处。4 月，西北影片经理公司在西安成立。（季洪. 新中国电影事业建设四十年：1949—1989［M］. 内部出版，1995：31.）

③ 田静清. 北京电影业史迹：1949—1990［M］. 北京：中国电影出版社，1999：7.

④ 季洪. 新中国电影事业建设四十年：1949—1989［M］. 内部出版，1995：13.

⑤ 季洪. 新中国电影事业建设四十年：1949—1989［M］. 内部出版，1995：32.

强电影放映和发行工作的指示》，通告：为了加强电影发行工作，改组中国影片经理公司为中国电影发行公司，缩编该公司设于各大行政区的区公司为代表处，加强该公司省（市）分支机构的干部配备。同时，该指示要求：第一，改进影片供应。采取有效措施，推行影片的计划发行。在增加观众、增加收入同时节约影片拷贝的原则下，争取尽量满足放映单位拷贝数量的需要；并分别为不同观众，适当编选和供应不同的上映节目。第二，做好影片的发行宣传工作。第三，建立"供应和放映影片合同"制度。中国电影发行公司各地分支机构，应争取在 1954 年第一季度内，和所在地区的各放映单位订妥"供应和放映影片合同"，以互相保证做好电影放映和影片发行工作。第四，认真做好纪录片、新闻片和科学教育片的发行工作。[①]

　　1953 年，电影局决定三年内推行经济核算制，准备自 1956 年起电影企业全面实行计划管理。1953 年 5 月 30 日，电影局下达《关于电影企业推行经济核算制的权限、责任、业务范围及财务关系的指示》。该指示规定：电影企业对其固定资产和流动资金有运用支配之权，各为独立计算盈亏的单位。在此前提下，关于影片发行方面，该指示规定：制片厂及洗印厂各种主要产品，均照核定的计划成本加 10% 利润作为售价，按合同规定售予影片发行公司；但新闻短片（包括周报、特辑、资料）及教育短片的版权与发行拷贝，均由电影局收购，交影片发行公司发行；除发行拷贝照核定计划成本加 10% 作为售价外，版权均照实际成本加 10% 作为售价。[②] 1953 年 12 月 18 日，文化部电影局又下达《关于电影企业推行经济核算制的权限、责任、业务范围及财务关系的补充通知》，强调：由于文化部决

---

　　① 文化部. 关于加强电影放映和发行工作的指示（1953 年 12 月 12 日）[M] //中华人民共和国文化部办公厅. 文化工作文件资料汇编：1949—1959. 内部出版，1982：142.

　　② 文化部电影局. 关于电影企业推行经济核算制的权限、责任、业务范围及财务关系的指示 [M] //中华人民共和国文化部办公厅. 文化工作文件资料汇编：1949—1959. 内部出版，1982：86.

定，自 1954 年起，国库不再以拨付事业费方式来收购新闻短片、教育短片的版权、拷贝及弥补停止摄制或发行等影片的损失，因此决定所有短片亦一律由发行公司收购，如有损失发生统由各企业计入盈亏。① 以上措施促进了电影发行的企业化管理。

1953 年 12 月 24 日，中央人民政府政务院第 199 次政务会议通过了《关于建立电影放映网与电影工业的决定》。关于影片发行工作，该决定强调："加强并改进影片的发行工作，在中国电影发行公司系统下，健全和改进各省的发行机构，以适应电影放映事业发展的需要；保证及时供应各地放映队和电影院以必需的影片；依据不同观众对象选择影片，特别对农民的放映节目必须通俗易懂；加强影片发行的计划性，加强影片的管理、保护和检查制度，加强影片流转，充分发挥每一拷贝的使用价值。"② 该决定要求健全和改进各省的发行机构，是上述缩编中国电影发行公司设于各大行政区的区公司为代表处政策的重申，一定程度上体现了影片发行管理权限的下移。

1957 年 4 月 6 日，国务院批转文化部《关于各地电影发行企业划交地方文化行政机关领导和管理的规定》。依据这个规定，中国发行公司所属各地分支机构划交各地文化行政部门领导和管理。1958 年 3 月，中国电影发行公司与电影局放映事业管理处合并为中国电影发行放映公司，发行放映一体化，同时取消了中国电影发行公司各大行政区的代办处。1958 年 6 月 15 日，文化部党组向中央作了《关于进一步改进文化工作管理体制的请示报告》，指出：目前文化部主要缺点是集中过多，管理过死，许多应当交由地方或有关部门管理的事业、企业没有及时地移交，应该下放的权

① 文化部电影局. 关于电影企业推行经济核算制的权限、责任、业务范围及财务关系的补充通知 [M] //中华人民共和国文化部办公厅. 文化工作文件资料汇编：1949—1959. 内部出版，1982：89.

② 中央人民政府政务院. 关于建立电影放映网与电影工业的决定 [N]. 人民日报，1954 - 01 - 12 (1).

限没有充分地下放。为了改变这种状况，关于国内影片的发行方面，文化部党组的该请示报告决定采取全国统一发行和地方自行发行同时并举和结合的办法：全国发行的艺术片、新闻纪录片、科学教育片、美术片由中国电影发行放映公司统一收购版权，由各省、市、自治区分摊版权费；中国电影发行放映公司今后对各省、市发行的拷贝，由各省、市、自治区影片发行机构向中国电影发行放映公司购置；电影票价和片租由各地自行规定；中国电影发行放映公司分公司与中国电影发行放映公司是一种业务上的关系，没有行政上的隶属关系；地方电影制片厂和电影发行放映公司的机构、版权和相互关系，都由地方自行决定。① 该报告经中央批转各地贯彻实施之后，很大程度上实现了电影发行体制的下放。

随着 1961 年中央制定的"调整、巩固、充实、提高"的方针贯彻实施，电影的发行体制又出现新的调整。1963 年 2 月，国务院批转文化部《关于改进电影发行放映业务管理体制的试行方案》，规定：第一，加强文化部所属中国电影发行放映总公司（以下简称总公司），使其成为领导管理全国电影发行放映业务的专门公司，依据文化部规定的方针、政策和任务，负责领导管理全国的电影发行放映业务。为了加强总公司对省、自治区、直辖市电影发行放映公司的业务领导，总公司在六个大区中央局驻地设立代表处，……省、自治区、直辖市所设电影发行放映公司为省、自治区、直辖市文化行政部门领导的企业，在业务上受总公司和地方文化行政部门的双重领导，负责管理全省的电影发行放映业务。第二，全国各种电影发行节目、拷贝由总公司统一收购、分配与调度。分配给省、自治区、直辖市使用的影片节目、拷贝，必要时总公司可以调度。第三，全国电影发行收入统一集中上缴总公司。省、自治区、直辖市电影发行放映公司按发行收入的 8% 至 15% 提成，作为业务管理费用；放映单位少、收入少的边远地区和少数民族地区的提成比例，经文化部同意，可酌情提高。超计

① 田静清. 北京电影业史迹：1949—1990［M］. 北京：中国电影出版社，1999：119 - 120.

划收入，省、自治区、直辖市电影发行放映公司按 15% 至 30% 提成。①

以上是新中国电影发行体制的大致形成过程。但在这个体制形成和运行的过程中，尤其是在农村电影发行过程中，也遇到了很多现实问题；而在摸索解决办法的过程中，也取得了一些有益的经验。

一、农村电影的发行和排片问题

1950 年文化部《关于电影工作的报告》提出电影发行放映方针：城乡并重，除城市一般观众外，应特别注意工农兵基本群众。② 但是，新中国的电影发行放映既是国家的事业，也是一种经营行为，"它担负着政治和经济的两重任务"③。从政治任务角度来说，电影发行放映是城乡并重的，但是为了完成经济任务，电影发行放映总是城市优先。这表现在两个方面：第一，影片向农村发行比城市晚；第二，影片向农村发行的种类和数量远少于城市。

就第一个方面来说，之所以如此，除了票房收入和经济原因之外，还有影片制作技术方面的原因。且不说新中国刚刚成立时还不具备缩制洗印向农村发行 16 毫米影片拷贝的设备和能力，即使这个问题解决之后，情况也难以改变。关于此，1957 年中国电影发行公司曾解释说：因为在 35 毫米影片制作完成后，才能供应缩制 16 毫米影片用的素材，并需要经过一系列的生产过程，因此 16 毫米影片最快也要晚于 35 毫米影片出品后两个月左右才能供应。④

---

① 财政部文教行政财务司. 文教行政财务制度资料选编：1949—1985：第 3 册［M］. 北京：中国财政经济出版社，1990：382 – 383.

② 吴迪. 中国电影研究资料：1949—1979：上卷［M］. 北京：文化艺术出版社，2006：77.

③ 积极改进电影放映工作［J］. 人民日报，1955 – 07 – 13（1）.

④ 中国电影发行公司总公司. 让电影发行放映工作更紧密地团结合作：我们的意见［J］. 电影放映，1957（12）：13.

就第二个方面来说，大致情形如下：据统计，1957 年，中国电影发行公司计划供应城市国产新片 44 部（含香港电影 4 部），"五四"以来优秀旧片 10 部，外国译制片 106 部，共计 160 部；其中只有 1/3 的影片缩制成16 毫米拷贝在农村和工矿地区发行。① 1958 年第二季度，中国电影发行放映公司供应城市 35 毫米中外新片 46 部，其中国产新片 13 部（含香港电影1 部），译制片 33 部（来自 13 个国家）；而只供应 16 毫米影片 14 部，其中有 3 部苏联影片。② 1959 年，在"庆祝建国十周年新片展览月"活动中，在全国城市展出的影片有 35 毫米彩色故事片 18 部，美术片 4 部，科教片和长短纪录片各 7 部；而在工矿和农村展出的只有 16 毫米故事片 10部，其中彩色故事片 4 部，黑白故事片 6 部。③ 1960 年第二季度，中国电影发行放映公司供应城市 35 毫米国产片 18 部（含香港电影 1 部），外国影片17 部，供应农村 16 毫米影片共 18 部（国别未明）。④ 1964 年，中国电影发行放映公司在前几个月发行到各地的影片中，供应城市的国产故事片有 9部，外国影片有 4 部，纪录片有 13 部；供应农村的国产故事片有 3 部，纪录片有 1 部。⑤ 从这些数据可见，发行到农村的影片种类和数量明显少于城市。

1956 年全国电影观众达到 13.3 亿人次，其中农村工矿地区的观众约占 3/5，城市观众约占 2/5，而农村工矿地区放映的影片，绝大部分是国产片。从财政收入来说，城市的收入约占总数的 4/5，而农村工矿地区的收入约占 1/5。1956 年，全国一共发行了 136 部故事影片，其中国产片 45 部（包括香港片 8 部），约占 33%，翻译片 91 部，约占 66%。⑥ 这些数据表

---

① 今年将要发行 160 部国产和外国影片，春节期间农村工矿将上映一批 16 毫米新片 [J]. 电影放映，1957 (1)：48.
② 柳迪善. 十七年时期电影在农村的考察 [J]. 电影艺术，2013 (3)：116.
③ 百花绚烂 万众欢腾：全国举行"庆祝建国十周年国产新片展览月" [J]. 电影放映，1959 (19)：3.
④ 柳迪善. 十七年时期电影在农村的考察 [J]. 电影艺术，2013 (3)：116 - 117.
⑤ 第三季度影片供应有所加强 [J]. 电影放映，1964 (8)：17.
⑥ 袁文殊. 从影片的票房价值说起 [N]. 文汇报，1957 - 01 - 29 (2).

明：第一，当时农村观众已多于城市，但城市是电影事业财政收入的主要来源；第二，发行到农村的影片绝大部分都是国产片，因此 1956 年发行到农村的故事片至多是城市的 33%。

当然，之所以向农村发行的故事片种类和数量少，也和农民群众的文化水平和接受电影的能力有关。"解放初期文盲占全国六亿人口的 80%，而农村的文盲率高达 95% 以上，有的地方甚至十里八村也找不出一个识文断字的人。"① 所以，扫盲工作成为新中国的一项重要工作。不识字以及不习惯电影的表现手法导致农民群众对影像的解读能力比较低，普遍反映看不懂电影，尤其是看不懂苏联电影。据电影放映队反映，"观众常常分不清影片中的解放军和国民党军队，对回忆、插叙和叠印等表现手法也不容易理解。比如（上海）郊区观众在看《上饶集中营》时，当看到国民党屠杀新四军干部、战士时，因分不清敌我，竟然鼓起掌来"②。鉴于这种情况，对影片内容的解释和宣传就成为农村电影放映队的一项必要工作，而这种情况自然也会影响到农村电影的发行。

1953 年 12 月 24 日，中央人民政府政务院第 199 次政务会议通过《关于建立电影放映网与电影工业的决定》，对"加强和改进影片的发行工作"有以下规定："依据不同观众对象选择影片，特别对农民的放映节目必须通俗易懂。"③ 这是电影的经济任务和农村观众接受能力等因素制约农村电影发行在政策上的体现，而这样的政策实践势必影响着电影下乡的政治和文化目标的实现。

---

① 张启忠. "露天电影"与农村的文化启蒙：十七年农村电影放映网的历史分析 [J]. 艺术评论，2010（8）：49 - 54.

② 张硕果. "十七年"上海电影文化研究 [M]. 北京：社会科学文献出版社，2014：56 - 57.

③ 中央人民政府政务院. 关于建立电影放映网与电影工业的决定 [N]. 人民日报，1954 - 01 - 12（1）.

　　1956 年 3 月，《人民日报》发表文章《让农村观众看到多方面题材的影片》。文中说报纸编辑部经常收到一些关于电影方面意见的农村读者来信，其中一封来自江苏省无锡县某小镇的信上这样写着："我们看到的多半是《人往高处走》《春风吹到诺敏河》等表现农村生活的故事片和一些关于农业生产的科学教育片；除此以外，旁的题材的影片就很少看到了。"① 在此基础上，文章认为："从这封来信里面，说明了在有关领导机关给农村电影放映队配片方面存在着很大的缺点。"② 当然，该文也认识到："农村电影观众主要是农民，他们看反映农村生活的影片会格外感到亲切，也格外易于接受；同时由于农民文化水平较低，对于一些含义比较深奥、情节比较复杂的影片（主要应该是某些翻译片），不大容易理解。因此，分配给农村电影放映队的影片，应该做适度的选择，这是对的。但是，无论如何，这并不意味着在农村放映的电影主题一定只能局限在农业生产范围以内。"③ 最后，该义呼吁："有关领导机关和各地宣传部门必须重视电影对于农民的巨大教育作用，重视农村观众对于影片的多方面的要求，扩大农村电影放映的题材范围。"④ 这篇文章揭示出当时农村电影发行存在的问题，也表达了中央宣传部门改变这种状况的意愿。在该文末尾，特别附加了这样的说明：

　　　　文化部电影局所属的中国电影发行公司在给农村电影放映队的配片工作上，已经作了一些改进，今年已经较多地配给了一些农业生产主题以外的影片。我们希望从这个改进开始，进一步从思想上重视这项工作，采取必要措施，并且取得各地宣传部门的支持和协助，使在

---

① 苏方. 让农村观众看到多方面题材的影片［N］. 人民日报，1956 – 03 – 24（3）.
② 同上。
③ 同上。
④ 同上。

农村放映的电影赶上农村的新形势，满足农民的需要。①

1958 年 3 月，全国电影发行放映工作会议提出："要使电影普及到工矿、农村、山区、国防前线和兄弟民族地区。今年影片发行工作的质量比去年将有很大提高。今年计划发行新的艺术片 150 部，其中，国产片将有 55 部以上。今年发行的影片中专门发行到农村的约占 70 部。"② 在当时的政治氛围下，这样的计划指标难免带有浮夸的成分，但也体现了改变农村电影发行状况的努力。

到 20 世纪 60 年代，随着电影在农村普及放映工作的开展，农村电影发行工作也得到相应改进。据统计，1962 年全国平均每个农民一年已经能看到三次电影，中国电影发行放映公司还特别注意多向农村发行一些为农民所喜爱的优秀影片，《红色娘子军》《刘三姐》《冬梅》《枯木逢春》《孙悟空三打白骨精》《洪湖赤卫队》等影片发行到农村的拷贝一般都在 300 个以上。③ 1963 年，文化部为了加强电影为农民服务的工作，除了积极组织力量创作和摄制适合农民需要的影片、改进供应农村的影片节目以外，还增加了发行到农村的影片拷贝的供应数量，力求使广大农民能够普遍地看到电影。根据电影局 1963 年供应农村节目和拷贝的计划，发行到农村的 16 毫米长片节目拷贝将比 1962 年约增加 20%；16 毫米科学教育片拷贝将比 1962 年增加 1.5 倍。④

当时在全国开展的社会主义教育运动，客观上对农村电影发行放映起到了推动作用。1965 年年初，《人民日报》发表的评论员文章指出："近年来，农村的电影发行放映工作有了很大改进，加强和扩大了革命现代题材影片的放映工作，农村观众大大增加。1964 年农村观众达到 20 亿人次。

---

① 苏方. 让农村观众看到多方面题材的影片 [N]. 人民日报，1956 – 03 – 24 (3).
② 新华社. 发行放映工作紧跟上来 [N]. 人民日报，1958 – 03 – 10 (7).
③ 九千个电影放映队活跃在农村 [N]. 人民日报，1962 – 12 – 14 (2).
④ 新华社. 文化部加强农村电影放映工作 [N]. 人民日报，1963 – 04 – 12 (2).

过去从来没有看过电影的农民看到了电影,看得少的比过去看得多了。"①
据此,文章强调:"我们要大映革命的现代题材的影片,以无产阶级思想
去教育和影响农民,……各地文化部门、电影发行部门要认真研究和改进
农村影片发行工作,把供应农村的节目当作重点来安排。应该把过去的节目
重新加以审定,只要是革命的、适合农村的影片,应该洗印复制片,拿到农
村放映。除了故事片以外,还要注意安排一定数量的新闻纪录片、科学教育
片。"② 这篇文章传达出中央宣传部门对于农村电影发行的指导性意见。

新中国成立初期,虽然未能从根本上扭转城乡电影发行不均衡的状
况,但是电影主管部门一直将此作为一个重要问题予以解决,并不断探讨
解决办法和采取相应措施。这个过程是伴随着各个阶段的政治运动而展
开的。

关于农村电影发行,除了中国电影发行公司供应农村影片的种类和数
量问题之外,还有专区(地区)和县一级电影发行放映管理部门的排片问
题。1956 年全国电影发行放映工作会议确定了排片"五项原则",即按照
不同的影片内容、不同的时间季节、不同的地区特点、不同的国际形势、
不同的观众对象,采取不同的排片办法,以发挥电影的宣传教育作用;随
后,又补充了"四结合"的排片方法,即集中编映与灵活多样相结合,敞
开供应与控制发行相结合,重点突出与一般排映相结合,蜻蜓点水与细水
长流相结合。③ 而对于农村电影排片来说,随着农村电影放映网的扩大,
电影发行工作下放到专署,通常是由专区(地区)电影发行站或发行放映
公司直接给农村电影放映队排片,县电影管理站只负责放映管理工作。例
如,1960 年湖北省阳新县的电影管理工作者谈道:"我县(有)三个农村

---

① 本报评论员. 积极发展农村电影发行放映网 [N]. 人民日报, 1965 – 01 – 12 (2).
② 同上。
③ 黑龙江省地方志编纂委员会. 黑龙江省志:文学艺术志 [M]. 哈尔滨:黑龙江人民出版
社, 2003:638.

放映队，专署发行站一季度对我们排片一次，我们对小队一个月换片一次。"① 不过，也有的地区根据实际需要把排片工作下放给县电影管理站，当时广东省和山西省就进行了这样的改革。

1960 年，广东省梅县电影管理工作者谈道："上一级影片发行部门，为了适应放映队发展的需要，将原由专区排片改由县直接向小队排片，在我县实际执行过程中，给我们带来很大好处，可以根据县内的中心工作灵活地调度影片，选择更能配合生产的影片进行放映，而且可以提高影片的周转率，季度排片有利于小队做好影片预告工作。"②

当时，广东梅县电影管理站根据专区管理站每季度派给该县的 16 毫米影片，面向全县九个公社小队进行排片工作。具体做法是：第一，贯彻排片五项原则，根据各个影片内容、各地生产中心和特点进行排片。如影片《刘介梅》早在 1959 年第三季度排定在松沅队放映，但社会主义建设总路线教育运动到 11 月在全县农村展开，为了紧密配合中心工作，使这部影片发挥更大的作用，县电影管理站就改变原计划，采取一队放映几天、全面排映的办法，使全县各公社都能看到这部影片。广大社员因此受到一次生动具体的教育。又如影片《我们村里的年轻人》先被排到共青团县委工作试点的水库公社去放映，短片《故乡》先被排到位于著名侨乡的西阳公社去放映。第二，排映形式、影片内容的多样化。县电影管理站采取每季度排片一次、每月换片一次的方法（每季度有长短片排期表，每月有影片的调动通知），但专区有重点排片时，则采取全面、短期的排映方法，如《平息西藏叛乱》《林则徐》等片，每个队放映三天，一个月在全县放映完。影片每月每队一般是两长两短，内容也根据主次、新旧、不同题材等调配，如 1959 年 12 月一个队放映的影片是《我们村里的年轻人》《白手

① 郑高华. 农村排片的一个新问题 [J]. 电影放映，1960 (1)：12.
② 林辉春. 县排片工作中的一些体会 [J]. 电影放映，1960 (1)：11.

起家》《最可爱的人回来了》《驯服黄河的战斗》等。此外，电影管理站的工作还包括"协助专区站保管和分发宣传资料"和"加强放映队的护片管理"等措施。①

1959 年，山西省电影发行"由县排片"，是由晋东南专区首先实行的，榆次专区继之，其做法比晋东南专区更为成熟。他们在各县建立了兼职发行员，并对发行员的职责范围作了明确的规定，具体体现了排片工作的领导与群众相结合的方针。他们每隔两至三个月召开一次全区发行员联席会议，交流经验，研究下期的影片供应和安排；县发行员据此向小队排片，并将排片表报区公司一份；区公司可随时指导，如有不当之处，即提出纠正。②

以上排片工作方法在当时都被宣传介绍，对于全国各地的排片工作具有一定的参考借鉴意义。

二、农村电影的收费方式和票价问题

农村电影的收费是电影发行工作中一个非常重要的环节，其制约着电影下乡的成败。1953 年 12 月，文化部下达《关于加强电影放映和发行工作的指示》，强调：继续实行电影放映队的企业经营，但应视各地农村经济生活和文化要求的不同情况，规定不同的收费标准和减免办法，并切实改善在农村中的收费方式，防止和克服各种变相的强迫摊派行为。③ 这一方面进一步提出电影放映队实行企业化经营的要求，另一方面也说明各地

---

① 林辉春. 县排片工作中的一些体会 [J]. 电影放映，1960（1）：11.
② 徐文达. 坚持电影发行工作的群众路线 [J]. 电影放映，1959（21）：3.
③ 文化部. 关于加强电影放映和发行工作的指示 [M] //中华人民共和国文化部办公厅. 文化工作文件资料汇编：1949—1959. 内部出版，1982：141.

农村电影放映队的收费方式和票价是不确定的。

1955 年 5 月，《人民日报》刊文介绍一种"组织农民看电影的新方法"。文中说："电影放映队在农村的流动放映中，由于人力和器材等条件的限制，还没有建立起固定的放映站，因而在组织观众、售票、发电机的汽油供应、交通运输、票款的存缴等方面，都碰到一些困难，甚至影响了放映计划的完成。"① 为了解决这个问题，热河省围场县电影放映队创造了放映工作同供销合作社工作相结合的办法。在制定每月的放映计划时，电影放映队将放映地点尽可能安排在区、村供销合作社所在地。供销合作社可以代电影放映队预售电影票，电影放映队需用的汽油量预先列入县供销合作总社的供应计划，交通运输工具也得到供销合作社的帮助。电影放映队的票款收入，也可以通过供销合作社及时转到县城，这样就保证了电影按期放映。供销合作社为了方便农民出卖副业产品，在放映电影的时候还照常营业，这增加了供销合作社的购销额，而农民群众一般也正是用出卖副业产品的收入购买电影票。因此，"这确是一个值得重视的办法"，在介绍这个方法之后，文章呼吁："各地的农村电影放映队，应该根据当地的具体情况，吸取围场县放映队的经验，创造各种发动和组织农村观众的方法。"②

这个方法将放映工作同供销合作社工作相结合，保证了电影放映的基本条件，又解决了电影收费问题。但是，这种方法不利于农村电影的进一步普及（只是"蹲集镇、跑大村"），而且采用售票的收费方式也不具有普遍适用性。

1963 年，湖南省电影发行放映公司印发《关于农村电影放映队收费问题的报告》，详细地介绍了几种电影收费方式及其优劣。该报告中说，当时湖南省邵阳地区贯彻"谁看电影谁出钱"的指示，要求电影放映队在农

---

① 朱树兰. 组织农民看电影的新办法 [N]. 人民日报，1955 – 05 – 29（3）.
② 同上。

村一律实行售票的方式,收费便成了非常棘手的问题,阻碍了农村电影工作的进展。例如,武冈县荆竹区两年多没有放电影,电影放映队满怀希望地跑去联系放映,可由于收费问题得不到解决,全区七个公社都不同意去放映。当时邵阳地区摸索的电影收费方法有三种:(一)卖票;(二)供销社包场,从供销社社员红利内开支;(三)生产大队包场,生产队垫付。关于这笔钱的出处,每个生产队不同,有的从罚款(如赌博、滥伐森林等罚款)中支付;有的从集体副业收入或公益金中开支,但一般多是由生产队垫付全款,以后在分配社员收益时扣除。这三种收费方式相比较,第一种方式问题最多。因为:第一,每个农村电影放映队只有两三个人,工作多,人手少,没有办法卖票并维持观众秩序;第二,农村缺乏适合卖票放电影的场地(没有内场的地方不能去);第三,采用这种方式,观众秩序混乱,干部不欢迎,群众有意见。①

该报告列举了一些地方售票放映的经验教训。邵东电影二队曾在度头桥区区公所实行一次售票放映,这个地方的条件很好,场地是一个大祠堂,四面有围墙,只有一个门可以进出。区委会和社委会以及住在祠堂里的卫生所、银行等单位的干部全体动员来帮助电影放映队,区委谢书记亲自率领十多个干部守门查票,可是那晚的秩序仍然很糟糕。卖票 200 张(收费 20 元),而实际观众则有一千多人。有的越墙进场,有的从门口呼啸着冲了进来,把守大门的公社党委何书记衣服都扯烂了,钢笔也冲掉了,何书记还负了伤;还踩伤了几个小孩。祠堂围墙的瓦也搞烂了,门也冲坏了,还踩烂了很多桌凳。区委书记说:"谢天谢地,你们莫放了,损坏东西不算,出了人命区委难负责。"邵东电影三队有一次在周官桥公社卖票放映,观众有上千人,而买票的仅占观众的1/10。叫的叫,打石头的

---

① 湖南省电影发行放映公司. 关于农村电影放映队收费问题的报告 [J]. 电影放映,1963 (7):11-13. 文中以下相关内容出处相同。

打石头，观众蜂拥而入，电影放映员曾锦熙被打伤，手电、荷包都掉了，还掉了几十斤粮票，也有几个小孩受了伤。新化、湘乡、涟源等地也发生过类似的情况。这样一来，电影放映队的活动区域大受影响。比如邵东电影二队原来的放映范围有度头桥、范家山两个区和九龙岭半个区，共 26 个公社。由于卖票出乱子，干部怕负不起责任，板桥、蒋河桥等四个公社干脆谢绝电影放映队光顾。而这些公社原来每个公社都设有 6 ～ 11 个放映点，电影放映队一去，每个公社都能够放映七八天，1963 年反而成了电影放映空白点。

而由供销社包场的收费方式，固然能够解决收费问题，但由于供销社的红利有限，电影放映点不得不大大减少。邵东佘田桥区采用的即是这种办法，导致每个公社一年只能放一场电影。这样，电影放映队经常忙于长途奔波，运费（一次 8 ～ 10 元）、旅费和杂费势必大大增加，一次在火厂坪放映，单住宿费就花了 12 元，因此这个队每场电影的成本很高，平均达到 32 元，超过电影二队 6 元。

从各地试行的经验来看，第三种方式即由生产大队包场、生产队垫付，是比较合理的、切实可行的办法。洞口县农村电影放映队采用这种方式的效果就很好，电影二队在黄桥区五个公社一连放映了一个月零八天，共 31 个放映点，放映了 60 场，从未闹过乱子。该生产队算了笔细账：负担最大的生产队一晚放映两场电影的费用也不过 8 元（放映点所在地，全队共 120 人），负担最少的生产队只有 4 元（全队共 81 人），如果算到人，数字就更微乎其微了。以邵东电影二队来说，1963 年 3 月由生产大队包场放映，一下子就打开了局面：在魏家桥、驻马桥两个公社放映了 32 场，每场观众达千人以上，秩序良好。有的放映点连续放映三场，还不能满足群众的要求，电影放映队转移时，群众一再表示："欢迎你们再来，欢迎你们再来！"实行这个办法也有少数生产大队干部怕麻烦，不肯担担子，但只要对他们加强思想教育，同时改进电影队的宣传和联系工作，问题是完全可以解决的。

几经研讨之后，湖南省电影发行放映公司认为：由生产大队包场，生产队整款垫付，以后从社员的收入中扣还的办法，群众的负担既合理，又可使农村电影放映队的收费建立在稳定可靠的基础之上，这样既有利于电影工作，也让干部和群众满意，是值得肯定和推行的好方法。新化县人委会在关于电影放映队收费问题的指示中就提到生产大队包场的试行办法。新化县区、社、队干部更是拥护这种做法。

鉴于以上情况，湖南省电影发行放映公司建议省文化领导部门：可参照各地试行经验拟定一套农村电影放映队收费办法，饬令各地执行，以便农村电影工作迅速开展，更好地为政治、为农业生产服务。

对于贯彻"谁看电影谁拿钱"的精神，河北省安国、涞水等县农村电影放映队有不同的理解和包场收费办法。他们认为，对"谁看电影谁拿钱"的精神要领会其实质，实质即电影费用来自于看电影的群众，不能死板地理解为谁看电影谁买票，只认为售票才符合这一精神。① 因此，他们主张采用群众集资包场的办法。这个办法有三种实践形式。

（1）安国县各电影放映队使用的方法是将包场费固定，由生产队干部向各户社员集资。集资分为每次集资一场包场费、几场包场费或全年包场费等几种情况，集资后给集资社员相应的凭证。集资款做到专款专用，每映一场及时公布集资清单。安国县采用这一办法的具体经验是：首先要解决"三怕"的问题。第一是电影放映员怕干部不协助，行不通。因此，县电影管理站要多做工作，消除电影放映员的顾虑。第二是生产队干部怕麻烦。电影放映员要很好地向干部说明：看电影是广大社员的要求，在没有条件售票的情况下只有向群众集资。这样虽然干部比较麻烦，但是社员看

---

① 河北省电影发行放映公司. 河北安国、涞水等县电影队收费方法的介绍［J］. 电影放映，1963（7）：14 - 16. 文中以下相关内容出处相同。

到了电影，受到了教育，这是为群众服务的具体表现。第三是社员怕看不到电影。因此，要向群众说明集资包场的好处：人口多的家庭，买票看电影要花很多钱，而集资包场可大大降低这一费用。经过说明，群众一般都很赞同。其次，要合理调整收费指标。安国县是根据村庄大小、经济条件，从 100 户到 500 户分为 30 元、35 元、40 元、45 元、50 元、55 元、60 元七个指标，每增加 50 户增加 5 元；100 户以下小村收 25 元；映双片时，在加倍包场费基础上少收 10～15 元；对经济条件较差的困难队，适当照顾，少收 3～5 元。这样经过合理调整指标，既能保证电影放映队按企业经营，又做到各生产队合理负担。最后，要做好放映前的联系和组织工作。这项工作的一般程序是：在到放映点放映之前两三天，电影放映员和生产大队干部联系；大队需通过生产队或社员代表作出决定，然后把包场费分配给各生产队；各生产队干部（会计或记工员）在向各户说明看电影集资的道理之后再集资。在这项工作中，他们的经验是首先向经济条件好的社员集资，根据各户经济情况，有多拿多，有少拿少，不规定数字；对劳动力少、生活较差的户可以不收费。收到款以后，要给社员开一个收据，一方面为了存查，另一方面手续清楚，减少问题。在集资全年包场时，要抓住有利时机，比如在两季分配时、放映较优秀的影片时或者有电地区收电费时。电影放映以后，向群众公布费用清单。集资余额存到信用社，专款专用。从安国县在各试点的实行结果来看，这个办法赢得了农村干部和群众的普遍认可。

（2）涞水县使用的群众集资包场方法，大致与安国县的相同。不过，集资数额是以自愿买票张数来定，凭据也是电影票。涞水"三姊妹"电影放映队在三里铺、王家庄等十多个点试行这个方法，基本成功。

（3）兴隆县采用群众集资方法是电影放映队与生产大队签订长年演出合同。具体做法是，电影放映队根据县放映区划和具体计划场次，根据本地人口和村庄的多少，以每个生产大队为单位，在征得区委和公社的同意和支持之后，与生产大队协商订立计划包场合同。订立合同时，常年包场比临时包场每场降低 5～10 元。订立合同后，生产大队与各生产队商量各队负担费用，然后动员社员集资；根据每户人口、劳动力数量和生活水平，确定出资数额。包场费有的由生产大队直接掌握，每放映一场付一次费，有的由生产队掌握，各生产队轮流出包场费，互相邀请看电影。

关于以上收费方法，当时河北省发行放映公司认为有以下优点：其一，符合政策，不用集体经费开支，不影响分配，做到干部、群众自愿。其二，解决了无售票放映场所和群众一时无钱买票的困难，保证了电影放映队的正常放映，减轻了社员负担。其三，扩大了观众面，有利于深入普及放映。例如，安国第三电影队在流村放映时，该村就通知附近几个村，一场就吸引观众 2300 多人，同时场内秩序良好，扩大了宣传效果。其四，促进了村与村之间的相互联系，加强了社员之间相互支持的精神，有利团结，有利生产。其五，加强了群众对电影放映队的监督，促进放映单位提高放映质量。

关于农村电影的收费方式，河南省总结本地区的经验，也出台了自己的办法，并得到了文化部的肯定和支持。1963 年 4 月 28 日，文化部抄转河南省文化局《关于农村电影放映队收费问题的报告》，供各地参考，以便各省市文化局在总结本地经验的基础上，制定农村电影放映队收费办法。河南省文化局这份报告中说：在放映收费方法上，过去除少数城镇是售票外，大部分村镇因没有售票放映的适当场所，一直采用集体包场的办法，同时包场每次看电影的人多，方便群众；最近接到各地反映，因为当地对包场看电影的问题限制过死，已经使不少农村电影放映队的活动遇到很大困难，许多县的电影放映队不能下乡。为了解决电影收费问题，该报告提出如下办法：（一）农村电影放映队必须深入农村，开展放映活动。在有条件售票放映的地方，应该继续坚持售票的办法；但必须事先做好安排，控制观众人数，继续维持好观众购票和进出场秩序，切实保证观众安全。（二）没有条件售票放映的地方，群众看电影可以包场。各人民公社、生产大队和生产队，应该允许从公益金中抽出一定数量的文化福利费，作为社员包场看电影的费用。（三）在群众自愿的原则下，也应该允许社员自己凑钱由公社、生产大队组织包场，每年看几次电影。①

以上三种办法可以说是囊括了各地农村主要的电影收费方法，第一种即售票放映的办法，需要在有条件的地方实行；第二种办法和湖南省电影发行放映公司倡导的收费方法实质上相同；第三种办法即社员自己凑钱由公社、生产大队组织包场，也等同于河北省安国、涞水等县实行的群众集资包场。因此，以上办法可以视为新中国成立初期农村电影普及放映收费方法的总结。

除了收费方法外，农村电影票价问题也值得一提。从上述情况可以看出，当时农村大多数地区不具备售票放映的条件，因此对农村观众来说，电影票价是不固定、不统一的。以湖南省为例，1963 年邵东电影二队曾在度头桥区区公所实行一次售票放映，售票 200 张，收费 20 元，可见每人票价 1 角，但是这种方法闹出了乱子。在实行生产大队包场、生产队垫付的方法之后，洞口县电影二队在黄桥区 5 个公社 31 个放映点，放映了 60 场电影，负担最大的生产队一晚放映两场电影的费用也不过 8 元，最少的只有 4 元。这说明采用这种方法，该地一晚放映两场电影，平均票价最高的不到 7 分钱，最低的不到 5 分钱。

当时河北省安国、涞水等县实行群众集资包场放映。以安国县为例，根据村庄大小、经济条件，从 100 户到 500 户分为 30 元、35 元、40 元、45 元、50 元、55 元、60 元七个指标，每增加 50 户增加 5 元；100 户以下小村收 25 元。根据这个标准，从电影放映队一方来说，放映一场电影的收费，平均每户最多是 3 角，最少 1 角 2 分；从观众一方来说，则依据每户

---

① 河南省文化局. 关于农村电影放映队收费问题的报告 [J]. 电影放映，1963（7）：10 - 11.

人口、劳动力多少和经济情况再确定出资数额，对劳动力少、生活较差的户则不收费。当时，安国县社员王振君说："我家七口人拿了 2 角 5 分，我们全家都看了电影，要是买票得 7 角，这种办法好，有多拿多，有少拿少，当时就是没钱也能看上。"① 就王振君家来说，算起来每人票价不到 4 分钱。估计他家出资是比较少的，所以才作为宣传的例子，但还有免费的观众。实际上，按照包场放映的方式，免费的观众不限于经济状况较差的家庭，因为一个生产大队或生产队包场，其他生产大队或生产队的人都可以来看，所以才有所谓"相互邀请看电影"（不邀自来，当然也是可以的）。安国第三电影放映队在流村放映时，一场就吸引附近几个村的观众2300 多人。

新中国成立初期，电影放映事业承担着政治文化宣传和创收两方面的职能。由于城乡经济发展水平的差距，电影事业的创收职能主要靠城市影院完成。这种创收职能有时难免会制约农村电影的发行放映和电影在农村的普及，制约电影政治文化宣传职能在农村的实现。但是，随着农村的电影放映网逐步扩大，农村电影发行也逐渐改变了亏损状态，在很多地区还实现了盈利，取得了经济效益和社会效益双丰收。

1963 年，文化部在抄转河南省文化局《关于农村电影放映队收费问题的报告》中指出：农村电影放映队是党和国家为广大农民群众举办的重要文化事业，是党的重要宣传武器。湖南省当时约有 500 个农村放映队，每年农村电影观众达一亿多人次；通过电影放映，对开展农村社会主义教育，普及科学知识，活跃群众文化生活以及组织国家财政收入方面都起到了积极作用。河南省文化局对农村电影放映队的管理上，在强调他们完成政治宣传任务的前提下，还要求他们完成既定的经济收入任务。这样做的

---

① 河北省电影发行放映公司. 河北安国、涞水等县电影队收费方法的介绍 [J]. 电影放映，1963（7）：14－16.

结果，几年来不但免除了国家对他们的经济补贴，而且仅农村电影放映队每年即上交国家 250 万元至 300 万元左右的利润，给国家积累了不少资金。① 由此可见，电影下乡在经济方面也作出了一定的贡献，这反过来又促进了电影下乡运动的开展，当然这也凸显了解决农村电影收费问题及相关历史经验的重要性。

小　结

　　新中国农村电影放映网的建立，在很大程度上保证了农民群众在电影文化分配方面的权利，彻底改变了解放前电影只为城市少数人所享有的状况；在这过程中，电影发挥了对广大农民群众的宣传教育功能，提高了农民群众的思想和政治觉悟，传播了社会主义文化和科学技术知识。虽然因为城乡之间的巨大差距，电影工业聚集在大城市，电影下乡的主要成就体现在农村电影的发行放映方面，但是其在一定程度上也参与了新中国电影面貌的塑造——当时拍摄了大量农村题材的故事片和为农业生产服务的科教片、纪录片。当然，电影下乡内在于当时的社会历史进程，和农业合作化浪潮、"大跃进"运动、社会主义教育运动等有着密切的联系，甚至正是后者提供了电影下乡的推动力，因此电影下乡有时难免会受到不同政治运动的影响。尽管如此，电影下乡所取得的重要成就和历史经验依然特别值得重视。尤其是在电影高度商业化的今天，重新回顾新中国成立初期电影下乡所取得的成就和经验，既可以为改善电影的生产状况提供参考，也可以为坚持"以人民为中心"的创作导向提供借鉴。

---

　　① 河南省文化局. 关于农村电影放映队收费问题的报告 [J]. 电影放映，1963 (7)：10 - 11.

第四章　农村新文艺读物出版

——新文艺基层传播方式的探索

出版读物是文艺传播的一个重要手段。新中国成立初期，政府在开展农村文艺运动的进程中，尤其重视面向农村的新文艺读物出版工作，其政策倾斜力度之大以及投入的人力、物力、财力之多，在世界出版史上也属罕见。各级出版部门精心推出的新文艺读物不但为社会主义新文艺下乡提供了充沛的助力，而且也重塑了当代文艺的面貌和走向；不但为农村提供了重要的文艺活动材料，提升了农村文艺活动的品质，而且也重构了农村的公共生活空间，参与到了民族国家"共同体"的建构之中。

第一节　农村新文艺读物出版的缘起

众所周知，文艺娱乐一直是农民日常生活的重要组成部分，即使在物质极端匮乏的年代，农民仍不减对文艺娱乐的热情。对此，赵树理曾有过形象的描述："在历史上，不但世代书香的老地主们，于茶余酒后要玩弄他们的琴棋书画，一里之王的土老财要挂起满屋子玻璃屏条向被压倒的人们摆摆阔气，就是被压倒的人们，物质食粮虽然还填不满胃口，而有机会也还要偷空子跑到庙院里去看一看夜戏。"[①] 非但如此，文艺娱乐在塑造农民的历史想象、伦理道德观念及自我认同等方面也发挥着非常重要的作

---

① 赵树理. 艺术与农村 [N]. 人民日报，1947 – 08 – 15 (4).

用，这一点从媒体在描述旧文艺缺点时所使用的一些词汇——诸如"宣扬封建迷信""迎合低级趣味""歌颂帝王将相、才子佳人"等——中便可见一斑。但在新中国成立初期，政府虽然把农民的文化娱乐生活纳入了管控体系，却无法马上建构出一个全新的文化娱乐空间，旧文艺仍占据着农民的日常生活，并发挥着特有的教化作用，这显然对社会主义文化领导权的建构形成了很大的妨碍。有鉴于此，中宣部副部长周扬在 1949 年 7 月 5 日召开的中华全国文学艺术工作者代表大会上特别强调，新中国成立之后的文艺工作应该"仍然普及第一，不要忘记农村"。他认为："近两年来，农村旧剧的风行已是足够我们警惕的一种威胁"；"如果我们进了城市，就忘了农村，那原来打下的那点基础都可能垮台"，因此要从"思想斗争"的认知高度，继续加大"改革旧剧及一切封建旧文艺"的力度。① 在周扬的这个表述中，改造农村旧文艺，既事关农民娱乐生活及其道德伦理观念的再造，也事关社会主义文化领导权的建构，具有时代的重要性和紧迫性。

但问题是，究竟该如何消除旧文艺对农民的影响？最简单的方法当然是将其纳入取缔的范围加以禁止。事实上，在新中国成立初期，很多地方政府都采用了这一简单的办法。但由于旧文艺植根于农民的日常生活，所以在禁止时遇到了很大的阻力，甚至遭到了民众的反抗。比如 1950 年 5 月，河北省灵寿县二区寺岭、南营、北营三村从阜平县不老树村接来一台旧戏，戏价为九市石玉蜀黍，准备在寺岭村开演。接戏以前，县委宣传部副部长曹庆贵曾指示二区说："不准唱旧戏，要早些制止。"于是，二区区委即指令三村退戏，但村里没理睬。戏接来那天，县委会交通员马景凯对区干部说："县委肯定不准唱，叫区里负责制止。指示信随后就会来！"区委宣传委员李玉文、李忠当下就去了寺岭村一趟，也没有结果。开戏的第

---

① 周扬. 新的人民的文艺：在中华全国文学艺术工作者代表大会上关于解放区文艺运动的报告 [M] //中华全国文学艺术工作者代表大会宣传处. 中华全国文学艺术工作者代表大会纪念文集. 北京：新华书店，1950：93 - 94.

一天，区长刘银福亲往唱戏地点，宣布："在县里同意前，不准开戏!"他还带村干部和出头请戏的刘石头到区里听候县里指示，但指示未拿来，戏就开演了。戏开演以后，县长尹东来在电话里指示二区刘区长：若唱旧戏，就停发村民的一万斤救济粮。但此要挟未能奏效，戏继续唱。后来区政府采用强硬手段，先后扣留了六名负责接戏的群众和剧团的负责人，此举触怒了剧团的演员和看戏的群众，他们手持木棍对区政府进行围攻，酿成了一起恶性的群体事件。①

河北省灵寿县的群众反抗事件在当时并非个案，当时的很多媒体上都出现过类似的报道。这些事件至少表明改变农民的娱乐生活方式是一个复杂而长期的过程，不存在一蹴而就的可能。恰如周扬所说，对旧剧不能简单采取行政手段加以取缔，"因为群众喜欢旧剧，是一个思想问题，而凡是关涉群众思想的问题是决不能依靠行政命令的办法所能解决的"②。行政命令无法收到预期的效果，那该怎么办? 在周扬看来，解决之道在于：一方面要有计划、有步骤地对旧文艺进行改造；另一方面，则要大力向农村普及社会主义新文艺，以和旧文艺形成一种竞争关系，挤压旧文艺的存在空间。"群众觉悟提高了，旧剧的市场自然而然地就会缩小。"③ 周扬的这个看法在当时有很大的代表性。④ 正是在这样的思想驱动下，一场声势颇

---

① 张稚桧. 强迫命令的恶果 灵寿制止演戏引起大纠纷 [N]. 人民日报, 1950 - 07 - 17 (4).

② 周扬. 新的人民的文艺：在中华全国文学艺术工作者代表大会上关于解放区文艺运动的报告 [M] //中华全国文学艺术工作者代表大会宣传处. 中华全国文学艺术工作者代表大会纪念文集. 北京：新华书店, 1950：87.

③ 同上。

④ 如当时的文化部副部长钱俊瑞也指出："任何文化园地，如果无产阶级不去占领，资产阶级就必然去占领。这是过渡时期文化建设的一条基本规律。今天坏戏、坏书、坏歌、坏舞之所以还有一定的市场，正也说明我们的社会主义文化艺术工作还有严重的缺点。我们对工农群众和青年的普及工作还做得很差，适合于工农阅读和欣赏的创作还太少。今后我们必须使出十二万分的干劲，大量地创作新的群众歌曲和剧本，编印好的通俗图书，开展社会主义的群众歌咏运动，推广好戏、好书，以堂堂之师，巩固地占领群众文化的阵地。这是我国社会主义文化的基本建设工作。"参见钱俊瑞. 鼓足干劲，促进文化高潮 [M] //人民出版社. 中华人民共和国第一届全国人民代表大会第五次会议汇刊. 北京：人民出版社, 1958：538 - 539.

大的"新文艺下乡"运动全面展开。

在"新文艺下乡"运动中，戏曲因其深厚的群众基础首先受到了重视。新中国成立之后，很多专业或部队的剧团都受地方政府之邀纷纷下乡演出，而演出的内容多以配合中心工作的小型革命现代戏为主。从当时的媒体报道来看，至 20 世纪 60 年代，这些现代戏在农村已经有了相当大的演出市场。如 1965 年 9 月 22 日的《人民日报》在题为《农民喜爱小型革命现代戏》的报道中称："从去年八月以来，湖南六个专区的 62 个剧团，就在农村演出花鼓戏《打铜锣》3000 多场，《补锅》2000 多场，业余剧团演出的场次，还没有计算在内。平江县的花鼓戏剧团分三个轻骑队带了这两个小戏下乡，先在县的三级干部扩大会议上试演了一场。演出以后，大队干部纷纷到后台来签订合同，要求剧团去大队演出。三个队就这样在农村连续演了两三个月。花鼓戏《烘房飘香》是刚排出来的新剧目，仅湘阴县的花鼓戏剧团，就一口气演出了 20 多场。"① 尽管农民对这些现代戏的具体接受情况我们不得而知，但我们可以想见农民第一次见到专业剧团的那种新奇感。如河北省建屏县一个山村的老农在第一次看到石家庄专区评剧团的演出后，高兴地说："临死的人了！还有眼福看看评剧哩。往古千年谁见过城里的剧团来山沟里演戏。"② 其所表现出的新奇感明显大于其对于戏曲本身的兴趣。下乡剧团的专业性，使其所营造的娱乐空间与传统的农村娱乐空间形成了巨大的反差。专业剧团在视觉结构和空间形式、空间内容上带给农民的强烈感官刺激，是传统乡村简陋粗糙的娱乐空间所无法比拟的，所以这种娱乐空间从一开始就奠定了其权威性和吸引力，为基层政府构筑新的农村娱乐空间提供了参照。

在"新文艺下乡"运动中，电影这一新型的文艺形式也前所未有地走

---

① 沈容. 农民喜爱小型革命现代戏 [N]. 人民日报，1965 - 09 - 22 (6).
② 红虹，韩秀文，林放. 戏剧电影下乡上山 [N]. 人民日报，1958 - 02 - 07 (7).

入了农民的生活。如前文所述，在政府的推动下，农村电影放映网在短时间内初具规模。官方的数字显示，仅上海奉贤一县就有九个电影放映队，且仅在 1964 年，这些电影放映队就放映电影 1505 场；在全县 291 个生产大队中，平均每个生产大队放映过一两场，交通方便的生产大队最多放映过四五场。放映的电影内容多以反映农村阶级斗争、呈现新的农民形象为主，如《夺印》《丰收之后》《李双双》《槐树庄》《分水岭》等。① 与作为说唱艺术的戏曲相比，电影显然更容易直接而迅速地被农民接受和理解，而且电影通过视觉影像所呈现出来的事物，也很容易带给农民一种"眼见为实"的感觉。正如考克尔所说，电影使被看到的事物看起来有时甚至像是非介质传播的，它们看起来像是直接传达给我们，而不是间接交流或者通过媒介（如人或某种机器设备）。② 简单地说，即农民对影像本身的信服，很容易扩展到对影像所呈现事物的信服。或许正因为如此，才使得政府愿意相信：

> 革命电影，是文艺领域里最有影响、最有效力的教育人民群众的工具。③

但需要指出的是，无论"戏曲下乡"，还是"电影下乡"，都具有一定的稀缺性，因为专业剧团和电影放映队的数量毕竟有限，即使他们把全部时间用于下乡演出或放映，也远不能满足广大农村的需要。"戏曲下乡"与"电影下乡"之所短正是"文艺读物下乡"之所长。纸媒印刷所承载的文艺作品，虽无舞台戏曲和电影影像的现场感、鲜活感，却具有易长久保存、可大量复制、可广为传播的优势。正是这些优势，使得政府格外看重面向农村的社会主义新文艺读物的出版工作。

---

① 王永生，邱明正. 文艺下乡问题初探：奉贤地区文艺面向农村问题调查札记 [J]. 复旦大学学报（哲学社会科学），1965（1）：17 - 26.
② 考克尔. 电影的形式与文化 [M]. 郭青春，译. 北京：北京大学出版社，2004：10.
③ 评论员. 积极发展农村电影发行放映网 [N]. 人民日报，1965 - 01 - 12 (2).

第二节　农村新文艺读物出版工作的开展

1949 年 11 月 26 日，中央人民政府文化部发出了经毛泽东同志批示的《关于开展新年画工作的指示》，指出：年画是中国民间艺术中最流行的形式之一，但在封建统治下，年画曾经是封建思想的传播工具，因此要对旧年画进行改造，大力印行新年画，并使其成为传播"人民民主思想"的艺术形式。① 1951 年 5 月，新中国成立后的首次全国宣传工作会议在京召开，会议制定并通过了《关于加强工农读物出版工作的决定（草案）》，指出：党在出版工作中的重要的政治任务之一，应是改变过去对工农读物注意很少的情况，用最大的力量来满足工人农民的要求。其中，涉及文艺读物方面的具体要求有：各省必须出版以农民为对象的通俗报纸，报纸上要有画，有通俗文艺作品；同时，省市的文艺杂志应成为以供给工人业余文娱团体和农村剧团的应用材料与工作指导为目的的期刊。② 1955 年 11 月，毛泽东同志就加强农民读物出版工作做了专门指示。按照毛泽东的指示，中宣部于 1956 年 2 月拟定了《关于加强农民读物的出版和发行工作的报告》，该报告把文艺图书列入即将成立的农村读物出版社的五类图书出版计划之一，并要求作家协会等有关团体"大力号召作家写作编绘农民通俗读物"，《剧本》（农村版）等杂志"应力求通俗"，"扩大向农村发行

---

① 文化部. 关于开展新年画工作的指示 [M]//中国出版科学研究所，中央档案馆. 中华人民共和国出版史料：1949. 北京：中国书籍出版社，1995：557 – 558.

② 关于加强工农读物出版工作的决定（草案）[M]//中国出版科学研究所，中央档案馆. 中华人民共和国出版史料：1951. 北京：中国书籍出版社，1996：492 – 494.

的数量"等。① 1964 年 4 月，中宣部转发了文化部党组《关于农村读物出版工作座谈会的报告》，提出了加强农村读物出版工作方面的 11 项措施，并进一步明确了农村文艺读物出版工作的根本任务：要用社会主义、爱国主义、国际主义思想教育农民；要大力提倡反映社会主义革命和社会主义建设的作品；也要出版反映革命斗争历史和其他具有积极意义的题材的作品；要注意创造群众喜闻乐见的新形式，同时也可以利用旧形式，但要看到它的局限性，不要因为迁就旧形式而损害新的内容。②

在中央文件的规制下，各级出版机构面向农村的社会主义新文艺读物出版工作全面铺开。1950 年春，为了落实中央《关于开展新年画工作的指示》，中共天津市委、天津市政府组织来自延安和其他地方的美术工作者成立了天津新年画出版社（1954 年改名为天津人民美术出版社），主要出版新年画，其成立当年就出版新年画 40 多种，发行 250 余万张。而之后成立的人民美术出版社（1951）和华东人民美术出版社（1952），也都把出版新年画列为主要业务之一。这些出版社出版的新年画，在内容上着重表现劳动人民新的、愉快的、斗争的生活和他们英勇健康的形象，在技术上充分运用民间形式，力求适合广大农民的欣赏习惯，而且价格低廉，受到农民的欢迎，所以很快占领了农村的年画市场。新年画的发行量也呈现出逐年递增的趋势，据统计：1951 年至 1952 年，全国年画发行总量达 4000 余万张；1953 年达 6639 余万张；1954 年达 1 亿余张；1965 年达 19871 万张。③

在新年画出版之余，上述的这些美术出版社也积极拓展农村连环画出版业务。1962 年，人民美术出版社特地为农村读者选印了 12 种在当时较

① 中宣部. 关于加强农民读物的出版和发行工作的报告 ［M］//中国出版科学研究所，中央档案馆. 中华人民共和国出版史料：1956. 北京：中国书籍出版社，2001：80 - 83.

② 文化部党组. 关于农村读物出版工作座谈会的报告 ［M］//中国出版科学研究所，中央档案馆. 中华人民共和国出版史料：1964—1966. 北京：中国书籍出版社，2009：100 - 104.

③ 方厚枢. 中国当代出版史料文丛 ［M］. 北京：中国书籍出版社，2007：43.

有影响的连环画,如《鸡毛信》《童工》《东郭先生》《铁道游击队》《渡江侦察记》《王孝和》《向秀丽》等。在人民美术出版社之后,天津人民美术出版社也于 1964 年推出了"农村连环画库",这套画库共计 40 本,包括 35 种不同的作品。其中,有赞扬英雄人物的《在烈火中永生》《红色娘子军》《敌后武工队》,反映农村阶级斗争的《槐树庄》《夺印》,描绘社会主义新人新风尚的《李双双》《夏夜》《灯芯绒》,等等。与原版相比,这些面向农村的连环画大都做了一定程度的修订。如《向秀丽》,原版对主人公成长过程的描写是这样的:党为了培养她,就把她调到工会干部训练班去脱产学习;她学习很努力,把文化课本当宝贝一样看待;由于她在文化战线上猛追猛赶,进步很快;她又如饥似渴地读了《刘胡兰》《把一切献给党》和《钢铁是怎样炼成的》等书,使她受了深刻的教育。[①]与原版不同的是,农村版在第十四页增加了一幅图,补述向秀丽参加"五反"运动的情况。当时,有评论指出:之所以做这样的修改,主要是为了避免给读者造成向秀丽是接受书本知识教育而进步的错觉。诚然,书本知识确曾对她起了很大影响,但更应看到:她在旧社会经历了深重的阶级迫害的痛苦,因而解放后能自觉地积极参与各项政治斗争,实际的阶级斗争又给予她极大教育与锻炼,促进她较快地进步与提高。增补了上述的一幅画,则在内容上把书本知识教育与阶级斗争实践的锻炼恰当结合起来,提高了画册的思想。[②]

1963 年 3 月,为了更好地服务于"新文艺下乡",中国作家协会成立了农村读物工作委员会,由赵树理、周立波等人担任委员,其主要工作任务是:讨论有关农村文学读物的编选方针问题;向各地出版社和地方报刊推荐适合农村的文学书目和短篇作品,建议再版或转载;协助出版社有重

---

① 谢绝. 连环画谈片:从为农村作者选印的十二种作品谈起 [N]. 文汇报, 1963 – 01 – 09 (3).

② 同上。

点地编选适合农村的文学读物和演唱材料。① 1963 年 11 月，该委员会编辑完成的首批"农村文学读物丛书"由作家出版社出版发行，共包括三本短篇小说集和一本报告文学集。其中，短篇小说第一集"侧重反映新民主主义革命时期农村的斗争生活，包括：土地改革；反对封建迷信及宗法制度，争取个性解放、婚姻自由的斗争；农村在革命斗争中的移风易俗、发扬新的社会风尚等内容"；第二集"侧重反映几次革命战争——土地革命、抗日战争和人民解放战争等时期的武装斗争"；第三集"侧重反映社会主义革命和建设时期的生活"。② 另一本报告文学集，所选入的大都是新近发表的作品，有很强的战斗性、现实性。该丛书的前言对丛书的编辑目的做了说明，即为正在开展的社会主义阶级教育运动提供形象化的、生动的读物，使"农村读者能从这几本书里得到革命历史的和今天现实的阶级斗争教育，得到社会主义的思想、品质和劳动态度的教育"。③ 而为了实现这样的目的，该丛书全部选择短篇作品，因为短篇"更适合于农村读者在地头休息、歇晌、晚上睡眠前阅读。在农忙的时候读起短篇来花的时间少，不会增加疲劳"④。

在中国作家协会农村读物工作委员会编辑的"农村文学读物丛书"出版一个月之后，新成立的农村读物出版社也隆重推出了一批农村文艺书籍，计有中国曲艺工作者协会编选的唱词 10 种，快书、快板集 6 种，相声集 7 种；《剧本》月刊社编选的小型戏曲 8 种，独幕话剧 12 种。这些作品的主题大致可分为这样几类：第一，对比新旧生活，忆苦思甜，如韩起祥的说书《翻身记》，赵忠、常宝华等的相声《昨天》，马季的相声《找舅舅》等；第二，表现当时农村中的阶级斗争，如李骐骥的小型戏曲《审椅

---

① 董大中. 赵树理年谱：1906—1970 [M]. 太原：山西人民出版社，1982：171.

② 中国作家协会农村读物工作委员会. 开篇之前：向读者交代几句话 [M] // 中国作家协会农村读物工作委员会. 农村文学读物丛书：短篇小说. 北京：作家出版社，1963：1 - 3.

③ 同上。

④ 同上。

子》、任毅的唱词《捉豺狼》等；第三，以反美反蒋宣扬爱国主义，如章明的相声《不可抵挡》、蒋金生的渔鼓《"胡子兵"叹五更》等；第四，反映农村中两条道路斗争，如柴国柱的四场戏曲《刁玉霍说妻》、王鸿的鼓词《一锹土》、东娃的小型戏曲《两块六》等。此外，这些作品也涉及抗美援朝，反封建反迷信，恋爱自由与婚姻自主，勤俭办社与勤俭持家，颂扬干部优良作风，歌颂烈士、英雄、模范事迹，鼓励知识青年参加农业生产、宣扬共产主义风格等当时的热点话题。这批书籍在编选时充分考虑农村读者的趣味、爱好和欣赏习惯，所辑的作品短小通俗，并且在思想感情、语言和故事情节的穿插安排上具有一定的民族化、群众化特色，这样既便于农村俱乐部、业余剧团、新老艺人上演，也便于一般的农村读者阅读。

1965 年，为了给农村俱乐部提供一套质量有保证的基本读物，文化部指定农村读物出版社同北京、上海、山东、江苏、湖南等地九家出版社协作，从全国出版的适合农民阅读的图书中挑选出一部分，分期分批印行"农村版"。1965 年 12 月，首批"农村版"图书 15 种正式出版发行，其中包括文艺书籍六种。《人民日报》发表评论称，这套书是"普及革命文化、巩固和扩大农村社会主义文化阵地的一个重要方面"[①]。与之前的短篇丛书不同，这套书加入了两本长篇小说，一本是进行革命传统教育的《红岩》，另一本是反映社会主义革命和社会主义建设时期农村阶级斗争的《艳阳天》。但与原著相比，这两本书在内容和形式上都做了很大的修改。比如《艳阳天》，不但压缩了篇幅，而且在故事结构和突出人物方面都有较大的改动。据作者在序言中交代，具体改动的地方有这样几类：第一，突出人物，把那些跟人物关系不大的细节减少或者删除了，如风景描写等；第

[①] 出版部门面向农村为五亿农民服务 第一批"农村版"图书陆续发行 [N]. 人民日报，1965 – 12 – 15（2）.

二，突出正面人物形象，在写正面人物和主要英雄人物的地方增加笔墨，而反面人物和次要人物则减少笔墨；第三，在故事结构上，把倒插笔的情节尽力扭顺，让它有头有尾，同时给每一节加了小标题，起内容提要的作用；第四，改掉"知识分子腔"和作者出来在一旁发议论的地方。[①] 作者的这些改动，在突出小说思想性的同时，也突出了小说的故事性和每章的相对独立性，使其更接近传统的章回体小说，这样无疑更容易召唤出农民的"读者"身份。

以上几种丛书，在编排方式和修改策略方面显然是经过深思熟虑的。如"农村文学读物丛书"的编排具有时间的叙述性，即通过不同时代"我"的故事再现了"我们"的历史，不仅阶级、人民、民族和国家被有效地整合在一起，而且由此引发的"革命""改造"也被证明是"现代"的，其所传递出的是新政府合法性的结构要求；而《向秀丽》的修改具有现实的针对性，即把阶级斗争话语编织进主体性的获取过程之中，为农民指出了一条在书本知识之外、在现实生活之中的"进步"或"成长"的路径。其一方面满足了国家的政治需要，另一方面也有可能"召唤"更多的农民形成新的认知：没有文化知识也可以成为英雄。

在新中国成立初期，除了以上几种丛书之外，规模较大的还有通俗文艺出版社出版的"农村通俗丛书·文艺丛书"（1957），百花文艺出版社出版的"农民文艺小丛书"（1961），安徽人民出版社和山西人民出版社出版的"农村文艺丛书"（1963、1964），上海文艺出版社出版的"农村图书室文艺丛书"（1958），春风文艺出版社出版的"农村文学丛书"（1964），华南人民出版社、上海文化出版社、江苏人民出版社出版的"农村演唱材料丛书"（1954、1956、1963），中国戏剧出版社出版的"农村通俗文库·

---

① 浩然. 寄农村读者［M］//浩然. 艳阳天：农村版. 北京：人民文学出版社，1965：1-3.

戏曲演出材料"（1958），北京出版社出版的"农村群众演唱丛书"（1963），甘肃人民出版社出版的"农村演唱丛书""农村新故事丛书"（1965），河北人民出版社出版的"农村演唱小丛书"（1965），湖北人民出版社出版的"农村演唱节目丛书"（1965），贵州人民出版社出版的"农村小演唱丛书"（1965），河南人民出版社出版的"农村文娱演唱材料"（1963），北京宝文堂书店出版的"农村戏剧小丛书"（1958），山东人民出版社出版的"农村曲艺小丛书"（1964），人民音乐出版社出版的"农村俱乐部文娱资料""农村音乐小丛书"（1956、1966），四川人民出版社和广东人民出版社出版的"农村俱乐部丛书"（1956），浙江人民出版社出版的"农村青年文娱活动材料"（1956），湖南人民出版社出版的"农村文娱活动小丛书"（1964）等。尽管这些丛书在文体和题材等方面有着很大的不同，但都力求通俗易懂，充分尊重农民的阅读、接受习惯，务期把新的政治内涵与文化内涵注入农村的文化生活之中，重塑一般农民大众的审美趣味和思想观念，并将其带入那个风云变幻的新时代。

第三节　农村新文艺读物的发行与传播

中国农村地域辽阔，且很多地区交通不便，因此如何让已经出版的新文艺读物到达农民的手中便成了各级出版发行机构需要面对的首要问题。针对这一问题，当时的新华书店探索出了一套流动供应农村读物的发行模式。其具体做法是由全国各地书店的流动发行员携带图书，深入农村，设摊售书。在售书的同时，他们还进行书籍宣传、预约登记和读者需求调查等工作。在这种发行模式中，流动发行员的重要性得到了凸显，他们对图书的了解程度及宣传方式将会在一定程度上影响到图书的销量。流动发行员在下乡前一般都受过政治培训，被告知：发行员也是政治工作者，不光卖书，还要宣传政策。这些流动发行员在农村新文艺读物发行中起到了很大的作用。比如陕西省新华书店有个叫冯致远的流动发行员，首创了有说有唱的图书宣传方式，收到了非常好的效果。据资料描述：1951 年，冯致远受陕西省新华书店指派下乡流动推销，先后到过临潼、渭南、华县、华阴、潼关、宝鸡、凤翔、岐山、武功、扶风等十个县和许多村镇。冯致远每到一处，就学习当地群众语言，了解当地情况，用农民语言讲述当地阶级斗争事例，结合抗美援朝、土地改革、镇压反革命运动宣传图书，走到临潼就说大恶霸秦颂丞的罪恶，走到凤翔就说惯匪龙飞化残害人民的罪行，到了潼关就大讲当年日本鬼子狂轰滥炸的暴行和美帝今天武装日本的阴谋。每当他说起快板，群众就越集越多，水泄不通，掌声雷鸣，热烈欢呼。他介绍图书，如同讲故事，谈笑风生。他说人民志愿军有个炊事员用一条扁担捉了四个"活饭桶"（指美兵俘虏），有的群众就赶快挤进书摊找这本书。他讲《说土改》，有的农民就挤进书摊找《说土改》，书名忘了又挤出来问："你刚才说的那些在啥书上？我给人当了一辈子长工，那书上说的都是我经过的事情。"冯致远的这种宣传方法，使他一个月就销售出4484 册通俗读物，超过新华书店洛川支店 4 月一个月售货量（4101 册）。①冯致远的宣传方法很快传到西北各地，许多店争相效仿。如新华书店陇西支店在三县推销员会议上，给每个人买了一个传话筒、一副竹板，推广冯致远的说唱宣传方法。

虽然流动供应是一种行之有效的图书发行模式，但因流动发行员人数有限，还不足以充分让图书到达农民手中，因此还需要建立相对稳定的农村图书发行网络。1956 年 1 月，文化部和供销合作总社发出《关于加强农

---

① 马昌顺，于淮仁. 西北大区出版史：1949—1954 [M]. 西安：陕西人民出版社，1997：161 – 166.

村图书发行工作的联合指示》。该指示基于供销合作社网点分布广泛的优势，要求：1956 年内，除少数民族地区目前尚无需要与可能者外，所有基层供销社都增加图书发行业务，在基层社领导的文化用品店内，必须经营书籍，在未设立文化用品商店以前，可在综合商店内设立图书部或专柜，并配备政治水平较高的干部去担负图书售货员；配合中心工作和扫盲工作的图书，还应责成各分销店普遍销售。① 而稍后制定的《关于供销合作社担负农村图书发行工作的实施办法》，又进一步规定了各种图书的备货比例，其中规定文艺图书不少于 1/4。② 在各级、各地的供销合作社协助下，农村图书发行量有了显著的提高。资料显示，截止到 1956 年 6 月，全国农村供销合作社已有 16715 个基层社和 6069 个分销店开始兼营图书，发行量较去年同期有显著增长：按金额计算，一般增长 20%·- 50%，有些地区增长 100% 以上；按册数计算，一般约增长一倍。③

除了与供销合作社合作之外，新华书店还积极组织群众性业余发行力量，以壮大农村读物的发行网络。当时，很多电影放映队、文化工作队、演出队、县剧团、邮递员及农村俱乐部、团支部、技术推广站、知识青年中的学习积极分子等都曾被委托代销或宣传图书。在有的少数民族地区，新华书店甚至还联系当地寺院，请其在寺院内或庙会上代销图书。总的来讲，以上各种形式，在当时的形势下，都曾发挥了积极的作用，大大方便了农村、牧区和边远地区农民的购书。由此，新文艺图书形成了以专业的新华书店为基础，以兼营图书的供销合作社等为助手，以农村中一切可以

---

① 文化部，供销合作总社. 关于加强农村图书发行工作的联合指示［M］//中国出版科学研究所，中央档案馆. 中华人民共和国出版史料：1956. 北京：中国书籍出版社，2001：20.

② 关于供销合作社担负农村图书发行工作的实施办法［M］//中国出版科学研究所，中央档案馆. 中华人民共和国出版史料：1956. 北京：中国书籍出版社，2001：22.

③ 文化部，供销合作总社. 关于巩固供销社农村图书发行业务的联合指示［M］//中国出版科学研究所，中央档案馆. 中华人民共和国出版史料：1956. 北京：中国书籍出版社，2001：252 – 253.

利用的群众性业余发行力量为依托的发行网络。

但发行网络的建立并不意味着这些图书就能进入农民的文化生活。这些图书所预设的受众显然是识字的、有起码阅读能力的农民，但一个让人尴尬的问题是，无论这些图书如何通俗，对于不识字的人都无法起到任何作用——而这部分人恰恰占了当时农村人口的大多数。① 因此，如何找到这些图书与广大不识字农民之间的联系通道，就成了一个必须要解决的新问题。面对这样的新问题，很多基层文化工作者都不约而同地把目光投向了戏曲、评书、故事等传统媒介形式，他们力图借助这些传统媒介形式把书面文艺作品转换为视听艺术，来扩大新文艺的受众人群，实现其在农村文化娱乐空间中的有效存在。

首先是将书面文艺作品转化为舞台戏曲。在旧中国，戏曲和民间宗教是塑造农民心灵世界最重要的两种工具。新中国成立之后，在民间宗教受到禁止或搁置之后，戏曲自然就成了传播新文艺的最佳选择。由于专业剧团的数量有限，因此只有依靠农民自身的力量组建农村业余剧团才能保证戏曲演出的经常性。新中国甫一成立，全国各地的文化部门便积极推进农村业余剧团建设，剧团数量增长迅速。据不完全统计，仅截止到1950年，东北地区已有农村业余剧团7000个；山西省85个县已有农村业余剧团1960个；山东省已有农村业余剧团3000个；浙江省宁波专区已有农村业余剧团500个；湖北省已有农村业余剧团1022个。② 这些农村业余剧团的演出剧目以配合中心工作的新戏为主，而这些新戏大都来源于对书面文艺作品的改编。以《剧本》（农村版）为例，该刊的读者调查显示，该刊创刊的第一年所发表的36个小型歌剧、1个整理戏曲、7个独幕话剧和1个

---

① 据统计，在新中国成立之初，全国5.5亿人口中有80%是文盲，农村的文盲率更高达95%以上，有的地方甚至十里八村也找不出一个识文断字的人来。虽然经过扫盲运动，很多农民摘掉了文盲的帽子，但截至1964年6月30日，全国农村人口中完全不识字者仍占36.7%。参见黄加佳. 扫除文盲 [J]. 新华月报，2009（15）：118－121.

② 杜黎均. 关于农村剧团的几个问题 [J]. 新中华，1951（19）：33－36.

相声，均被全国各地的农村业余剧团改编上演，有的甚至被演出数十次。如《小林与秀春》被山东省诸城县等 28 个业余剧团改编上演；《双换牛》被河南省东明县夏营乡等 36 个业余剧团改编上演；《拣粮》被湖南省花垣县清水河完小等 28 个业余剧团改编上演；《姑嫂忙》被湖南省江永县大运乡大吉村等 31 个业余剧团改编上演；《四女拜年》被山东嘉祥二中等业余剧团改编上演；《风雪摆渡》被广东省高要县兴仁村等 49 个业余剧团改编上演；《巧相逢》被浙江省鄞县宁锋乡洞桥高级社等 36 个业余剧团改编上演；《秋娥》被浙江省乐清县大乌石小学等 38 个业余剧团改编上演；《半袋豌豆》被山西省翼城县里砦乡火炬农业生产合作社等 38 个业余剧团改编上演；《好心好意》被湖南省沅陵县高彻头新屋高级社等 49 个业余剧团改编上演；《拾钱》被河南省嵩县禅堂乡小学等 53 个业余剧团改编上演；《五里流水》被江西省萍乡县安源区妙源乡勤勇高级社等 39 个业余剧团改编上演；《归来》被山西省灵石县段纯乡郭家庄等 38 个业余剧团改编上演。① 如此多的剧本被农村业余剧团频繁改编上演，无疑提高了新文艺的传播效率与传播能力。

其次是将书面文艺作品转化为民间说书人的新评书。说书在农村有着悠久的历史与深厚的根基，农民的很多历史知识和社会知识都来源于说书。因此，把书面的文艺作品改编为说书，也是一个向农民传播新文艺的好办法。但把书面的文艺作品改编为说书是一个系统工程，其中说书人是一个很重要的环节。传统民间说书人的技艺大都建立在《施公案》《大八义》《小八义》等旧书之上，而这些说旧书的技艺在面对新书的时候往往用不上：丈八蛇矛变成了冲锋枪，胯下坐骑变成了汽车，弓箭变成了机关枪，盔甲变成了制帽和军服，厚底靴变成了皮鞋，现成的盔甲赋、疆场赞、开脸诗、花谱词用不上了，现代战争再不是两马一错镫算一个回合

---

① 《剧本》农村版 1956 年发表的剧本在各地上演情况 [J]. 剧本，1957（3）：73.

了；不仅衣服变了，武器变了，事情也变了，人们的精神面貌为之大变。①所以，说书人面临着一个重新学习、重新练功，甚至是重新坐科②的问题。

早在延安时期，边区政府就开始了改造民间说书人的探索。而新中国成立之后，官方对民间说书人的改造更是走上了制度化的轨道。很多地方政府纷纷设立曲艺协会、艺人联合会、联络小组、曲艺队等群众性组织，把流散的说书人组织起来，进行经常性的政治和业务教育。很多经过改造的说书人加入了新书改编工作，对新文艺的传播起到了重要的作用。经由他们，新文艺逐渐走入了广大不识字农民的生活。如河北省徐水县大寺各庄图书馆曾于 1959 年举办了两场说书会：第一次有 36 个人，他们把阅览室挤得满满的；第二次虽然在开会以后举办，时间已经很晚了，但是还有 25 个人在聚精会神地听着，一段说完了，他们还要求再来一段，不肯离开。出现这样的盛况，是与说书人的讲述方式密不可分的。说书人为了使新书更加生动，效果更好，穿插了一些抗日战争和国民党统治时期敌寇对本村人民进行迫害的情况，群众听了后情绪都非常激动，眼里显露出愤怒的光芒。此后，少建波、杨子荣的英勇事迹开始在群众中间广泛流传。有的农民兴奋地说："图书馆这个办法真不来呆，我们不能看，就给我们讲，把我们不能看书的疙瘩给解开了。"③

鉴于民间说书人中文盲的比例极高，改造的难度很大，很多地方政府的文化部门也尝试培养农村的业余说书队伍。比如山东省文登的宋村，几个识字的青年阅读了一些新文艺图书之后，将其改编为说书，在村里的"站场"（农民自发形成的俱乐部）说唱。生产大队的党支部得知这一情况后，便把他们纳入农村俱乐部的领导之下重点培养，使他们逐渐成为村里

---

① 张林. 说新书歌颂党 [J]. 天津演唱，1981（12）：35.

② 坐科：在科班学戏。

③ 北大图书馆学系 56 级下放同学. 组织说书会的体会 [J]. 图书馆工作，1959（6）：11 - 12. "不来呆"为河北方言，此处意为"挺好的，很不错"。

一支新兴的说书力量。小张看过说过《苦菜花》《青春之歌》《烈火金钢》《野火春风斗古城》《敌后武工队》，看时是全看，说时说片段。他兴趣大也说得好的是《林海雪原》中的《威虎山》，《苦菜花》中的《娟母遇难》，他还能在说书当中插进有关中心任务的内容。男青年小邵自己没有藏书，借别人家的书看，看了再说，说过《林海雪原》《苦菜花》的片段。另一个小邵是女青年，自己藏有《苦菜花》《迎春花》两本书，常给人家讲的故事多是"画册子"（连环图画）里的，如《红珊瑚》《白求恩大夫》《野火春风斗古城》等。还有一个女青年小林，自己没有藏书，借阅过《苦菜花》《林海雪原》《青春之歌》，说过《林道静下乡》，主要也是讲"画册子"里的故事。①

再次是将书面文艺作品转化为通俗故事。讲故事是与说书相近的一种民间文艺形式。与其他民间文艺形式相比，讲故事的活动形式最为简单。它不需要布景、道具、舞台，甚至灯光；同时也不计时间，不论场合：田间地头、房前屋后、街角胡同，到处都可以是讲故事的人活动的地方。他们可以利用劳动间隙或会前会后，见缝插针地进行活动，甚至在一些农活的劳动过程中，也可以开讲。因此，将书面的文艺作品转化为一个个短小的通俗故事，无疑会收到更好的普及效果。1963 年，为了配合社会主义教育运动，全国各地农村纷纷开展"大讲革命故事"运动，并大量培训故事员。以上海为例，该市文化局与团委从 1963 年开始相继举办了多期农村故事员培训班，截止到 1966 年 4 月，该市郊区的十个县已经有了一支 17000 多人的农村业余故事员队伍，全郊区 3000 多个生产大队和近百个集镇都有了讲革命故事的活动；有些公社已经做到"队队（生产队）有故事员，常常讲革命故事"。以此运动为契机，很多新文艺读物被改编为革命故事。例如：在上海的长兴岛，青年人听说新华书店到了《红岩》，莫不想先睹

---

① 沈彭年. 胶东宋村的业余说书活动 [J]. 曲艺，1963 (5)：60 – 61.

为快，但书一共只有四本，供不应求，故事员徐光明就连夜把《红岩》编成故事，讲遍全岛各个生产大队，满足了群众的要求。金山县干巷公社贫农故事员杨志余，不但会讲短篇故事，而且把《烈火金钢》《平原枪声》《铁道游击队》《林海雪原》《野火春风斗古城》等长篇小说改编成长篇故事，在歇工以后连续开讲，干部、社员甚至少年儿童都成了他的"老听众"。原先社员为了听一回书，要跑到很远的小镇上，影响睡眠，影响生产。现在杨志余讲开了故事，社员满意地说："小杨讲的乡土话，听起来句句懂，既不花钱，又不影响生产，还鼓了干劲，真是一举几得。"① 上海三林公社故事员吴训仁于 1963 年大年初一上午在三林茶园讲《红岩》，轰动了远近；下午在另一家茶馆讲《血泪斑斑的罪证》，听众越来越多。初二他讲《创业史》，听众不散，要求他明天再来。但初三吴训仁有事没来，听众向茶馆提了一大堆意见。初四吴训仁来讲《杨立贝》，讲完已经八点多钟，而听的人仍然不散，只得又讲《雷锋》。两个故事一共讲了三个多小时，夜深了，群众却都说："一点儿也不晚，邪气崭！"② 就这样，社员群众虽然多数没有看过舞台上的《红灯记》，也没有读过长篇小说《红岩》和《创业史》，但他们通过听革命故事，从老人到小孩，都知道了李玉和、李奶奶和李铁梅一家人，都传颂着许云峰、江姐的英勇斗争，也都熟悉了蛤蟆滩的带头人——梁生宝。这些新时代的英雄人物，逐渐取代了旧的英雄人物，并深印在他们的心里，成为新的楷模。

　　总体而言，为了使社会主义新文艺在农村落地生根，新中国的各级文化工作者可谓殚精竭虑。农民看不懂玄奥的文学叙事，他们就换一套表现方式，用方言土语写出一个个通俗易懂的故事。再不懂，他们就将书面文

---

　　① 丁学雷. 革命故事是宣传毛泽东思想的有力武器：上海郊区农村革命故事活动述评 [J]. 人民日报，1966 - 04 - 25 (6).

　　② 左查. 蓬勃开展的上海农村新故事活动 [J]. 新华月报，1965 (8)：85 - 91. "邪气崭"为上海方言，意为"非常棒"。

字转换为口头的讲述。如果口头的讲述也不能引人入胜，他们就干脆把新的时代讯息幻化成舞台戏曲。尽管农民思想意识的改变、价值观的重建，很难做到立竿见影，但从前述的观众和听众的反应中，我们可以看出一套新的价值观念已经慢慢开始在他们心中滋长。

小　结

　　纵观新中国成立初期农村新文艺读物的出版与传播，我们会发现其背后具有明显的民族国家诉求。本尼迪克特曾在《想象的共同体：民族主义的起源与散布》里面讨论了印刷资本主义对于民族这个"想象的共同体"的形成所具有的重要意义。他认为正是资本主义、印刷技术和人类语言的多样性这三者的相互作用促成了拉丁文的衰落和方言性印刷语言的兴起，而在方言性印刷语言的基础上开始形成了方言—世俗语言共同体，这个共同体就是民族的原型。简单地说，就是印刷资本主义为追求利润，需要把它的读者群扩展到普通民众的层面，而拉丁文作为一种精英语言是不能担当此任的，因此必须在方言的基础上发展出一种便于传播的印刷语言，而一旦这样一种印刷语言能够固定下来，它就能通过小说、报刊等手段创建一个世俗语言的共同体，这样一个语言的共同体正是民族这个"想象的共同体"得以形成的基础。[①] 柄谷行人进一步发挥了本尼迪克特的观点，认为："现代文学"造就了国家机构、血缘、地缘性的纽带绝对无法提供的"想象的共同体"，因为文学（文艺）是通过作用于每个个体的情感和文化

[①] 吴叡人. 认同的力量：《想象的共同体》导读［M］//本尼迪克特. 想象的共同体：民族主义的起源与散布. 上海：上海世纪出版集团，2011：8－9.

想象而构造其"共同体",所以现代民族国家的核心比起政治性的机构更存在于"文学"那里。① 由此我们不难认识到,新中国成立初期农村新文艺读物出版的目标正是在于通过小说、报刊等手段创建一个世俗语言的共同体,然后再使农民通过对小说、报刊等的阅读,获得一种"同时性",从而进入"新中国"历史的"这一刻"。这对于促进农民民族国家意识的形成,无疑是至关重要的。从这个角度来看,新中国成立初期农村新文艺读物的出版完全是服务于创建现代民族国家的需要的,所以与其简单地将其视为压制旧文艺的极端行为,不如将其视为晚清以来中国国民再造工程的重要组成部分。

① 柄谷行人. 日本现代文学的起源 [M]. 赵京华,译. 北京:生活·读书·新知三联书店,2003:221-222.

第五章　民间艺人改造

——农村文艺传播主体的再造

民间艺人是民间文艺传播的主体，这在相当程度上决定了其行为不可能是自娱自乐的私人行为，而是与特定的社会共同体之间存在一种相互需求和影响的关系。所以，在历史上，历代政权都没有放弃对艺人的规制，自由放任的艺人是不存在的。[①] 1949 年新中国成立之后，广大的民间艺人群体从旧有的社会关系中"解放"出来，获得了前所未有的政治地位，实现了从"下九流"到"文艺工作者"的身份转换，并成为整个"意识形态国家机器"的一个组成部分。而这一切转变并非在一夜之间完成，其间经过了一系列颇费思量的改造。

第一节　扫盲运动的开展

新中国成立之前，民间艺人大都出身卑微，社会地位低下，几乎没有机会读书识字，文盲、半文盲现象普遍存在。大多数艺人只能跟着师傅学艺，而没有能力自己直接阅读剧本，有时不免是"五祖传六祖，越传越糊涂"，以致不明曲意，唱一些"无情之曲"，出现如李渔所批评的那种"口

---

① 关于历代政府对艺人进行规制的论述可参见：于立深. 艺人的政府规制研究：对一个特殊职业群体的人文关切［M］//胡建淼. 公法研究：第 6 辑. 杭州：浙江大学出版社，2008：145－174.

唱而心不唱，口中有曲而面上、身上无曲”的情形。① 这显然会影响到他们艺术表现力的进一步提高。新中国成立之后，为了改变这种状况，也为了使民间艺人更好、更及时地了解并响应国家的路线、方针、政策，开展以扫盲为中心的学文化运动，便成为各地政府文化部门民间艺人改造工程中的首要任务。

一、地方性的实践与经验

1949 年至 1956 年，以全国群众性扫盲运动为契机②，很多地方政府的文化部门纷纷开展较大规模的民间艺人扫盲工作。1949 年，石家庄市文教局根据当地民间艺人的特殊情况，率先成立了艺人文化补习学校。学校由文艺工会直接领导，市总工会提供了资金支持，并给其配备了专职文化教

---

① 艺人唱戏而不明曲意的例子很多，如陈书舫初演《秋江》时，出场的第一句道白是“郎去也，奴来迟”，她起先还以为“郎”是“狼”，“迟”是“吃”，苦笑着说：“狼去了吃什么嘛！”参见李致. 小大姐，谁舍得你走？——忆书舫 ［M］//陈国志. 川剧艺苑春烂漫. 成都：四川人民出版社，1999：309. 田汉也曾提到过这样一个例子：有位少年艺人在川剧《情探》中扮演敫桂英，当念到王魁当日怎样和她“海誓山盟”时，做手势屈了三个指头，因其误解为“海誓三盟”（四川方言中“山”与“三”同音）。参见田汉. 柴市节·情探·断桥：川剧观感之一 ［M］//田汉. 田汉文集：第十五卷. 北京：中国戏剧出版社，1986：89.

② 1949 年 12 月，政务院教育部召开了第一次全国教育工作会议，会上首次提出从 1951 年开始进行全国规模的识字运动。1950 年 9 月 20 日，教育部与全国总工会联合召开新中国首次全国工农教育会议，会议明确了工农教育的基本任务，规定了工农教育的具体政策和措施。1952 年 11 月 15 日，中央人民政府委员会第十九次会议通过决议，设立了中央人民政府扫除文盲工作委员会，下设办公厅、城市扫除文盲工作司、农村扫除文盲工作司、编审司等部门，这样中国就有了专管扫盲工作的统一机构。1953 年 11 月 24 日，该委员会颁布了《关于扫盲标准、扫盲毕业考试等暂行办法的通知》，首次将扫盲对象分类，并对国家要求其达到的文化水平予以量化，即：干部和工人，一般能识 2000 个常用字，能阅读书报，能写二三百字的应用短文；农民一般能识 1000 个常用字，大体上能阅读书报，能写常用的便条、收据；城市劳动人民一般能识 1500 个常用字，读写标准参照工人、农民的标准。1954 年 11 月 18 日，中央人民政府扫除文盲工作委员会与教育部合并，指导更为集中。1955 年以后，扫盲工作中协作的趋势越来越明显，不同部门、不同阶层、不同团体的人都参与到这项对新中国至关重要的事业中。

员。考虑到民间剧团的流动性大，学校采取分散式的教学方式，由各剧团编成学习班、组，并在各剧团内设有一至两名兼职教员，以保证到外地演出时不停课。1950 年，宁波市文教局召开文教工作者代表大会，会议通过了"有组织、有步骤、有重点地举办艺人识字班"的决议并拟订了实施方案。① 该识字班依据艺人的文化水平，分级分班上课，上课时间以不妨碍艺人的业务和健康为原则，每周至少上一次大课。教师由文教局和妇联配备，其中妇联的任务是动员中小学女教师参与。在石家庄和宁波之后，四川省成都、南充，山西省太原、临汾，皖北等地也相继开办了艺人文化补习学校或艺人识字班。

这些地方最初在动员民间艺人参加识字班时，采用的是政治鼓动的方式，强调识字是艺人的基本权利之一。而在旧社会，由于统治阶级思想的腐朽、社会制度的不合理，艺人的这一基本权利无法得到保障；只有在共产党建立了新政权之后，艺人才从过去的"下九流"变成了国家的主人，才有了学习文化的可能。这个权利来之不易，是无数革命者用鲜血换来的，所以要格外珍惜。但这样的政治鼓动并没有得到艺人的广泛认同，很多艺人甚至出乎意料地表现出了消极抵抗情绪。有的艺人认为识了字也不过是做艺人，自己不想吃官饭，用不着识字；有的艺人认为做了几十年艺人，不识字也一样可以吃饭，再说年纪大了也学不会；还有的艺人认为演出活动繁忙，没工夫去读书识字。宁波市文教局举办的民间艺人识字班就遭遇到了这种尴尬。他们本想尽快搞出一个识字班的典型，以在全市推广，但由于艺人对于参加识字班学习的意义认知不足，致使工作迟迟无法有效地开展。在不能动用强迫手段的情况下，他们找到了市民主妇联商议对策。在市民主妇联的建议下，文教局确定了寻找一个和艺人们熟悉并且有一定威望的艺人去做工作的策略。市民主妇联通过调查军烈属的关系，

---

① 文教工作者代表大会拟定改造旧剧、旧艺人初步计划 ［N］. 宁波时报，1950 – 07 – 10 (2).

在一个戏班里发现了进步艺人裘哈哈。裘哈哈的母亲是军属，在市民主妇联洗衣组工作。裘哈哈本人曾于 1944 年 7 月由她叔叔带领参加新四军浙东游击根据地的社教队工作，其主要工作内容是在山区演出革命地方戏曲。1945 年，三五支队奉命北撤，裘哈哈的姐姐随军北上，但她本人由于年龄尚小，没有同往。

于是，裘哈哈便顺理成章地成为文教局和市民主妇联的工作人员联系艺人的纽带。通过四次访问，工作人员逐渐熟识了裘哈哈所在戏班的全体艺人。熟识之后，工作人员首先培养戏班的积极分子。工作人员发现戏班有几个年轻的艺人略有文化基础，而且明事理，于是便重点团结她们，和她们建立友谊和感情，尽量避开纯粹教条式的宣谕，而把识字的意义等抽象的大道理渗透到拉家常和对她们个人生活的关心之中。正是这样的诱导方式，使这些艺人逐渐有了识字的意愿，并积极动员其他艺人共同说服她们的师傅在戏班开设识字班。识字班成立之后，工作人员为了解除艺人担心学文化会影响排练的顾虑，采取送课上门的方式进行教学；当戏班搬迁的时候，他们也随之搬迁。工作人员的不懈坚持调动了艺人的学习热情，开班仅三天，从前目不识丁的艺人便能顺利地写出自己的名字。第一次亲手把自己的名字变成了汉字的形象，艺人们有一种非常奇妙的感觉，对进一步识字产生了很大的兴趣。

1950 年 7 月 13 日出版的《宁波时报》曾这样描述识字班的教学场景：

> 一张不大的戏台上，摆上了三张桌子，二十一个头发蓬松、带有倦貌的越剧艺人，不甚有规则地围坐着。有的颤抖着手在写字，有的在轻轻地念着，也有的在出神地倾听着老师讲书。戏台左上角的那块不到一尺阔、四尺长的"戏目牌"是她们的唯一黑板。课室的后面在"砰砰、嘭嘭"地装饰景。台下观众席上零零落落地坐着闲着的人们，不时发出怪叫声。无壁无门的教室里，随时会有人跑上来胡乱地看一

阵。在嘈杂、简陋的教室里，教师在谆谆地教，学生在孜孜地学。①

这段描述再现了当时教学条件之简陋，同时也昭示出：在这样的简陋条件下，如果不是工作人员改变了动员的方式，找到了新的联系艺人感情的纽带，识字班的确很难办起来。

为让艺人识字，和艺人建立情感的联系从而实现对艺人的动员固然重要，但仅有这一点也还是不够的。教员要想充分地调动艺人学习的能动性，达到预期的效果，还需要找到符合艺人实际情境的教学新手段。而这一点恰恰是宁波市艺人识字班没能进一步做到的。尽管宁波市民间艺人的学习热情一度被调动起来，但有一个问题艺人反映很突出，那就是所使用的《工人文化课本》不符合她们的要求，不合乎她们的口味。她们非常希望教员能编一套适合她们使用的课本。教员虽然对艺人所反映的这个问题感同身受，但由于个人精力和水平有限，无暇也无力为艺人重新编写教材。艺人的愿望最终没有实现，只能凑合着继续沿用《工人文化课本》，而这自然也会影响到艺人的学习成效。

宁波市民间艺人没有实现的愿望在石家庄市民间艺人那里得到了实现。石家庄市文教局举办的艺人文化补习学校最初所采取的动员策略与宁波市大致相同，比如他们也首先和艺人建立情感的联系，也采取送课上门的教学方式，甚至为了消除艺人对学习的畏难、畏惧心态，他们还让艺人自己做主选择"小先生"，但很快他们也接到了很多艺人对课本不满的反映。作为学校的创建者之一，齐修林在接到艺人的这个反映之后，经过反复调研与思考，认为课本的确是制约艺人学习兴趣与学习效果的重要因素，于是便决定亲自动手编写一套内容能与艺人的生活、工作、演出联系起来，让艺人既觉得熟悉、亲切，又能提高学习兴趣、收到良好教学效果的专用课本。他的想法得到了文教局领导和市领导的支持。仅用四个月的

---

① 为旧剧改革打定基础：访艺人识字班（专访）［N］. 宁波时报，1950-07-13（2）.

时间，他的《艺人文化学习课本》就编写完成。课本共分为五册，每册分为语文与算术两个单元，艺人读完后可达到高小文化程度。其中，语文课本的设计独具匠心，从单字、单词开始，由浅入深，每册的全部内容都与艺人工作的各个方面联系起来，如剧名、剧词、唱腔、板眼名称、打击乐器名称、锣鼓经；各种戏装的名称、戏剧人物分析、简短剧评、某戏的历史背景等。如第一册中有这样的课文："刀""枪""剑""棍"；"袍""带""靴""帽"；"令旗""门旗""标旗""蠹旗"；"龙袍""蟒袍""道袍""青袍"；"包衣""挎衣""老斗衣""水衣""箭衣""百衲衣""袯衣""打衣""富贵衣"；（唱腔板式）"原板""倒板""快板""慢板""二六""四平""拨子"等；（生活方面）"早化装，心不慌""进了后台，先看水牌""主角配角，都要演好""生、旦、净、末、丑，人人有拿手"；（锣鼓经）"长锤、扭丝、凤点头""扫头、冷锤、四击头""将军令、风入松、乱锤、住头、急急风"。第三册里有这样的课文："李自成，是英雄，乘胜打进北京城，皇帝宫院上吊死，农民起义灭大明。"课文中还有一些剧目的唱词，如京剧《空城计》中诸葛亮在城楼上的唱词"我本是卧龙岗散淡的人，论阴阳如翻掌保定乾坤"，还有《甘露寺》乔国老的唱词"劝千岁杀字休出口"。第五册的课文多是戏剧人物的分析，戏的历史背景，历史人物与戏剧人物的差别，简短的剧评，如：黄天霸是个什么人；他是反面人物，为什么戏台上都把他塑造成正面英雄形象？课文再加以论证，说明人物的真正面貌。这套教材既能让艺人识字，又能丰富艺人的戏曲知识，提高艺人的艺术鉴别能力，所以受到了艺人的普遍欢迎。年轻的艺人自不必说，就连一些上了年纪的老艺人也都成为积极的学生。东北的《戏曲新报》得知这套课本出版的消息后，非常重视，决定对其进行连载，以向其他地区的艺人识字班推广。文化部戏曲改进局局长田汉看到连载的课本后，甚为赞赏，并于 1950 年 2 月专门写信给石家庄市文教局，予以鼓励。①

在石家庄之后，山西省和河南省文教厅也于 1952 年相继为民间艺人专门编印了《艺人文化课本》。② 有的地方虽然没有编印专门的艺人识字课本，但也创造性地将新戏的唱词当作识字材料，边排边学边演，这样既能识字，又不耽误演出。如当时安徽省安庆民众剧场有一个小演员叫潘璟琍③，从前是一个大字不识的文盲，经过不断地演新戏，很快就认识好几百字，比通过文化课本识字有效得多。④ 当然，全国并不是每个地区的艺人识字班都取得了成效。有的地方由于组织工作不力，动员方式简单粗暴，致使艺人不愿意去识字班学习；有的地方由于没有适当的教学场所，加之教学方式僵化，教员只会说些"艺人翻身做主人"的大道理，致使艺人没有学习的兴趣；有的地方则由于赶时髦、搞娱乐，未能将学习、教育和文娱结合起来，致使艺人的收获甚微。这些失败的例子说明，只有采取因地制宜的诱导方式，达成艺人群体认知上的共识，并在组织形式和教学方式上创造出契合当地艺人具体情况的新举措，艺人的识字教育才有可能取得成功。

二、国家层面的制度建构

正是基于全国各地开展艺人识字班的经验和教训，文化部于 1956 年 6

---

① 齐修林. 忆艺人文化补习学校［M］//中国人民政治协商会议石家庄市委员会文史资料委员会. 石家庄解放初期教育史料. 内部出版，1993：142 - 144.

② 中国戏曲志编辑委员会，《中国戏曲志·山西卷》编辑委员会. 中国戏曲志：山西卷［M］. 北京：文化艺术出版社，1990：48；中国戏曲志编辑委员会，《中国戏曲志·河南卷》编辑委员会. 中国戏曲志：河南卷［M］. 北京：文化艺术出版社，1992：22.

③ 潘璟琍（1936—1988），1949 年参加安庆民众剧团，后来成了著名的黄梅戏演员，1978年当选为全国政协委员，1979 年当选安徽省人大常委会委员。

④ 皖北人民行政公署文教处. 关于戏曲改革工作情况的报告（1951 年 8 月）［M］//中国戏曲志编辑委员会，《中国戏曲志·安徽卷》编辑委员会. 中国戏曲志：安徽卷. 北京：中国 ISBN中心，1993：718.

月发出了《关于大力开展戏曲、说唱艺人中间的扫盲工作的指示》。该文件开篇在肯定了新中国成立几年来艺人扫盲工作取得成绩的同时，重点指出了当前存在的问题：

> 几年以来，在国营剧团和民间职业剧团中间，已经进行了一些业余文化教育，扫除了一部分文盲，许多艺人的文化水平有了提高。但是，由于领导上的重视不够和文化学习的组织工作存在着缺点，以致许多地方广大艺人的文化学习不能很好地坚持，或者得不到有力的领导和帮助，因而直到现在还有大量的艺人处于文盲或半文盲的状态。这种情况，严重地影响着艺人们业务和政治水平的进一步提高，不利于艺术事业的进一步发展。[①]

该文件首先强调了艺人扫盲工作的计划性，要求各级文化主管部门应该立即与各级扫盲协会、教育部门、工会组织等建立联动机制，来制订计划，分别对象，分期分批，完成在各类剧团中和杂技、皮影等班社中，以及零散的说唱艺人中的扫盲工作。该文件规定的具体目标是：能够认识2000 字左右，能够大体看懂浅近通俗的书报，学会浅易的算术，能够写简单的便条。对于实现目标的时限，该文件也针对不同剧团的具体情况，作出了不同的要求：对所有国营剧团，要求在三年左右基本上完成扫盲任务；对大、中城市的民间职业剧团，要求在五年左右基本上完成扫盲任务；对经常在农村流动的民间职业剧团，要求在五到七年内基本上完成扫盲任务；而其他曲艺、木偶、皮影等班社和零散艺人中的扫盲工作则争取在七到十年内基本上完成。

其次，该文件也对剧团如何组织、实施扫盲工作提出了具体要求，可概括为以下四点。

---

① 文化部. 关于大力开展戏曲、说唱艺人中间的扫盲工作的指示 [M] //国务院法制办公室. 中华人民共和国法规汇编：1956—1957：第 3 卷. 北京：中国法制出版社，2005：172 – 174.

第一，改善教学的条件，加强师资力量。没有合适的教学场所、师资匮乏是很多地方的艺人识字班难以为继的重要原因。有鉴于此，该文件指示：各剧团领导有责任为艺人学习创造条件，提供必要的场所、设备等。同时，该文件还要求：必须根据学员的人数和程度，组织相应的教学力量；如果有可能，应该争取聘请必要的专职教师。但考虑到目前师资缺乏的情况，在教师配备和教学力量的组织上，主要还是应该依靠业余教师和群众自己的力量。要充分发动文化部门其他单位和本剧团中间具有较高文化水平的人的积极性，请他们担任业余教师或业余辅导员，还要普遍发动和组织本剧团识字的人帮助不识字的人。对于某些参加文化学习人数较多的单位，和经常流动、教学条件较差的民间职业剧团，如果必须配备专职或兼任的教师，可以商同教育、扫盲部门争取调配，或者在当地文化部门其他单位和本剧团人员中间抽调适合的人员担任。专职教师的薪金和兼任教师的讲课报酬，由剧团支付。

第二，建构灵活的教学模式，健全必要的学习制度。学文化影响演出、排练是很多艺人中途退出识字班的主要原因。为了防止这种现象的频繁发生，该文件要求：各剧团要贯彻工作与学习两不误的原则。对于剧团中的文盲和半文盲，应该首先提高他们的文化水平，减轻甚至暂时完全免除他们的其他业余学习任务。编班、编组、分级要合理，也可以个别学习，上课的时间要安排得适当，总之要因人制宜，因时制宜；应该特别注意加强程度差不多和时间可以凑在一起的学习小组的活动。行政领导上必须严格保证学习时间，不许随便妨碍或打乱学习计划。至于实际需要多少学习时间，可以由各个剧团根据实际情况和不同班次的需要研究确定。但是必须贯彻中央指示上的规定，保证每周至少有六小时，做到经常和持久。同时，为了避免艺人出现学习散漫的问题，该文件也要求各剧团健全必要的学习制度，如考勤、测验、考试、奖励制度等。

第三，合理选择教材，调动艺人的学习热情。扫盲课本的选择事关艺人的学习兴趣与学习效果，所以该文件对此也特别重视。该文件要求：应该重视课本的选择，以贯彻"联系实际，学以致用"的原则，使课本适合学员的程度、需要以便于艺人学习；还可以自己编写教材，如根据剧团业务活动和艺人生活中常见事物和常用语汇编写教材，或者采用适宜的演唱材料进行教学，以便于学员记忆生字，巩固识字的成果，学会了以后马上就可以运用。这类自编教材，可以用抄写、复写、油印的办法发给学员学习；可以用作正式课本，也可以作为辅助教材。

第四，抓住重点人物，以主要艺人带动一般艺人。由于教学资源、条件有限，不可能一下子让所有艺人脱盲，所以该文件要求：各个剧团要特别注意帮助需要学习文化的主要艺人，必须保证使他们尽快地摆脱文盲或半文盲状态。剧团主要艺人一般都具有丰富的艺术实践经验和比较广博的社会知识，这些都是学习和提高文化的有利条件。但是他们一般担负着比较繁重的工作任务，并且要参加比较多的社会活动，空余时间有限，精神不易集中，这是他们的主要困难。因此，剧团领导和文化主管部门应该针对这种情况，采取有效的办法来帮助他们坚持文化学习：必须适当减轻他们的工作负担，特别要减少过多的会议和不必要的兼职，保证他们有一定的时间从事文化学习，同时要注意他们的健康；还应该根据他们各自不同的情况加强个别辅导；必要的时候，应该采取包教包学的办法进行个别教学；还应该善于鼓励和表扬他们学习文化的积极性和学习成绩，来影响和带动一般艺人的文化学习。

该文件在积极而周密地布置扫盲工作的同时，也特别指出：由于学文化不是一朝一夕能完成的，长期坚持不懈才能收到效果，而艺人的文化学习又只能采取业余学习的方法，这就必须经常注意加强学习中的思想教育工作，要采取措施不断地鼓励、巩固和提高艺人的学习情绪，改进教学质量和教学方法。对于剧团的文化学习，当地文化主管部门还应当有全面规划，应当按照循序渐进的原则，在办好以扫盲为重点的识字教育的基础上，逐步把艺人的文化程度提高到小学、初中水平，并且经常鼓励和指导他们练习使用文字，巩固和发挥学习效果。

该指示为全国各地进一步开展民间艺人扫盲运动提供了政策支持和行动指南，由此艺人扫盲运动也走上了常态化、规范化的轨道。很多数据表明，新中国成立初期的艺人扫盲运动颇有成效。如在东北全区的 9000 余名艺人中，有 5600 余人参加了文化学习，其中很多人由文盲转变为粗通文字。① 而在四川省南充市，全市艺人中文盲占 85%，其余的也识字极少，仅在 1952 年的三个月时间内，识字班就使他们识字四五百个，有的还能读剧本和看报了②；在成都市，全市共有六个川剧团、552 名艺人，其中文盲比例也高达 85%，经过扫盲后，原本目不识丁的艺人也能认字 400 多个。特别是其中的廖静秋、蒋俊甫等主要艺人，不仅能阅读剧本，还学会了写文章。③

新中国成立初期开展的大规模民间艺人扫盲运动，具有重要的历史意义。首先，扫盲运动提高了民间艺人的整体素质，使他们获得了一种工作上的能动性。识字意味着民间艺人们开始走出了"化外之民"的混沌状态，重构出一套全新的对现实世界的表述方式，并慢慢固定下来，成为他们的思维逻辑和行为准则。很多艺人脱盲之后，能够直接阅读剧本，甚至写出短篇的文章，这不但有利于加深其对演出内容的理解，也带动了其在剧团或戏班地位的转换，使他们看到了当家作主的可能性，并且逐渐融入政府所倡导的民间文艺改革运动之中。其次，扫盲运动为接下来进行的民间艺人思想改造奠定了坚实的基础。列宁在《新经济政策和政治教育委员

---

① 马彦祥. 1951 年的戏曲改革工作和存在的问题 [M] //中国戏曲志编辑委员会，《中国戏曲志·北京卷》编辑委员会. 中国戏曲志：北京卷. 北京：中国 ISBN 中心，1999：1338.

② 王化. 川北河川剧界的"三改"[M] //陈国志. 川剧艺苑春烂漫. 成都：四川人民出版社，1999：92 – 93.

③ 邓运佳. 中国川剧通史 [M]. 成都：四川大学出版社，1993：604.

会的任务》一文中曾把文盲视为政治教育工作者必须面对的三大敌人之一[1]，他认为：要想进行有效的政治教育，首先要扫除文盲，"文盲是处在政治之外的，必须先教他们识字。不识字就不可能有政治，不识字只能有流言蜚语、谎话偏见，而没有政治"[2]。从这个意义上讲，扫盲运动清除了党的意识形态与民间艺人之间的沟通障碍，使他们理解、接受社会主义的话语体系并最终承担起为工农兵服务的政治使命及宣传任务成为可能。总之，扫盲运动是使民间艺人向主流社会和主流文化靠拢的有效途径。经由扫盲运动，民间艺人逐渐从感性主义走向了认知主义，从经验主义走向了理性主义，中国的社会主义建设事业也因此实现了对各个社会阶层、群体的有机整合，获得了一种稳步前行的力量。

第二节　思想改造与政治启蒙

在传统的乡土社会中，民间艺人虽然社会地位低下，却扮演着非常重要的角色。他们不但是民间文艺的主要传播者，而且也是农民群众伦理道德观念的主要塑造者。因此，要想增进广大农民对新意识形态的理解与认同，取得民间艺人的支持与配合尤为重要。但由于民间艺人大都出身贫寒，少有接受教育的机会，造成了他们在思想上、作风上存在许多缺点，如生活散漫、作风恶劣和具有不同程度的资产阶级思想观点，只单纯追求获利而忽视了政治作风，这些缺点严重地阻碍了他们在政治上和艺术上的

---

[1]　另外两个敌人分别是共产党员的狂妄自大和贪污受贿。列宁. 新经济政策和政治教育委员会的任务 [M] //列宁. 列宁全集：第 42 卷. 北京：人民出版社，2017：200.

[2]　列宁. 新经济政策和政治教育委员会的任务 [M] //列宁. 列宁全集：第 42 卷. 北京：人民出版社，2017：210.

进步。① 很多民间艺人根本不知道何为革命，何为为人民服务。为了弥合民间艺人的思想作风与社会主义精神诉求之间的巨大裂缝，使其参与到新意识形态的建构过程之中，政府不但要开展识字运动，提高其文化水平，更要开展思想改造运动，提高其"阶级觉悟"和"政治素质"。

一、在尊重团结的前提下进行思想改造

要改造民间艺人的旧思想，首先要团结民间艺人，并和他们建立情感联系，让他们形成对新政权的认同。1949 年 7 月，周恩来同志在中华全国文学艺术工作者代表大会上特别指出：

---

① 河北省文化局. 关于民间职业剧团登记管理工作的报告：1955［M］//中国戏曲志编辑委员会，《中国戏曲志·河北卷》编辑委员会. 中国戏曲志：河北卷. 北京：中国 ISBN 中心，1993：773. 安徽省人民政府文化事业管理局曾在《安徽省暑期艺人集训学习的总结》（1952 年 11 月）中更为详细地总结了旧艺人各种错误的思想意识和不良作风：第一种是名利思想。这表现在旧艺人跑码头、争包银，哪里钱多就往哪里去。他们认为唱戏为的就是"钱"，既然为了名利，就必然存在单纯的技术观点，个人英雄主义与形式主义。有的旧艺人认为"没有技术，就没有饭碗"，因此对政治、文化学习不感兴趣；有的旧艺人为了讨好观众，通过所谓"唱文戏的拉警报（高叫），唱武打的挣老命，唱小丑的乱扯蛋，唱花旦的卖飞眼"等恶劣噱头，达到个人出风头的目的。第二种是保守思想。这首先表现在宁愿守旧的，不愿接受新的，如不愿改旧戏，怕演新戏，怕开会，怕学习；其次是技术保守，所谓"艺不轻传"，"教人一出戏，等于送他养老田"，因此旧艺人在技术上不研究、不交流，不能很好地互相帮助，甚至有好技术也互相隐瞒、互相嫉妒。第三种是混世思想。这表现在自卑消极，不求上进，唱戏赚钱，只是为了吃穿玩乐。六安有一个旧艺人说："手里无钱穷不安，手里有钱富不安，要想安，只得将钱花干。"这种今朝有酒今朝醉的生活，必然走向腐化堕落，其结果是伤害身体、伤害艺术生命。第四种是宿命迷信思想。这表现在相信神鬼八字命运，怕循环报应。有的旧艺人认为有三种世界：一是大上的神仙世界；二是地上的人间世界；三是地狱下的鬼世界。因此，他们相信"万般皆由命，半点不由人"，害怕"阳间吃狗四两肉，阴间还他肉半斤"，所以过去在艺人中烧香、念佛、吃素者很多。第五种是宗派分裂。这表现在旧艺人不团结、不合作，甚至互相排挤。"同行是冤家"，有的戏院闹"南北派""文武派"，两个角儿在一个戏院要争挂"头牌"，搞不好就拉拢"票友"与地痞流氓"喊倒好"。有的在表演时钻空子，胡琴拉高、锣鼓不齐，使对手艺人不成板、不合眼；或配角不卖力，导致"角儿做戏，班底配戏，龙套看戏"。参见：安徽省人民政府文化事业管理局. 安徽省暑期艺人集训学习的总结［M］//中国戏曲志编辑委员会，《中国戏曲志·安徽卷》编辑委员会. 中国戏曲志：安徽卷. 北京：中国 ISBN 中心，1993：729 – 730.

旧社会爱好旧内容旧形式的艺术，但是又瞧不起旧艺人，总是侮辱他们。现在是新社会新时代了，我们应当尊重一切受群众爱好的旧艺人，尊重他们方能改造他们。我们过去做了一些改造工作，但是成绩还很小。今后一定和全国一切愿意改造的旧艺人团结在一起，组织他们，领导他们，普遍地进行大规模的旧文艺改革。如果不团结广大的旧艺人，排斥他们，企图一下子代替他们，是不可能的。①

周恩来同志的这个讲话既为新中国的民间艺人改造运动拉开了序幕，也为其定下了基调。但在新中国成立初期，由于各地还没有及时建立文化行政机构，民间艺人改造工作缺乏统一领导，致使周恩来同志的讲话精神并未得到很好的贯彻。有些地方在对待民间艺人的态度方面存在一些问题。

一是一些部门对民间艺人不当干涉，形成多头领导。新中国成立初期，部分地方存在公安部门干涉民间艺人正常演出活动的现象。如在江苏，苏州市虎丘派出所要艺人天天抄送上演内容去核查。松江县派出所认为三庆越剧团送去的剧情"太简单"，还把导演叫去"谈话"，拍桌大骂："对你们是要凶的，太客气就瞧不起我们派出所。"嘉定县文化馆已经审查通过的一个剧本，到公安局却通不过。艺人反映："文化馆干部是无枪阶级，公安局是有枪阶级。"太仓县双凤区某公安干部，硬叫前台为他设"监临席"，带了老婆孩子去看戏。因他妨碍了观众的视线，观众向他提了意见，他还恼羞成怒地将一个农民观众带去派出所关押。太仓县浏河区派出所也曾以一个剧团演出的都是旧戏，内容不够健康为由，迟迟不批准剧团送去的剧情报表，致使剧团停演两天，艺人连饭都吃不上，负债离开浏河。② 除了公安部门以外，有些地方的工商局、税务局、工会甚至民兵等

---

① 周恩来. 在中华全国文学艺术工作者代表大会上的政治报告［M］//中共中央文献编辑委员会. 周恩来选集：上卷. 北京：人民出版社，1980：354.
② 江苏省戏曲改革工作检查报告［M］//中国戏曲志编辑委员会，《中国戏曲志·江苏卷》编辑委员会. 中国戏曲志：江苏卷. 北京：中国 ISBN 中心，1996：1005 - 1006.

也涉嫌滥用职权干涉民间艺人的正常演出。如在广西省，贵县工商科在农历正月初一，剧团营业最好的时候，要工商联的业余剧团占据玉林新艺京剧团正在演出的剧场演出，使该剧团营业受到了损失。恭城有个税务所，因为恭城社会剧团在报告中写错了一个字，就要他们写悔过书。剧团内一个艺人说他们给剧团捣乱，他们便不给剧团盖税章，逼使剧团停演了三天。干乐总工会不让同乐剧团内成立工会，说他们团内连一个够会员资格的也没有，却在剧团内收文教费。新风粤剧团到大新县万城镇演出遭到了拒绝，后来又说有了（桂西）壮族自治区的介绍信才可以演出，剧团就跑了很远的路取来了介绍信，但又说盖的是长条印无效，要方印才行，费了很大功夫，最后只准演出三天。浦北群工剧团在永淳石塘镇演出时，因为镇的业余剧团有演出，就不要他们演出。平乐工商科在同乐剧团演出的剧院门口堆木料，影响到剧团的营业，剧团向他们提意见，反而骂剧团同志："你反对政府，你顽固。"①

二是歧视、侮辱民间艺人。尽管新中国成立后，民间艺人被政府表述为劳动人民的一部分，但有少数干部依然用旧观点看待艺人，各地歧视、侮辱民间艺人的事件时有发生。如在安徽，一些干部认为艺人"落后""下流""恶习太深，难以改好"，说艺人中只有"可怜"（老年艺人）、"可嫌"（角儿）的人，没有可爱的人。因此，他们不愿与艺人接近。广德县一个戏曲工作干部同艺人在街上走路，认为有损自己的"身份"，艺人向他点头，他扬长而去不理对方。而在皖北农村，有些区乡干部或公安人员借口"妨碍生产""影响治安""有伤风化"等，解散剧团或不许艺人演唱。其中，霍山县曾解散流动剧团，六安县某流动剧团在齐冈乡演出时竟被派出所拘押。六安县苏家埠一带有的区乡干部，认为唱小戏的都不是

---

① 中共广西省委宣传部. 为了加强党对戏曲工作的领导，消除对剧团领导上的混乱现象的指示［M］//中国戏曲志编辑委员会，《中国戏曲志·广西卷》编辑委员会. 中国戏曲志：广西卷. 北京：中国 ISBN 中心，1995：632–633.

好人，只要不唱小戏了，便称为"改邪归正"。有的地区不许艺人演唱，也有的地区艺人一个月只能唱十几天戏，弄得生活都成问题。① 而在河南省郑州，有一个税务局干部以查票为名，跑到剧团后台问："谁是花含蕊（一个女演员），叫我看看。"还有一个户籍员到女演员宿舍查户口，不通过剧团领导就用枪托敲门，进去拍着女演员盖的被子喊："喂喂喂，起来！"这个女演员记错了儿子的生日，也被他训斥了很久。郑州公安大队到群众剧团看戏，因为票已经卖完，只给他们留了十个座，其中一个队长即借端质问剧团团长："你们卖了多少站票？"团长拿来存根说："六百多张。"他不看存根就呵斥："胡说八道！叫我看至少有一千多张。"有一个演员跟他说理，他就掏出手枪对着演员的头骂道："妈的，老子给你们打出来的天下，你们这些唱戏的有什么了不起？"跟随他的人也拉开枪栓，站在凳子上逞威风，这还不算，他们不顾群众的抗议和一些干部的劝解，还要把人带走。② 更为严重的事件出现在江苏省宜兴县，官林镇某民兵队长纵容民兵纠察队非法查夜，并故意侮辱艺人，公开辱骂艺人是"流氓、混蛋、特务分子"；"不给他们颜色看，不晓得官林镇民兵的厉害"；侮辱以后，还要求剧团登黑板报并演戏向民兵"道歉"。③

全国各地出现的上述混乱现象引起了中央高层的关注。周恩来同志在1952 年全国第一届戏曲观摩演出大会闭幕典礼上的讲话中强调指出：

> 我们有部分地区的戏改工作是有缺点的，有些是属于戏改干部对政策不了解的，也有一小部分的戏改干部作风上、品质上是恶劣的，

---

① 皖北人民行政公署文教处. 关于执行戏曲审定工作情况的报告 [M] //中国戏曲志编辑委员会，《中国戏曲志·安徽卷》编辑委员会. 中国戏曲志：安徽卷. 北京：中国 ISBN 中心，1993：722.

② 刘炳善. 郑州市领导方面要纠正戏曲工作中的混乱现象 [J]. 文艺报，1953（8）：33 – 34.

③ 江苏省戏曲改革工作检查报告 [M] //中国戏曲志编辑委员会，《中国戏曲志·江苏卷》编辑委员会. 中国戏曲志：江苏卷. 北京：中国 ISBN 中心，1996：1005 – 1006.

这一点文化部门一定要加以清除。我们反对旧社会,旧社会中的一些统治者虽然也喜好戏曲,但是他们是玩弄戏曲,糟蹋艺人,而我们是爱好艺术,尊重艺人。所以我们对那些作风上、品质上恶劣的戏改工作者,尽管是极少数的部分,我们一定要加以清除。以后如果有这样的戏改干部,你们可以向中央人民政府写信。①

为了正确贯彻周恩来同志的这个讲话精神,各地政府的文化部门相继出台了针对混乱现象的整改措施。比如江苏省于 1953 年出台的整改措施包括:第一,各县配备专职文化干部,主要负责戏改工作。目前各县或无专职文化干部,或虽有专职文化干部却仍是打杂干部,今后要逐步改变这种情况,规定各县要有一定的文化干部,负责戏改工作。第二,加强戏曲改革政策的教育,除所有文化干部必须进行一次戏改政策的学习外,还要经常对艺人讲解戏改政策。拟在第二期文化馆干部训练班中重点讲授戏改政策。第三,明令规定公安部门不得干涉剧团业务,借故生事。除省公安厅已有通知外,尚拟请华东统一规定公安、税务部门与剧团剧场的关系,纠正多头领导、借故生事等不合理的现象。②

各地在出台整改措施的同时,也重点查处一些典型事件,以正视听。以安徽为例,该省在 1953 年高调处理的"常光华事件",曾轰动全国。"常光华事件"的经过如下。合肥市有一个实验剧场,原来是私营的平民剧场,当时,当地的一般公安人员常常可以不买票去看戏,剧场的人还要敬烟敬茶。1951 年,这个剧场改为国营,不买票可以看戏这个不合理的"老规矩"也被废除了。可是,部分公安人员对这种改进非常不满,在日常查户口时或在街上,对剧场的女演员时有轻佻行为。

---

① 周恩来. 在全国第一届戏曲观摩演出大会闭幕典礼上的讲话 [M] //文化部文学艺术研究院. 周恩来论文艺. 北京:人民文学出版社,1979:48.

② 江苏省戏曲改革工作检查报告 [M] //中国戏曲志编辑委员会,《中国戏曲志·江苏卷》编辑委员会. 中国戏曲志:江苏卷. 北京:中国 ISBN 中心,1996:1008.

1952 年 8 月 24 日，合肥市公安局侦察队员薛振东去实验剧场买戏票，因观众拥挤不曾买到，大为不满，就进入剧场和工作人员发生争吵，并到办公室乱翻文件，甚至拍桌大骂："小戏院跟我们公安局闹别扭，真是瞎了眼，以后瞧吧！"次日晚八时，薛振东、陈七才（自称是市公安局科员）带了十多个公安人员，在金陵小吃馆吃酒以后，闯入剧场，冒言王祥珍（剧场的政治指导员）曾经答应留十个座位给他们。检查员制止不住，他们便闯进场子，任意叫喊，乱站乱坐，破坏剧场秩序，解劝无效。剧场主任黄宁就打电话给市公安局副局长常光华，常在电话中说："……你们小戏院有问题，工作人员看不起公安局，要好好教育。我们局里这些人也下贱，放着大戏不看，要看小戏……我把他们叫回来好了。"薛振东等被市公安局派人叫回去的时候，还用威胁的口吻对剧场工作人员说："你们敢给我们下不去，等着看吧。"剧场主任当即把这一情况报告省文化局杨杰副局长，并请转告省公安厅苏毅然厅长（中共省委委员）和合肥市丁继哲市长，后丁继哲市长责令公安局副局长常光华进行检查，但常对所属人员这种违法乱纪的行为，不仅不加以制止和处理，反而责怪实验剧场看不起公安局。

10 月 20 日夜，合肥市公安局西市分局孙股长会同和平桥派出所民警去实验剧场宿舍清查户口的时候，言语和态度非常轻佻恶劣，到处乱喊："鲍志远、郎敏（均为女演员）住哪里？"同时用电棒向女演员脸上乱照，引起演员不满。当时有个演员向他们提出意见，孙股长却嚷着说："把他们逮起来，让他们有意见到局子里去提。"结果查出六个人没有报户口（刚由文工团调来，派出所曾叫他们暂缓办理户口登记），他们便要带走。王祥珍提出："他们明天还有工作，要带人，我跟你们去好了。"孙股长当即将王祥珍一起带走，送到和平桥派出所拘押。其中，除王祥珍于天亮时由市公安局提去审讯外，其余六人一直押到第二天上午八时才由派出所释放。

王祥珍于 29 日晨被提到市公安局时，一进门，常光华即向他大声质问："你是小戏院子里的吗？你们为什么不报户口？"王祥珍就把剧场某些干部未报户口的原因加以说明，常斥为狡辩，大骂道："你小戏院依仗大机关，瞧不起我们公安局！这是我管的地方，马上撤销你的执照，封闭你的戏院！"王当即答称："剧场是人民的剧场，你封了它，也是国家的损失！"这时，常光华竟破口大骂起来："妈的，把他铐起来，送到牢里去！"并说："我拼了副局长不干，也要把你关起来！"事后，市委副书记黄建中、市长丁继哲闻讯至公安局检查，指出这是错误行为，并令其释放，但常强调治安条例，拒不执行。直至省公安厅苏厅长去了电话，才将王释放。王被关押在市公安局达 11 个小时。

这一事件发生后，中共安徽省委宣传部部长桂林栖和省公安厅厅长苏毅然虽然指出了常的错误，并责令检讨，但对这起违法乱纪事件的严重性缺乏足够的认识，因此一直没有加以严肃的处理。①

这种做法显然难平民怨。1953 年 1 月 11 日，华东行政委员会文化部据报后高度重视，派员前往合肥调查，调查报告在 1953 年 1 月 24 日的《解放日报》上发表。在舆论的压力和华东局的指示下，中共安徽省委高调对此事件做了重新处理：将常光华开除党籍，并依法惩处。随后，省委宣传部部长桂林栖和省公安厅厅长苏毅然也在《安徽日报》上做了检讨。"常光华事件"的处理在当时引起了很大的震动，不仅重申了新政府文艺政策的严肃性，对一些地方官员起到了威慑的作用，也对广大民间艺人形成了一种"精神感召"，让他们内心产生了一种对新政府的感戴和归依情

---

① 合肥市公安局副局长常光华违法乱纪 纵容公安人员非法拘捕演员被撤职法办 [N]. 人民日报，1953 – 02 – 19（3）.

感。此后，各地粗暴对待民间艺人的现象虽仍有发生，但较之新中国刚刚成立时，已经大为减少。

二、"诉苦"与阶级意识的询唤

尊重与团结的目的是更好地对民间艺人进行思想改造。只尊重、团结民间艺人而不对其进行思想改造，显然也无法使其担负起"为工农兵服务"的重任。正如当时河北省文化干部任桂林所指出的："看到艺人没有饭吃，想法使他们吃饭，这是应该的，因而获得艺人的拥护。但是忘记叫他们做什么，变成了单纯地为艺人服务，忽视了使他们转变为为工农兵服务的各种具体实践。这个糊涂思想在领导上延续了很久。"① 任桂林在这里所吁求的"使他们转变为为工农兵服务的各种具体实践"，其中很重要的一项就是"诉苦"。

"诉苦"是新中国成立前后，政府广泛使用的一种启发群众阶级觉悟的方法。这一方法早在解放战争时期，就已在军队和解放区的群众中普遍采用——当时的新式整军运动就是用"诉苦"与"三查"相结合的方法进行的。毛泽东同志曾对"诉苦"的作用作过极高的评价，他说：

> 由于诉苦（诉旧社会和反动派所给予劳动人民之苦）和三查（查阶级、查工作、查斗志）运动的正确进行，大大提高了全军指战员为解放被剥削的劳动大众，为全国的土地改革，为消灭人民公敌蒋介石匪帮而战的觉悟性；同时就大大加强了全体指战员在共产党领导之下的坚强的团结。在这个基础上，部队的纯洁性提高了，纪律整顿了，

① 任桂林. 石家庄的旧剧改造工作 [J]. 文艺报，1949，1（2）. 转引自中国戏曲志编辑委员会，《中国戏曲志·河北卷》编辑委员会. 中国戏曲志：河北卷. 北京：中国 ISBN 中心，1993：723.

群众性的练兵运动开展了，完全有领导地有秩序地在部队中进行的政治、经济、军事三方面的民主发扬了。这样就使部队万众一心，大家想办法，大家出力量，不怕牺牲，克服物质条件的困难，群威群胆，英勇杀敌。这样的军队，将是无敌于天下的。①

全国解放以后，"诉苦"这一阶级教育方式很快扩展到其他社会领域，比如在各地所进行的土地改革运动，就是通过"诉苦"的方式将农民发动、组织起来，不但完成了对松散农村社会的整合，而且重构了农民与民族国家的关系。②

尽管"诉苦"教育在很多领域都取得了成功，但要想在民间艺人中间开展"诉苦"教育并不是一件容易的事情。因为从艺人在解放前的状况来看，多数艺人游离于社会秩序之外，并不像农民那样与地主存在土地租赁关系，即便是在戏班范围内，其与班主也尚能和平共处，并无激烈的利益矛盾与冲突，加之很多艺人已然接受了宿命论的思想，对自身的低下社会地位并没有太多的不满和反抗。在这样的情况下，艺人的"诉苦"教育就不能简单地搬用部队和农村的工作方法，否则很容易影响到艺人的自尊心和团结，适得其反。

在引导民间艺人进行"诉苦"的工作方法上，南京戏曲人员讲习班具有一定创造性。1950 年 5 月 1 日，南京戏曲人员讲习班第一期开学，参加学习的学员共 155 名，本期讲习班的主旨即为通过"诉苦"对艺人进行"阶级教育"。与其他地方举办的同类讲习班相比，该讲习班对"诉苦"一词的使用是相当谨慎的。"诉苦"这个名词，在最初并没有敢正面地提出，唯恐艺人在精神上受到刺激，仅提出"小组回忆"的口号，因为"回忆"

---

① 毛泽东. 评西北大捷兼论解放军的新式整军运动 [M] //毛泽东. 毛泽东选集: 第四卷. 北京: 人民出版社, 1990: 1237.
② 相关的论述可参见: 郭于华, 孙立平. 诉苦: 一种农民国家观念形成的中介机制 [J]. 中国学术, 2002 (4): 130－157.

有可进可止的伸缩性，如果"回忆"的成绩较好，则进一步地启发一下，就成为大组的典型报告了。反之，小组"回忆"如不够深刻，或者是难于启发，则不妨仍以"小组回忆"作为结束。总之，一切应该细心留神查看"小组回忆"的发展规律如何，而决定其能否"诉苦"。同时，为了避免影响知名艺人（"角儿"）和普通艺人（"底包"）之间的团结，讲习班在小组正副组长的选择上也做了周密的考虑。正组长多半是"角儿"和戏曲界较有威望的人物，副组长则是由"底包"或曲艺的"地上艺人"担任，首先填平了高、低艺人之间的鸿沟，绝不为迁就少数人的不满而放弃原则，第一步让"角儿"和"底包"在小组的行政工作上紧密地团结起来。多方强调正副组长在组内应有的职权，让每个学员再没有轻视"底包"和"地上艺人"的观点，采用个别谈话或是公开"批评与表扬"的方法达到每个学员从不满到自愿服从小组领导的目的。这样的组长配置方式所预期达到的效果是：不但让贫苦艺人诉了苦，也让一般的"角儿"吐出了苦水，"角儿"可怜"底包"的身世，"底包"同情于"角儿"的遭遇，从而突破具有历史性的"角儿"和"底包"相互嫉视的恶习。

在分组完成后，"诉苦"活动便分步骤展开。首先是"启发报告"。"启发报告"的目的是给艺人提供"诉苦"的样本，指示"诉苦"的内容和方向。为了使"启发报告"简明深刻、一针见血，讲习班多方面收集了旧社会对艺人轻视、压迫的资料，并把其中易于调动艺人情绪的部分挑选出来，做到一点一滴都和他们的内心结合着。这样，学员的思想便会不期而然全部集中在"回忆诉苦"的运动中了。在启发报告之后，要进行的是小组漫谈"论苦"。"论苦"前先召开正副组长及学委联席会，规定"苦"不应该单纯从生活方面去谈，要着重于政治方面，应该围绕着教务组所拟发的"谈谈你在旧社会被压迫的事情""哪几件事情使你最伤心""压迫你的是些什么人"等题目进行漫谈。这样既让学员有话可说，同时又不会扭转或歪曲了中心。"论苦"之后，接着"评苦"。由每个小组自己来民主评定苦的轻重，推选出作大组典型报告的人员，交由负责指导小组学习的干部初审。据统计，当时各小组评选出来的拟作大组典型报告的人员有30多人，后经教务组的教务会议筛选，最终确定了11人名单。最后一个环节是大组典型报告。大组典型报告分三天进行，在进行报告的前一天，教务组的所有干部全部出动，各人找寻对象进行帮助，要求每个大组报告的学员态度严肃，报告时不要算流水账、叙家常，应该抓紧一个具体的事例，多分析，多挖根，务必使他们了解过去受苦并不是自己命苦，而是帝国主义、封建社会一手造成的灾害。

经过这样一步一步地引导，大组典型报告收到了预期的效果，苦水在每个诉苦学员的嘴里倾吐着。丁光胜诉出戏园的流氓老板，克扣艺人的包银，不但不给，反而殴打艺人。金少臣诉出了夫子庙流氓头子"俞大顺子"倚仗帮会势力霸占公地、勒收地租、强迫艺人三七分账的罪恶行为，并当场要求政府严惩恶霸。汤慧声控诉12年前在浙江南浔镇，恶霸地主顾盛清强占他的未婚妻，告到警察局，不仅不予受理，自己反吃了一场糊里糊涂的官司。当他说到和未婚妻生离死别的时候，全场充满了哽咽、愤恨，震动屋瓦的口号像炸弹一样地爆炸了。夏玉楼诉说反动派时期在大河口演戏得罪了土皇帝一样的乡长，被毒打一顿，门牙打落了四个。他从嘴里拿下了四颗假牙，这是毕生忘记不了的创痛，他终于情不自禁地放声大哭。洪小芳诉说五年前因为娶老婆没有请客，被当地的恶霸地主赶出村庄，不准结婚，请人调解后老婆虽然娶到，可家也冲了。他哭着说："在旧社会里，我连结婚的自由权都被剥夺了，我还能算是一个人吗？"潘奎芳在从蚌埠北上的火车上，为了一根电筒被日寇及汪特诬为"八路军"，被打得头破血流。李志诚在明星戏院担任前台职工，敌伪时期时常挨打，及至胜利后满想从此可以不挨打了，谁料到打人的还是照样打，挨打的还是照样挨。他工作不到十年，被打过一百多次，到现在满脸是疤，浑身是病。曾毛豹在解放前曾被反动派特务诬为"新四军"的"地下工作者"，一场官司几乎让他送命。顾春山因为拉胡琴，吵闹了一位巡官，结果被几十个警察暴打一顿，还诬他"夺枪拒捕"，夹棍、藤鞭、老虎凳、坐飞机，一次庭讯灌七桶凉水，他花尽了平时的积蓄，才买了一条活命。女艺人吴君丽、沈云霞，含着眼泪控诉反动派军官持枪强逼她们牺牲人格，全场的女同学回忆前情，泪水纷纷地滴下来了。[①]

这种集体性的"诉苦"活动，无疑是询唤艺人阶级意识的一个重要环节。通过这种集体性的"诉苦"，分散的个人受苦经验被集中起来，变成了大家的共同经验，从而使每一个人获得了在"诉苦"前不可能获得的丰富的感性认识。这些感性认识经由研习班干部的引导，很快就上升为所谓的理性认识——把个人的苦提高到阶级的苦来重新认识，继而实现对自我身份的重新想象，在观点、情感、立场等方面与"无产阶级"形成认同。

新中国成立初期，经由南京等地"研习班""艺训班"的探索，"诉苦"逐渐成为各地改造民间艺人思想的一个常规手段，发展到 20 世纪 60 年代，其名称演变为"忆苦思甜"。在 20 世纪 60 年代，各地之所以还要大规模地开展艺人"忆苦思甜"运动主要基于两点考虑：一是很多剧团青年演职人员大量增加，青年虽然政治热情高，接受新事物快，但缺乏对旧社会艺人苦难生活的切身体验和阶级压迫、阶级剥削的磨炼，因而有的人阶级观念比较薄弱，个人与集体的位置摆得不当；二是部分中老年艺人在旧社会虽然受到过阶级压迫和阶级剥削，但由于较长时间没有"忆苦"，对当前的幸福生活也习以为常了。与单纯的"诉苦"不同，"忆苦思甜"运动的重点在于"思甜"。以浙江省镇海越剧团为例，据当地媒体报道，该团于 1963 年开展了一次影响颇大的"忆苦思甜"活动，活动采取的方法是中老年艺人现身说法，大讲"三史"（家庭伤心史、艺人血泪史、翻身史），青年人记下来学习、备忘。

---

① 严朴. 南京戏曲人员讲习班怎样发动艺人"诉苦"[J]. 戏曲报, 1950, 2 (1)：7-8.

活动分三个环节进行：首先是中老年艺人"忆苦"。在这个环节，多位艺人现身说法，痛陈"旧社会艺人处处受损害、受侮辱"的悲惨境遇。老艺人、团长王斐花说：

> 我出生在贫农家庭，由于生活逼迫，10岁那年就由父亲托人挽情到戏班去学戏。那时候做戏是最低贱的，常言道："好女不做戏，戏子不如妓。"在没有生路的时候，只得去闯这个鬼门关。就这样，母亲带着我去拜师傅。师傅提出要签生死合同：打死不偿命。母亲一听，不觉吓了一跳，想转身把我领回家，但再一想，回去也是饿死，学戏或许还能活下去，终于含着泪、抖着手在生死合同上盖上指印。一进科班后，自认为学会本领以后总可以自由一些，但是，（我）不但在学艺时吃尽苦头，在我唱戏出名时更被压迫得透不过气来，反动派官兵、地主恶霸、地痞流氓都会找上门来侮辱我们。我19岁那年在温岭一带演戏，当地的地主恶霸要我陪他去吃酒，当时我患着疟疾病而没有去，在当夜演出时恶霸就唆使流氓在台下捣乱，最后还动手把我从台上拉下来，把我的帽子甩在地上，踩得粉碎，并勒令我不准演戏，把我驱逐出境。类似这样的情况，我不知遭到过多少次。

老艺人梁月红诉说了她生下孩子的第二天，流氓、坏蛋就逼着她上台演戏，而且还要她从很高的台子上跳下来，结果血流满台，她当场昏了过去，从此得了妇女病。还有艺人谈及，团内好几个老艺人在解放前都生过三四个孩子，但由于没吃没穿，没钱看病医治，没人抚养，死得一个也不剩。王斐花解放前生过四个孩子，一个也没有养大，而且死得都很凄惨。旧社会里女演员稍有姿色就被地主、恶霸强占、侮辱，当作摇钱树，年纪一大就被遗弃，无处可归。

"忆苦"之后是"思甜"。在这个环节，中老年艺人畅谈"新社会演员处处受关怀、被尊重"的幸福生活。有艺人谈到，刚解放的时候，该团的团名叫"大喜剧团",由于被剥削阶级剥削,绝大部分艺人的身上没有一件像样的衣服,公家的服装、道具一应俱无,当地群众称他们剧团为"垃圾"剧团。由于对艺人的重视和关怀,党和政府就把这个"烂摊子"接过来,成立了"姊妹班"。政府还贷款给剧团,派了新文艺工作者帮助剧团排练新戏,派专职文化教员为艺人扫盲。在党的教育、扶植下,艺人的政治觉悟和艺术水平迅速提高,生活水平也不断提高。有艺人激动地说:"现在艺人受到党和政府的关怀,到处受人尊重。"绝大部分艺人之间尊老爱幼,传艺毫无保留。艺人在生活上也发生了根本的变化,不但享受了劳动保险,每年还有两次休假,休假期间工资照发。绝大部分艺人都有钱存银行。有的艺人还被选为先进工作者、县人民代表,不论在政治上、文化上都实现了大翻身。

最后一个环节是青年艺人谈体会,表态"身在福中要知福"。青年艺人陈秋芬说:"过去不懂得学戏、演戏是为了什么,不懂得在阶级压迫和阶级剥削下苦难的生活情况。由于名利思想作崇,接受任务时往往挑精拣肥。听了长辈们的回忆,我感到我们青年一代实在太幸福了!今后我一定牢牢记住老艺人过去的苦难日子,来鞭策自己的进步。"青年艺人沈锦波说:"比一比,想一想,才知道我们'身在福中不知福',才知道幸福的生活来之不易。今后我要好好学戏、演好戏,更好地为政治服务,为社会主义服务。"①

在 20 世纪 60 年代,除了类似浙江省镇海越剧团这样以剧团为单位开展的"忆苦思甜"活动外,还有以市县为单位开展的"新旧社会对比展览会",二者举办的目的虽然基本一致,但后者显然比前者的教育范围更大。以西安为例,该市戏剧界曾于 1960 年 4 月举办了西安市易俗社、三意社、曲艺团队新旧社会对比展览会,"展览会通过实物图片及有关文献资料与

---

① 夏炳章,贺文莉. 一样艺人两个天地,忆苦思甜热爱今天:镇海越剧团加强阶级教育提高演员觉悟 [N]. 宁波大众,1963 – 07 – 31 (3).

说明，生动地把艺人在旧社会所受的压迫和解放后在党的关怀重视下，戏曲事业蓬勃发展的景象做了鲜明的对比"。① 此次展览也收到了预期的效果，很多青年艺人在参观之后纷纷表态。蒲城青年艺人张建涛激动地说："看了前辈艺人在旧社会遭受的残酷迫害，使我很伤心，他们生活得不到保障，事业得不到保障，更谈不到重视，还常常受反动头子们的侮辱与打骂，实在令人愤恨。"② 铜川青年艺人赵桂莲说："我们这些在新社会成长起来的娃娃，对在旧社会艺人遭受的痛苦，没亲身经历，通过这次参观，我们才亲眼看到老艺人在旧社会简直像在地狱；而我们在党的抚育下成长的青年演员，真是生活在天堂。"③ 连安康汉剧团训练班的小学生也说："老艺人在旧社会吃不饱饭，穿不上衣服，还要受反动派打骂，死了都没人管，真叫人太恨旧社会了。我们现在有党培养我们，得了病组织上给我们看病；老师不但不打，连嚷几句都不肯，和前辈相比，我们太幸福了。今后我们一定要永远听党的话，听老师的话，听领导的话，团结好，学习好。"④

阿尔都塞曾在《意识形态和意识形态国家机器》一文中深刻地指出，意识形态借由询唤的方式，对主体进行不同角色和行动的分类，将具体的个人建构成具体的主体，继而使其对意识形态框架内的权力模式臣服，并自觉担负起自我统治的职责。⑤ 按照阿尔都塞的这个思路，我们可以发现，从"诉苦"到"忆苦思甜"，名称变化的背后是意识形态功能的转换。如果说"诉苦"试图询唤出来的是具有革命色彩的阶级意识，那么"忆苦思甜"试图询唤出来的则是具有感恩色彩的阶级意识——这样的阶级意识无疑更容易使艺人"永远听党的话，永远跟党走"。

---

① 会演大会. 一次生动深刻的阶级教育：青年会演全体代表参观新旧社会对比展览会侧记 [J]. 陕西戏剧，1960 (4)：49.
② 同上。
③ 同上。
④ 同上。
⑤ 阿尔都塞. 意识形态和意识形态国家机器 [M] //阿尔都塞. 哲学与政治：阿尔都塞读本. 陈越，译. 长春：吉林人民出版社，2003.

三、自我反省与政治学习

在发动艺人"诉苦"并启发他们认识"苦"的阶级根源之后，一般还要进一步组织艺人进行自我反省，提高认识。还是以南京戏曲人员讲习班为例，在"诉苦"后的自我反省环节，有的学员思想上存有顾虑："过去自己在戏院（班）里曾打骂过人，也有过剥削行为，会不会算老账？"也有少数人在旧社会参加了国民党、三青团，有的还参加过青红帮或反动会道门组织，因此担心自己会不会成为斗争对象。还有人认为，人总有高低上下之分，受苦受难总归是自己没本事，是命中注定的。前两种思想，使一些人顾虑重重，说话吞吞吐吐，背上了或轻或重的思想包袱。后一种人抱着宿命论的观点，精神不振。因此，这一阶段的学习开始时气氛比较沉闷。为了解除部分艺人的顾虑，使他们逐步形成批评与自我批评的习惯，讲习班的领导特意作了动员报告，着重揭露旧社会的黑暗，讲清艺人都是受害者，同时说明从旧社会过来的人难免会沾染上一些污泥浊水，只要把事实说清楚，个人责任不予追究。作完动员报告的第二天，各小组进行了反省。一开始还有些人放不下架子，有些女艺人丢不下面子，于是，教务组的干部让在小组会上讲得好的艺人现身说法。一位京剧老艺人沉痛地检讨了自己过去当过后台管事，利用职权，打骂"底包"和学徒。最后，他流着泪说："父母爱我疼我，却没有教会我如何做人。共产党是我的再生父母，今天，我才真正学会了做人的道理。"[①] 某老艺人当场交出国民党党员证和三青团分队长的委派令。不少艺人说，自己浸染了旧社会的污泥浊

---

① 周镜泉. 南京解放初戏改工作的回忆［M］//南京市政协文史和学习委员会. 红山照钟山：南京解放初期史料专辑. 南京：南京出版社，1999：251 – 252.

水，开始还怕暴露，现在洗了个"热水澡"，精神面貌为之一新。通过这次反省，"角儿"放下了架子，普通演员增强了信心。他们纷纷表示，要克服"自高自大、骄傲虚荣、相信命运"等错误思想，做到虚心学习，言行一致，做一个合格的社会主义文艺工作者。同时，这次活动消除了艺人之间的种种隔阂，认识到技艺虽有高低，但在政治上是一律平等，人格上是独立的，从而增强了团结。

在自我反省之后，接下来还要继续进行政治学习。政治学习的目的是提高艺人的政治修养，让艺人树立正确的人生观，认识到文艺应该为什么人服务及文艺工作者的责任。

政治学习一般以专家讲授为主，艺人讨论为辅。专家讲授的第一步大都是从历史的高度讲解新旧社会艺人的不同境遇，引导他们懂得什么是正确的人生观，树立起为人民服务的观念。以罗常培为北京市文艺处主办的盲艺人讲习班所作的报告为例，该报告首先从生理学上肯定了盲人是有艺术天赋的："从生理学上来讲，一般眼睛失明的人，智慧偏向听觉发展，耳朵就特别的聪敏。因此从古时候到现在，双目失明的人出了不少的音乐家或歌曲家。"① 接下来，他又细致地分析了盲艺人在不同历史时期的不同地位，最后得出结论：

> 古代的盲艺人虽然有相当的地位，究竟还是给统治阶级服务的。统治者高兴的时候可以叫盲乐师演奏供自己享乐，不高兴的时候就可以把他们当作物品一样地私相授受。从宋朝以后，盲艺人慢慢儿地在农村、在民间发展起来。可是，究竟受社会经济条件的限制，有一部分还不得不叫有钱人养活着，供他们指使玩弄。不幸的沿街讨饭，穷苦终身；得意的又忘其所以，结果可怜！这都是旧社会给盲艺人所造

---

① 罗常培. 盲艺人的过去与将来：在北京市文艺处主办盲艺人讲习班的讲话［M］//罗常培. 罗常培文集：第九卷. 济南：山东教育出版社，2008：123.

成的悲惨境遇！现在人民的新中国一切都变样儿了。从前一向被人欺负、没人搭理的盲艺人也有学习改造的机会了，也能扔掉伺候有钱人的旧曲艺，改学新曲艺为人民歌唱了。这真是几千年来破天荒的事！在今天的新中国，不单有眼睛的看见了太阳的光芒，没眼睛的也会从所感受的温暖想象出太阳的辉煌和伟大！从多少年黑暗中翻了身的盲艺人实际上已经跟睁开眼睛一样了。吃水不要忘记掏井的，咱们应该时时刻刻地想着：这是谁给咱们造成的？翻了身的盲艺人已经不是给有钱人服务的，而是给人民服务的了。你们应该继续不断地努力学习，并且把所学习的歌唱给广大的人民。大家必须从"御用艺人"或"帮闲艺人"变成"人民艺人"，那才算是真正翻了身！只要你们能够全心全意地为人民，跟人民站在一边，大家齐心努力地打倒封建残余、反动匪特和美帝国主义，人民自然不会辜负你们的。在未来的世界不要再愁无人养活我们了。只要我们能够向人民贡献我们的劳力，发展我们的长处，我们所需要的那点儿茶米油盐、粗布衣裳，是用不着发愁的。[①]

在报告的结尾，罗常培又引用保尔·柯察金的故事对盲艺人进行了激励和动员：

诸位总听说过《钢铁是怎样炼成的》里的保尔·柯察金的故事吧。保尔在眼睛失明之后，并不灰心，他还是坚持着学习，坚持着工作，坚持着作出一些对人民、对革命有好处的事。保尔是伟大的，他的许多方面咱们都不易赶上，但他那种精神咱们是可以学习的。希望诸位学习保尔不怕困难、克服困难的坚毅精神，掌握住曲艺的武器，深入群众，宣传爱国主义，宣传抗美援朝保家卫国的意义，好好地为

---

① 罗常培. 盲艺人的过去与将来：在北京市文艺处主办盲艺人讲习班的讲话 [M] //罗常培. 罗常培文集：第九卷. 济南：山东教育出版社，2008：123–128.

人民服务，完成咱们的伟大光荣的任务！①

罗常培这个报告的特色在于，他并未抽象地谈论"为人民服务"等大道理，而是把"为人民服务"等大道理与艺人的个人前途乃至实际利益结合在一起来谈，这样无疑更能打动艺人。

专家讲授的第二步大都是讲解《社会发展史》《中国革命和中国共产党》及《在延安文艺座谈会上的讲话》等论著，让艺人了解社会发展的进程、工农革命的正义性及新政府的文艺方针路线，以提高艺人的政治修养。由于当时艺人的文化程度普遍较低，无法理解一些抽象的概念，因此要想成功进行这类讲授就必须做到通俗易懂、生动有趣。在这方面，成都川剧艺人讲习班的讲授者创造了较好的经验。比如在讲《社会发展史》中出现的"劳动创造价值"这个观点时，听的人像坠入云雾中，很不理解。恰好当时宿舍伙食团从街上买来一担木柴，讲授者就请挑柴的农民到课堂上来和艺人一起学习。讲授者问农民："木柴从哪里砍的？多少钱一斤？"农民说："从山上砍来，200元（旧人民币）一斤。"讲授者又问听讲的艺人："现在把山上的木柴卖给你们，每斤200元，谁买？"听讲的艺人摇头，表示不买。讲授者又问："为什么同样的木柴，长在山上没人买，当这位农民兄弟把它砍下来，挑进城就变成200元一斤？这个每斤200元的价值是从哪里来的？"听讲的艺人有的说是辛苦钱，有的说是劳动创造的——这样一来，艺人就完全理解，并记住了这个观点。在讲解《中国革命和中国共产党》和《在延安文艺座谈会上的讲话》时，讲授者也尽量采用理论联系实际的方法，通过《白毛女》《血泪仇》《刘胡兰》《三打祝家庄》等戏引导艺人认识封建社会、认识农民造反不能成功的原因、理解新政府的文艺路线。这些方法看似笨拙和简单，在当时却收到了良好的效

---

① 罗常培. 盲艺人的过去与将来：在北京市文艺处主办盲艺人讲习班的讲话［M］//罗常培. 罗常培文集：第九卷. 济南：山东教育出版社，2008：123－128.

果。三本书学完后，讲授者举行了一次测验：有文化、做笔记的参加书面测验；没文化的参加口头测验。

> 从测验中可以看出大家是用心听，联系认识实际和思想实际的。有人原以为人是上帝造的，水变的，学习后才知是猿猴进化的，劳动创造的。大部分人原认为生死由命，富贵在天，一切都是命运安排的，学习后才知道人类社会有五种形态，只要阶级不消灭，穷富永远存在。一些较有文化的同志也原以为革命不过就是反清灭洋、天下为公、世界大同，学习后才知道中国革命有新旧民主主义之分，而且必须由共产党领导，至于唱戏，自古以来都说是高台教化、演古证今，不过都是成者为王败者寇那一套，学习后才知道，文艺工作是上层建筑，应坚持为人民服务的方向。①

尽管这样的讲解不可能完全改变艺人的世界观，但艺人听了之后至少多了一把重新勘定世界与自身的尺子。

为了检验、巩固政治学习的效果，最后一个步骤是组织艺人参与旧剧改革实践。具体办法是：以学习的所得来分析过去曾演过的旧剧哪些是正确的、应该演的，哪些是不正确的、不应该演的，并选定一个不该演的有问题的旧剧加以改编。在这个环节，各地一般都发动艺人集体参与，群策群力，在教务组干部和艺人的合作下，各地出现了一批符合新意识形态需求的改编范例。比如，徐州戏曲研究班组织艺人成功改编了梆子戏《斩莫成》。这旧剧在未改编前把莫成写成了情愿替主子严嵩去死的忠实奴隶，这表扬了旧社会的奴隶道德，麻痹与模糊了被压迫者的阶级意识；经过改编后，新剧把莫成写为有骨气的被压迫者，遭受屈杀；它揭露了统治阶级的腐烂生活与对劳苦人民欺骗压榨的罪恶真相，并且适当地表现了群众的

---

① 李青，达雄. 关于建国初期组织成都川剧艺人政治学习的回忆 [J]. 四川戏剧，1990（4）：8 – 11.

场面。① 河北省承德地区艺人训练班组织艺人成功改编了《伐子都》。在参加艺人训练班之前，艺人们认为：子都这个人物品质极坏，他没有考叔能耐大，在教场比武被考叔夺魁挂了帅印，他做副帅是理所当然的。但他嫉贤妒能，在战场上不但不全力协助考叔杀敌，反而在考叔孤军作战打败了敌人时，用暗箭从背后杀死考叔。当考叔的马童发觉质问时，他当场又把马童杀死，自己冒功受赏。这种人不受到制裁是不能平民愤的，因此，考叔在庆功宴上显灵，使子都自毙是合情合理的，是一出好戏。经过学习和讨论，他们不但认识到了什么叫因果报应，而且更清楚了这种错误演法是从思想上消磨人民的革命斗志。如果人民群众都信了这些错误的宣传，就不用积极地去进行革命斗争了，反正坏人自有天报应。因此，他们提出，改用马童受伤未死，在庆功宴上子都饮酒过多，忘乎所以地胡吹自己怎么打败敌人时，马童当众揭穿了子都的阴谋，使子都受到突然的刺激而自杀。这就代替了考叔显灵的那种迷信手段。②

鉴别与改编旧剧的过程就是纠正错误认识与提高认识的过程，经由这一过程，很多艺人改变了过去单纯的技术观点，逐渐学会了从政治上着眼去衡量艺术的成败。

小　结

新中国成立初期，民间艺人的改造运动无论从规模上还是深度上，都是史无前例的。资料表明，截至 1950 年 12 月，全国除老解放区及东北外，

①　孟千. 从戏曲研究班看旧艺人改造 [J]. 文艺报，1949（9）：16 - 18.

②　唐兆宏. 关于承德地区的戏改工作：回忆 1948 年 8 月至 1957 年底的戏改工作 [M] //《承德戏曲全志》编辑部. 承德戏曲资料汇编. 内部出版，1986：402 - 403.

已有 17 个省开展了艺人文化、政治学习活动。参加学习的包含 100 余个剧种的艺人 3 万人，含老区及东北共约 5 万人。其中，北京艺人讲习班已办三期，第二期参加的艺人达 1521 人。天津第二期参加的艺人也有 1200 余人。上海集中艺人学习过三次，南京艺人学习过两次，福州艺人学习过两次，徐州艺人学习过两次，无锡艺人学习过两次，华东区经过学习的艺人共 4500 余人。中南区学习过的艺人共万余人。西南区的重庆市有艺人 783人，办过两期艺人学习会，参加者 700 余人，接近艺人的全部。[①] 经由文化学习和思想改造，国家第一次真正实现了对艺人的有效管理和动员，为充分政治化的社会主义文艺的发展奠定了基础。此后，积极响应国家号召的艺人楷模不断涌现。如豫剧艺人常香玉，动员剧社的演职员，响应中国人民抗美援朝总会关于捐献飞机大炮的号召，在半年内以巡回义演的方式，捐献"香玉剧社号"战斗机一架；[②] 汉剧艺人黄桂珠，克服解放之初艰苦的生活条件，背着孩子跟着剧团在粤东山区的农村中流动。演出前，她与其他同志一起在台下打扫、摆凳子；开演了，她登场一丝不苟地演戏；演完戏，她又帮着收拾东西，甚至为大伙煮饭做菜，决不为自己是个名旦角而斤斤计较；在抗美援朝期间，她积极参加为支援中国人民志愿军而举行的每一场捐献义演。[③] 各种爱国主义的表态也层出不穷，如 1951 年3 月，重庆市 1300 余名戏曲、曲艺艺人共同签订了《爱国公约》，其中约定：一、积极展开抗美援朝的宣传工作，为抗美援朝而积极贡献一切力量；二、积极创作以抗美援朝为中心并结合镇压反革命、土地改革、生产建设为内容的文艺作品；三、不创作一切违反人民利益的作品，不演唱一切违反人民利益的音乐和戏剧；四、加强抗美援朝爱国主义的时事学习与马克思列宁主义毛泽东思想的学习，坚决肃清美帝国主义一切奴化思想的

---

① 张庚. 当代中国戏曲 [M]. 北京：当代中国出版社，1994：32 - 33.
② 张庚. 当代中国戏曲 [M]. 北京：当代中国出版社，1994：34.
③ 李荀华，王先荣，王源，等. 广东汉剧发展史 [M]. 北京：中国戏剧出版社，2005：182.

影响；五、协助政府的政策宣传，坚决与一切反革命的言论思想作斗争；六、坚决执行为工农兵服务、为生产建设服务的方针，到工农兵中去，并积极开展群众文艺活动。① 从这些艺人楷模的事迹及爱国主义表态中，我们可以看出，经由思想改造，广大民间艺人已经开始把自己的演艺生涯同意识形态的需求结合起来，自觉地把充当"革命的螺丝钉"视为人生的"最高目标"和"最大意义"。

---

① 邓运佳. 中国川剧通史［M］. 成都：四川大学出版社，1993：603－604.

第六章　民间戏俗改造

——农村文艺的净化与移风易俗

民间戏曲是一种植根于民众日常生活的文艺形式，在长期的戏曲活动中，逐渐形成了一些规范化的演出习俗。但这些演出习俗并非一个"本质化"的存在——新中国成立前后，民间戏曲的演出习俗大不相同。新中国成立之前，民间戏曲多在村镇演出，演出习俗的形成与当时村镇的政治、经济、文化的情况以及民众的生活习俗等，都有着极为密切的关系。而新中国成立之后，国家革故鼎新，社会移风易俗，民间戏曲演出在组织、管理、经营、分配等方面都发生了极大变化，这些变化使旧的戏曲演出习俗逐渐失去了存在的基础，一些新的演出习俗应运而生。透过这些新的演出习俗，我们可以窥见新中国重塑国家建设理想、变革政治文化体制、再造民众社会生活及其道德伦理观念的意图。

第一节　旧中国的民间戏曲演出习俗

在新中国成立之前，民间艺人在村镇的演出活动，除为乞食糊口，或临时敛钱外，大多是伴随着节日、庙会、集市贸易、还愿酬神、生辰吉庆、婚丧嫁娶等民间民俗活动而进行的，因此也就形成了全国各地性质各异、名目繁多的演出习俗，并代代相传。这些习俗概括起来有以下四大类。

一、为酬神祀鬼而演戏

在旧中国的很多地方，酬神与演戏紧密相连，酬神借演戏广招善男信女，演戏假酬神吸引观众，娱神又娱人，上溯巫傩，近及童子香火，习传久远。庙会戏是普遍存在于中国广大农村地区的一种较大规模的酬神演出。据《江苏戏曲志·扬州卷》记载，该地的庙会戏一般以某寺庙（包括庵、院、堂会、宫、祠、观、殿、阁等）的定期酬神活动（如神诞日、开光日等）为中心，将酬神、贸易、演剧相结合，四乡群众会集，少则数千，多则万计。拜神看戏，买卖交易，走亲会友，胜如过节。庙会戏出寺庙主持出资聘请戏班，"多在庙台（万年台）或临时搭草（花）台演出，有时因两个庄子或两个班子争雄，在同一场地上搭两个台同时演出，即所谓'打对台'，往往轰动。每台戏六至八个戏码，先必跳花神、福禄寿三星大赐福、加官、财神、报平安，首演吉祥戏，接演文武正戏，到'煞锣'（剧终），如时间不足，另加演小戏（多为小生、小旦、小丑的'三小戏'），中间'腰台'，即吃'下午'带休息"①。祈愿戏是除庙会戏以外普遍存在于中国广大农村地区的一种较小规模的酬神演出，一般由一庄或几村集资为祈求丰收、保佑太平而请戏班，借用庙台或临时搭台演出。同据《江苏戏曲志·扬州卷》记载，该地的祈愿戏名目繁多，如求苗壮的"青苗戏"、丰收谢神的"丰收戏"、求六畜兴旺的"牛栏戏"、求蚕肥茧丰的"蚕花戏"、求人丁平安的"都天戏"、求免火灾的"火星戏"和"大仙戏"、求不闹蝗虫请蒲神的"蝗虫戏"、求生孩子的"送子观音戏"、

---

① 《江苏戏曲志》编辑委员会，《江苏戏曲志·扬州卷》编辑部. 江苏戏曲志：扬州卷[M]. 南京：江苏文艺出版社，1997：333 – 334.

求生养安全的"娘娘戏"、求儿童安度天花水痘期的"长生戏"、为中老年患恶病求康复的"长寿戏"、船民求下江入海不遇危险以及天旱求雨的"大王（龙王）戏"、渔民求捕捞满载的"七公戏"，还有每年七月河、湖放荷花灯，和尚、道士唱夜歌祭孤魂野鬼，做"盂兰会"，唱"施孤戏"，各行业的"行会戏"，等等。①

与酬神戏同样活跃的还有祀鬼戏。在旧中国的很多农村地区都盛行鬼魂观念，为了祈求鬼魂不危害世上的活人，往往通过演戏等伎艺活动来祀鬼。比较典型的祀鬼戏是流行于江南地区的目连戏。据《吴越民间信仰民俗：吴越地区民间信仰与民间文艺关系的考察和研究》一书介绍，目连戏在如下两种情况下是经常演出的：一是某些特殊的日期，如五月或六月被民间认为是不吉利的凶时，这些凶时里常会有鬼物出来作祟生事，造成村中人事不安，因此必须搬演目连戏以保太平；二是发生了某些灾疫的时候，如村中有人吊死、跌死、烧死、淹死等，这些都是非正常的死亡，被称为是发生了"五殇"。民间认为"五殇"之鬼不能转世投胎，只能向阳世的活人讨得替代之后，才能脱离地狱苦海，因此它们常常要危害村里人的生命，或者到处作祟生乱。解救的办法，除了向神祈求保佑之外，就是请目连戏班演出目连戏来消除患难。② 有资料记载：浙江省绍兴县在俗称"凶月"的五、六月中，必有目连戏演出，以祀鬼保平安。

> 先于五月初间，每乡村中，由一发起人，向各家捐款。款既捐到，于是选一日期，在土地庙开演。该戏日夜都有，日间所做之戏与平常之戏相同，唯一到天色傍晚，便有许多伶人，扮着魔王及小鬼种种可怕的装式，排着队伍，更附以锣鼓旗帜，在村中送游，俗谓召

---

① 《江苏戏曲志》编辑委员会，《江苏戏曲志·扬州卷》编辑委员会. 江苏戏曲志：扬州卷[M]. 南京：江苏文艺出版社，1997：334.

② 姜彬. 吴越民间信仰民俗：吴越地区民间信仰与民间文艺关系的考察和研究[M]. 上海：上海文艺出版社，1992：377-378.

丧。据云系召集一般小鬼去看戏之意。此时更有妇人和小孩去看，头上插遍桃树枝，或桃树叶，云可避鬼也。

召丧完毕，伶人始上戏台演戏，戏目多演目连救母故事。唯戏剧之外，还要扮许多恶鬼之形状，在戏台之下舞跑。迨至明天，将恶鬼赶到台下，云是将乡村中恶鬼一律赶去之意。近村妇女，呼朋唤友，前来看戏，非常热闹。唯必须看至天明，始可回去。盖若不终局而散，必有真恶鬼随之而去也。

当晚做戏之时，又有多人以冥糤纸钱等，沿路向有坟墓之处焚花，俗称烧孤坟。①

二、为节日时令而演戏

传统中国的节日时令繁多，从正月到腊月节日时令几不间断，其中较隆重有春节、元宵节、清明节、端午节、中秋节、重阳节等。这些节日时令是民间戏曲演出的大好时机。据《中国戏曲志·江西卷》记载，该地区每逢节令必有戏曲演出，而在重大节日尤盛。如在大年初一至元宵节期间，要演出"年戏"，"年戏"的演出天数、场次不一，在农村有自办班社的地方——如新建县溪霞乡桥南村，从正月初一一直演至十五；在有宗祠、家庙的地方，因送神活动一般都在元宵之后，故演"年戏"的时间会拉得更长一些。而在南昌地区，按习俗，初一是拜"跑马年"的时候，一般不进剧场看戏，性急的也在初二、初三开锣，过"上七"②开锣的比较多。"年戏"很注重传统心理，忌讳演出含有不吉祥的内容及语言的剧目，

---

① 胡朴安. 中华全国风俗志：下编［M］. 石家庄：河北人民出版社，1986：247 - 248.
② 民间传说：从大年初一到大年初八，女娲娘娘依次塑造出了鸡、犬、猪、羊、牛、马、人和稻谷。"上七"，是女娲娘娘造人的纪念日，南昌人认为"上七大似年"，讲究"过完上七再出行"。

如《秦雪梅吊孝》《杀子报》等。在端午节，要演"节戏"。南昌地区划
龙船的习俗是"初一划，初二歇，初三、初四划到节"，故"节戏"也从
初一演至初五。端午节这天尤其注重日场，《白蛇传》《渔网会母》成为常
规性上演剧目。又因南昌、新建两县江河湖港纵横交错，四、五月又为涨
水季节，俗称"龙船水"。农村许多戏台就靠近水边，日场演出往往是水
上的龙船、台上的戏，竞相争鸣，辉映成趣，故"节戏"亦称"龙船戏"。
在中秋节，要演中秋戏。江西民间有句俗语"七月算一算，八月有戏看"，
就是说农历八月是农村唱戏的旺季。中秋节是民间三大传统节日之一，又
是农闲，在此期间请戏班唱戏也是常见的习俗，其中《唐明皇游月宫》
《嫦娥奔月》是必演的剧目。在江西，除了重大节日，一些农耕时令也有
戏曲演出，其中比较典型的是每年农历十月演出的"禁纲戏"。江西各地
主产水稻，越冬作物往往不受重视，很容易受到猪牛践踏，故请戏班唱戏，
一来辛苦一年要娱乐一番；二来借唱戏代替告示，劝诫人们要爱护油菜、麦
子、红花等青苗，同时制定乡规民约，违者受罚，其演出剧目不拘。①

　　江西的这些节令演出习俗在其他地区也普遍存在，只是在名称上略有
差异。比如在天津地区，所有在节日演出的戏曲一般被统称为"应景戏"。
据《天津老戏园》一书介绍，该地区每遇节令，旧戏园中必演应时即景的
剧目以为点缀，虽大多牵强附会，但此风相沿，积久成例。②

　　　　旧历春节，各戏园必演吉祥戏，尤以初一、初二、初三三天最为
　　隆重。所谓吉祥戏，即从戏名的字面上及剧情内容上，都要有一种喜
　　庆气氛，为节日增色添彩。所以，戏名中有杀、伐、斩、死、伤等不
　　吉祥、犯忌字眼的是绝对不能演出的。吉祥戏又名"新戏亮台"，戏
　　虽热闹，但观众寥寥，而且多数因除夕夜守岁而终宵未眠，不耐久

　　① 中国戏曲志编辑委员会，《中国戏曲志·江西卷》编辑委员会. 中国戏曲志：江西卷
[M]. 北京：中国 ISBN 中心，1998：689，692.
　　② 周利成，周雅男. 天津老戏园 [M]. 天津：天津人民出版社，2005：34.

坐。所以，大年初一的吉祥戏多为短剧，午后早早开场，不到天黑就草草收场了。是日，前后台文武场面所得戏份，均以红纸封包，名曰"年份"。初一到初三的吉祥戏后即进入正月节，因为当时各业多告休息，一月内各戏园上座不衰，即行内人所说的"旺月"到了。

吉祥戏的主要剧目有：《御碑亭》《满床笏》《定军山》《一战成功》《青石山》《卖符捉妖》《百花亭》《贵妃醉酒》《回荆州》《龙凤呈祥》《摇钱树》《黄金台》《英雄义》《鸿鸾禧》。至于《天官赐福》《五路财神》《八百八年》等都是开场必演的，其中尤以《金榜乐》及《满床笏》居多，所以称之为"标准吉祥戏"，老生、青衣几无不演。武生演《青石山》，花旦演《鸿鸾禧》，也是牢不可破的定例。①

端午节的应景戏较多，俗称端午为五毒（蜈蚣、蝎子、壁虎、蛇与蛤蟆）的难期，所以以五毒为主人公的《五花洞》一剧，是端午节不可或缺的经典；而由《五花洞》衍生出来的《混元盒》则更蜚声剧院。《白蛇传》中的《盗仙草》也为端午节戏目，并由此连带着演《盗伞游湖》《水漫金山》《断桥》等剧目；又因白蛇饮雄黄酒而现原形，所以《雄黄》一剧也被列为端午节的应景戏。七月初七的七夕节，各戏园一律以《天河配》一剧作为招徕观众的卖点。因该剧取材于妇孺皆知的民间故事，而且演出场面热闹火炽，极有感染力，所以深受普通观众欢迎。各戏班为了赢得猎奇观众的青睐，还在戏中极力卖弄灯彩砌末，精心制作独特布景。如南市第一舞台在演出《天河配》时，别出心裁地制作了一个装满清水的木质大水池，让演织女的演员和六个仙女着贴身白纱在仙池内沐浴，演牛郎的演员在一旁做嬉戏状，使用忽明忽暗的镁光追光灯做效果，观众透过台口的纱幕，看到众仙女的倩影时隐时现。如此新奇、大胆的舞台画面为天津观众前所未见。《天河配》一剧遂为七夕节的号召剧，每年一进旧历七

① 周利成，周雅男. 天津老戏园 [M]. 天津：天津人民出版社，2005：34－37.

月，各戏园自初一起就开始演出，一直演到当月中旬，真可谓"观众喜欢看，演员演不厌"。此外，二月二演《红鬃烈马》、八月十五演《阴阳河》，也早已成了戏园子的定例。①

三、为婚丧喜庆而演戏

旧时的富户人家每逢婚丧喜庆之事，为讲排场，除了举行必要的仪式外，也往往约戏班在家中或饭庄演唱，并设宴招待亲朋。在这种场合演唱的戏曲一般也被称为"堂会戏"。"堂会戏"由来已久，自康乾盛世以来逐年时兴，以演出时间论，昼夜者（头天中午至深夜或翌日黎明）谓之"全包"堂会，半日或一夕者谓之"分包"堂会，全包者可由本家随意点戏，分包者则由戏班配戏。② "堂会戏"是民间艺人一项较重要的经济收入来源，一场盛大的"堂会戏"往往集中当地所有著名演员，演员承应堂会演出，其"戏份"往往数倍于平日收入。"堂会戏"种类颇多，其中较有代表性的如下。

一是庆婚戏。庆婚戏是有钱富户人家在迎亲嫁娶、庆祝花烛之喜时请戏班唱的戏。一为炫其尊贵豪富，二为祈新郎新娘百年好合，早生贵子。如河北蔚县城牛家为三少爷娶大德庄康家小姐时，在书院街搭起两个台子，特请侯家庄大戏班和牛大人庄大戏班两班戏整整唱了五天，宾朋满座，花天酒地，热闹非凡。③ 除了正常的庆婚戏，有些地区还有唱"死婚戏"的传统。所谓"死婚戏"，是为庆贺死人婚姻配偶而演的戏。旧时豪

---

① 周利成，周雅男. 天津老戏园 [M]. 天津：天津人民出版社，2005：34 – 37.
② 周简段. 梨园往事 [M]. 北京：新星出版社，2008：206.
③ 河北省蔚县政协文史资料委员会. 蔚县古戏楼：蔚县文史资料选辑 第16辑 [M]. 内部出版，2008：117.

门富户家的未成年人夭折，死者的父母唯恐其子女死后孤独，而觅寻异性配偶，按照活人婚俗嫁娶程序，邀请亲朋好友，雇来鼓匠、戏班，大肆庆贺。如光绪年间，河北蔚县县城公道巷祁家独生子 12 岁因病死亡，祁老员外托媒人到处访问近日死亡的年轻女子。正巧大深涧村黄家 16 岁女儿患痨病死亡，不久经媒人说和，两家基本上门当户对，就结了亲家。选了吉日，两家大办喜事。祁家还请了三庆大戏班唱了三天戏，热闹非凡。① 为了烘托嫁娶的喜庆氛围，庆婚戏多演《东吴招亲》《八贤王说媒》《香囊记》《织黄绫》《大登殿》《白莲花临凡》等吉祥剧目。

　　二是丧葬戏。丧葬戏，就是丧葬之家在举行丧葬礼仪期间，召伶人作戏谑，以娱吊者，或哀或乐，哭笑并声，由是转相师效，习久成俗。② 丧葬戏演出，一般多在丧家所搭"灵棚"或墓前，有些大户人家还在村头广场扎搭彩台，供戏班在上边演出。在丧葬戏中，还有一种比较特殊的"闹丧戏"，就是妇女因受到婆家虐待而死于非命，娘家为了出气，强制婆家为死者唱丧戏。在唱丧戏时，戏台的台柱需用白布包裹，还需用百尺白布做成白绣球花挂于前后台，甚至还要让演员穿孝服到坟墓前演唱。这种"闹丧戏"要比一般演出戏价高出许多。在演完后，戏台上所用白布也归戏班所有。虽然在明清时期，演唱丧葬戏之习俗曾被很多地方官员归为"陋习"加以禁止，却屡禁不止，且逐渐形成了一些专为丧葬所演的剧目。

　　　　如老人病逝，丧事喜办，死者是男的一般要唱《黄河阵》《南极
　　　翁出世》一类剧目；死者是女的，一般要唱《蟠桃会》《八仙庆寿》
　　　一类的戏。一般丧葬戏，只是选择一些带有悲剧性的剧目，如《梅林
　　　拉灵》《后楚国》《诸葛亮吊孝》《司马茅告状》《孙夫人祭江》《祭
　　　塔》之类的戏。如修坟祭祖，多唱《祭皇陵》之类的戏；如立贞节牌

---

① 河北省蔚县政协文史资料委员会. 蔚县古戏楼：蔚县文史资料选辑 第 16 辑 ［M］. 内部出版，2008：121 - 122.

② 河南省兰考县县志编纂委员会. 兰考旧志汇编：上 ［M］. 内部出版，1986：10.

坊，多唱《贞节坊》之类的戏。如此等等。①

　　除了婚嫁与丧葬，凡有寿诞、添丁、加官、乔迁、修谱等事，大户人家也大都演戏庆贺。据资料介绍，在河南民间，演唱这类喜庆戏时，戏班很少到家里演出，多是在广场搭高台或借用庙前戏楼进行演出，本村及邻村广大群众，无论亲疏远近，都可自由观看，这样更可扩大影响，增加喜庆之家的声誉。所演剧目要根据喜庆性质来选择，由喜庆之家的主人点演。如是寿诞，多演《八仙庆寿》、《大拜寿》(《满床笏》)、《百寿图》、《文王访贤》等；如是添丁，多演《麒麟育子》《双官诰》等；如是加官，多演《连升三级》(《王明芳中状元》)、《六国封相》、《甘罗封相》等。在这些戏的本戏开演之前，一般都要首先加演《天官赐福》或者"三出头"(《跳加官》《封相》《拜堂》)这样的开场吉庆戏；在演出中往往还要悬挂"天官赐福""福禄寿喜""福禄祯祥""招财进宝"等条幅，以表示祝福主人和宾客们吉祥如意。② 总之，唱喜庆戏，就是要讨得主人和宾客们的欢心。戏班除得到预先协商好的戏价外，有些艺人往往还可以得到额外的赏钱。③

四、为赌博等不良活动演戏

　　赌博历来被视为罪恶渊薮，历代政府都想方设法对其严加禁止，但仍未能禁绝。赌风之兴盛，带来了赌戏的泛滥。据《安阳市曲艺志》记载，民国期间，该地赌博成风。一些人设赌场、搭宝棚，从中渔利，大发其财。特别在古庙会上，赌场、宝棚星罗棋布，更有甚者，专为赌博而成立

① 韩德英. 民间戏曲 [M]. 郑州：海燕出版社，1997：321－322.
② 韩德英，等. 中国豫剧 [M]. 郑州：河南人民出版社，1999：47.
③ 同上。

民间庙会。设赌者为招引顾客、吸引赌棍，多在赌场、宝棚内设立曲艺场、说书席；或薪金聘请，或威胁引诱，让艺人们演唱助赌。当地的不少艺人都参与过为赌博演唱的活动，其中以内黄县城关镇北丈保村庙会最为典型。

内黄县城关镇北丈保村位于县城南 20 里处，该地于民国二年（1913年）成立民间大会，名曰敬神、物资交流，实则为赌博而起会。此庙会热闹非凡，赶会者来自周围百里城乡，人山人海；会期三日，每日不下十余万人。会上，最引人注目的是林立的宝棚、赌场，绵延四五里，一望无际，不计其数，引得不少赌棍和观光者不远千里而来。会上所建赌场、宝棚多为布制，有两种样式，一为上尖下圆、上小下大的"宝塔形"大棚，二为平面直角长方形大棚，棚场宽敞明亮，可容上百人。赌棚内设有曲艺场、说书席和赌博处。曲艺场一般设在进门处，赌博处设在最里面，其间无明显界线，可随意互通。曲艺场实属赌场的一片空闲面积，无固定设备，多数仅摆放一桌一椅，或若干茶具及供听众坐用的条木；有的甚至什么也没有。来赌场说唱的艺人多是被邀请而来的，也有部分是自己主动寻来的。前者多为当地表演技艺较高的艺人，后者则多半是表演技艺较低的外地艺人。设赌者均有权贵作后台，他们虽然在生意上明争暗夺、勾心斗角、相互倾轧，但在寻求曲艺艺人演唱助赌兴业这方面，意见却是一致的。会前，赌主们常常聚在一起，暂时放弃各种矛盾，认真商定庙会期间邀请哪些曲艺艺人，待名单确定后，统一给艺人们"下帖"（通知）。由于赌场多，艺人少，所以艺人们的演出场地不固定，见机演唱——看哪个赌场顾客稀少，生意冷落，就在哪个赌场扎摊演唱，招徕观众。待生意红火之时，艺人们知趣地刹住书，悄悄离开，然后主动寻找另一冷落的赌场演唱。每个艺人都属于所有赌主共同"雇用"的，因此必须不辞劳累，全心尽力为赌主服务；如有偷懒，会受到皮肉之苦和经济上的制裁。被邀请来的艺人可以任意首选某某赌场，任意转移到某某赌场说唱。而主动来演唱的艺人们则必须征得赌主的同意，才能入棚演唱。大会期间的食宿均由赌主负责解决。所演曲种有河南坠子、莺歌柳、云板、木板莲花落等，演唱河南坠子者居多，演唱的内容多为打趣逗乐的小段。大会没有结束前，任何艺人不能以任何借口向赌主索要报酬，大会结束后由赌主统一付给。赌主视收入的多少和艺人演出的水平及场次付给艺人们酬金。一般被邀请来的艺人事后按指定到某一赌主家里一次性领取酬金，或者由赌主亲自送到艺人家；主动来的艺人们会后即付酬金，给多给少不得异议，甚至分文不给。但总的收入及待遇均比打地摊设场卖艺强过许多，所以每年都有不少艺人主动前往赶会。①

在新中国成立之前，赌博戏在很多地区都很兴盛，比如在赣东北乐平县，当地甚至有"刘许董吴戴，赌博戏连台"的流传俗语。② 总体而言，赌博戏对演出质量并不苛求，只要一天到晚有人在台上唱就行，因此，一些低级下流、淫荡污秽的戏往往于此泛滥。有的艺人亦染有赌博恶习，一有空便跻身赌场，最终被弄得妻离子散，身败名裂。有的艺人虽然没去参赌，但受赌场恶习的影响，无心练功求艺，不管演出效果如何，只求凑够时间了事，这就使自身的技艺停滞不前，甚至倒退，每况愈下。

在新中国成立之前，除了以上几种演出习俗，还有为戏班自身祈福、宣传而唱戏的风俗，如破台戏、亮箱戏、封箱戏等。破台戏也称祭台戏。新建的戏台落成后，按迷信的说法，必须先祭台，否则伶人会有伤亡。祭台分明暗两种：明为白天，于开场之初；暗为黑夜，在更深人静时。亮箱戏也叫亮角戏。戏班到一个新地方演出，为了向观众显示阵容、服装情况，要演出角色齐全、上场人物众多的戏。封箱戏是戏班在岁尾所演的最

---

① 安阳市文化局. 安阳市曲艺志 [M]. 郑州：中州古籍出版社，1995：252 – 253.
② 景德镇市文化局，戏曲志编纂委员会. 景德镇市戏曲志 [M]. 内部出版，2003：319.

后一场戏。在河南的一些地方，封箱戏多演"反串戏"，即生演旦，旦演生，丑演须生，须生演净，净演丑等。戏毕，戏班用大红纸在衣箱上贴上"封箱大吉"，然后各归其所，欢度春节。① 尽管为戏班自身祈福、宣传而唱戏的风俗在全国各地普遍存在，但就其对于戏班生存的意义而言，其重要性显然不及前面所论及的几种演出习俗。

总体而言，以上所述的几种民间戏曲演出习俗，大都和民间风俗习惯直接相关，甚至其本身也逐渐成为民俗活动中不可缺少的组成部分，这些演出习俗对民间戏曲的生存、发展无疑起到了重要的维系与促进作用。但也正是因为其是迎合民俗活动需要的产物，所以导致其很难适应新中国的社会发展需要，有些演出习俗甚至对社会主义意识形态的建构是极为不利的，因此也就很有必要在政府的干预和引导下，对其进行消解。

第二节　对不良演出习俗的消解

新中国成立后，旧演出习俗主要存在两个方面的问题：一是有些旧演出习俗充满着"怪力乱神"的色彩，是产生封建迷信的温床与基础；二是有些旧演出习俗往往是统治者对劳动人民进行愚昧宣传与教育的途径与工具，其目的是巩固所谓"封建社会"的道德观念与秩序。这些旧演出习俗在观念上妨碍了新价值观的建立与传播，在制度上妨碍了新的乡村社会道德秩序的重构，所以必须对其进行消解，并在这一基础上，建构符合新中国政治、经济、文化发展需要的新演出习俗。

新中国成立之后，政府对不良演出习俗的消解，主要有两条路径：一

① 清丰县文化局. 清丰县戏曲志［M］. 内部出版，1988：114.

是摧毁不良演出习俗存在的社会基础；二是禁演为不良演出习俗服务的剧目。演出习俗是艺人迎合时俗以求生存的产物，因此，摧毁了其赖以存在的民间风俗，也就使其失去了存在的社会基础。比如，新中国成立后，对家族网络的破坏就使得很多以家族活动为依托的"堂会戏"失去了存在的基础；对鬼神祭典等迷信活动的取缔就使一些以此为依托的酬神祀鬼戏失去了存在的基础；对赌博活动的禁止就使以此为依托的"赌戏"失去了存在的基础。但需要指出的是，破坏家族网络、取缔鬼神祭典等迷信活动、禁止赌博活动等措施并非专为消解不良演出习俗而施行，只是在客观上起到了消解不良演出习俗的作用而已。在新中国成立初期，专门针对不良演出习俗而采取的措施当数禁演为其服务的剧目。

剧目一方面是演出习俗的产物，另一方面也是演出习俗的重要支撑。因此，要想消解不良演出习俗，首先应该从改造不良剧目入手。早在1948年11月13日，《人民日报》就在题为《有计划有步骤地进行旧剧改革工作》的社论中指出："旧剧必须改革。在华北解放区，据初步调查，有平剧、河北梆子、评戏、各路山西梆子、秦腔、秧歌、柳子调、老调、丝弦、高调、道情等20余种，它们绝大部分还是旧的封建内容，没有经过一定的必要的改造。"① 在这一判断的基础上，社论也进一步以"人民性""阶级性"为标准提出了旧剧改造的工作流程：

> 改革旧剧的第一步工作，应该是审定旧剧目，分清好坏。首先，我们必须确定审查的标准。我们要以对人民的有利或有害决定取舍。对人民有利或者利多害少的，则加以发扬和推广，或者去弊取利而加以若干修改；对人民绝对有害或害多利少的，则应加以禁演或大大修改。②

---

① 《人民日报》社论. 有计划有步骤地进行旧剧改革工作 [N]. 人民日报，1948-11-13 (1).

② 同上。

具体而言，其中有害的部分包括：

> 一切提倡封建压迫奴隶道德的（如《九更天》《翠屏山》等），
> 提倡民族失节的（如《四郎探母》），提倡迷信愚昧的（如舞台上神
> 鬼出现，强调宣传神仙是人生主宰者等；至于一般神话故事，如孙悟
> 空大闹天宫的戏，则是可以演的），以及一切提倡淫乱享乐与色情的
> （如《游龙戏凤》《醉酒》等）。①

社论认为，这些剧目应该加以禁演或经过重大修改，或在重要关节上
加以修改后方准演出。

新中国成立以后，全国各地的文化部门在剧目审定工作中基本延续了
以上四条禁戏原则。尤其是对于"提倡迷信愚昧"的剧目，各地的禁演力
度普遍都很大。之所以如此，是因为迷信行为在各地的民间戏曲演出习俗
中最为常见。以江南地区的民间社戏为例，一场社戏的演出甚至就是一次
迷信活动的大展演：

> 热闹拥挤的戏场上到处点燃着祭鬼酬神的香火，赏曲听歌的过程
> 中时时窜进了驱祟逐疫的内容。所有能被人们想到，甚至是完全杜撰
> 出来的各种迎神祭鬼、纳吉祈祥、驱灾逐疫、禁忌咒语等的迷信方
> 式，都被尽数地搬入了社戏演出活动之中，致使社戏的演出活动到处
> 充斥着浓重的宗教迷信情调。②

东北是新中国成立后较早实施禁戏方针的地区。1949 年 12 月 10 日，
首届东北文学艺术界联合会代表大会作出了在两三年内消灭包括"封建迷
信"等旧剧毒素的号召。根据 1951 年 9 月 30 日东北人民政府文化部给中
央文化部的报告中附件所显示，截止到 1950 年 3 月，东北各省禁演或停演

---

① 《人民日报》社论. 有计划有步骤地进行旧剧改革工作 [N]. 人民日报，1948 – 11 – 13
(1).

② 蔡丰明. 江南民间社戏 [M]. 上海：百家出版社，1995：285.

过的剧目共 156 种，其中京剧 97 种、评剧 59 种。① 而在这些剧目中，因涉嫌"封建迷信"而遭到禁演、停演的多达 45 种，比较典型的有京剧《游六殿》《阴阳河》《天雷报》《捉潘璋》《骂阎罗》《五花洞》《白蛇传》《吊金龟》《目连救母》《伐子都》《盘丝洞》等，评剧《黄氏女游阴》《僵尸复仇记》《阴魂奇案》《因果美报》《人头告状》《活捉南三复》等。这些剧目的禁演，对于一些不良演出习俗而言，无疑是釜底抽薪，加速了其消亡的速度。但禁演的剧目过多，在客观上也使得很多民间艺人无戏可演，造成他们生活困难。为了解决这一问题，1950 年 3 月，文化部专门致电东北人民政府文化部，以纠正禁演剧目过多的偏向。同年 7 月，文化部邀请戏剧界代表人物和戏曲改进局的负责人组成"戏曲改进委员会"②。这个机构区别于之前成立的文化部戏曲改进局之处在于，它是一个主要由戏

---

① 其中，京剧包括：《虹霓关》《泗洲城》《百草山》《穆柯寨》《战马超》《摇钱树》《七星庙》《双锁山》《马山缘》《连环套》《落马湖》《贺龙衣》《彩楼配》《美人查关》《红梅阁》《大劈棺》《鸿鸾禧》《赶韩信》《南阳关》《捉放曹》《卖弓计》《八宝公主》《辛安驿》《北汉王》《盘丝洞》《甘露寺》《法门寺》《英节烈》《伐子都》《牧羊关》《一捧雪》《红娘》《孔雀东南飞》《凤还巢》《南天门》《三娘教子》《珠帘寨》《金钱豹》《水帘洞》《杀四门》《四郎探母》《红鬃烈马》《奇冤报》《探阴山》《杀子报》《九更天》《滑油山》《大香山》《海慧寺》《双钉计》《拾玉镯》《宝蟾送酒》《打樱桃》《关公显圣》《铁公鸡》《活捉三郎》《武家坡》《西游记》《潘金莲》《馒头庵》《阴阳河》《铡判官》《游六殿》《目连救母》《翠屏山》《狮子楼》《五花洞》《盗魂铃》《十八罗汉斗悟空》《贱骨头》《黑白会》《双摇会》《青石山》《古城会》《华容道》《天门阵》《恶虎村》《白水滩》《吊金龟》《白蛇传》《六月雪》《汾河湾》《锁麟囊》《对金瓶》《天河配》《玉虎队》《铡美案》《铁弓缘》《八蜡庙》《包龙图》《乌龙院》《闹天宫》《天雷报》《黄犬救主》《吴汉杀妻》《哪吒闹海》等；评剧包括：《杨乃武》《刘公案》《打狗劝夫》《王少安赶船》《花为媒》《活捉南三复》《盗金砖》《刘翠屏哭井》《珍珠衫》《桃花庵》《杜十娘》《玉堂春》《鸳鸯血泪》《六月雪》《黄氏女游阴》《僵尸复仇记》《贞女血》《五女哭坟》《土牢计》《女吊孝》《狠毒计》《梨花泪》《宦海潮》《纺棉花》《枪毙苏文达》《清烈传》《阴魂奇案》《王华买父》《双吊孝》《井台会》《东斗星》《因果美报》《水牢记》《西厢记》《姊妹花》《小老妈》《莲花庵》《乾坤福寿镜》《陈查礼》《人面桃花》《千里送京娘》《二美夺夫》《苏小小》《独占花魁》《珍珠塔》《孟姜女》《天河配》《双蝴蝶》《人头告状》《梁祝姻缘》《唐伯虎点秋香》《小过年》《大劈棺》《张彦赶船》《可怜秋香》《黄爱玉》《红娘》《马寡妇开店》《高成借嫂》。中国戏曲志编辑委员会，《中国戏曲志·辽宁卷》编辑委员会. 中国戏曲志：辽宁卷 [M]. 北京：中国 ISBN 中心，1994：509 – 510.

② 文化部戏曲改进委员会成立于 1949 年 10 月，后与戏曲改进局合并，1950 年 7 月又恢复。委员为周扬、田汉、欧阳予倩、洪深、杨绍萱、马彦祥、李伯钊、赵树理、阿英、翦伯赞、老舍、艾青、曹禺、马少波、阿甲、刘芝明、李纶、马健翎、张梦庚、王亚平、伊兵、郑振铎、周贻白、焦菊隐、王瑶卿、尚和玉、萧长华、王凤卿、马德成、梅兰芳、周信芳、程砚秋、尚小云、荀慧生、谭小培、鲍吉祥、高百岁、袁雪芬、刘南薇、龚啸岚、韩世昌、连阔如，其中周扬为主任委员。

剧界专家包括多位知名演员组成的专业委员会，由它来审定戏曲改进局提出修改与编写的剧本，并且决定戏曲工作的基本方针，当然会比由一个纯粹的政府部门来决策，更有可能考虑到戏剧界的具体情况以及艺人的利益。① 因此，该委员会成立伊始，就开始纠正戏改运动中禁戏过多的问题，建议在禁戏过程中要采取更慎重的、有分析的、区别对待的办法。

多位戏曲改进委员会委员都曾在讲话或文章中强调剧目审定工作应注意区分迷信与神话，不能一概而论。1950 年 10 月，马少波在北京业余艺术学校戏曲部讲话时指出：

> 在戏曲改革工作中，有的同志往往把迷信和神话混为一谈，因而在审定剧目以至修改编写工作上，曾经发生过若干错误。例如有的把《探阴山》《关公显圣》等迷信戏错当作神话戏演出，有的则把好多神话戏误伤，如强令《白蛇传》《闹天宫》等剧停演。

马少波认为，迷信戏与神话戏的区别主要在于思想内容，不要管它的形式是否怪诞离奇，要看它讲的道理是否符合人民的利益，要看它对于命运的态度。迷信戏或者有些戏的迷信成分之所以应该被否定，就是因为它是宣扬宿命论的，给人民以反科学的、有害的毒素。封建统治阶级通过戏剧形式表演阴曹地府、循环报应的故事，恐吓与麻醉人民，诱迫人民相信命运，从思想上就范，听天由命。《滑油山》就是最坏的典型。而神话戏或者有些戏的神话成分之所以应该被肯定，就是因为它表达了人民的心声，通过类似神怪的形式，给人民说明真实的道理，如：《火焰山》《闹天宫》反抗封建统治的意识，《白蛇传》《天河配》《柳毅传书》反封建思想；《愚公移山》写出劳动创造世界的真理和表现中国人民的斗争毅力；《中山狼》批判无原则的仁慈等。在旧社会里，反动阶级不允许人民讲道

---

① 傅谨. 新中国戏剧史：1949—2000 [M]. 长沙：湖南美术出版社，2002：20.

理、懂道理，因而许多不平之鸣往往借重于戏剧的神话形式，所谓"说理著文，非喻不醒"，这种情况在民间传说寓言故事中也是常见的。马少波最后得出的结论是：

> 迷信与神话的基本区别，在于思想本质。古代人民对于自然现象的天真幻想也好，对于人间社会的抗议也好，对于理想世界的追求也好，凡有积极意义的，寓有正确道理的，符合人民利益的是神话；反之，宣传宿命论的，恐吓人民、麻醉人民，使人民相信命运、安于天命的是迷信。前者应该肯定，后者应该坚决否定。①

与马少波所持观点相似的还有周扬。1952 年 11 月，周扬在为第一届全国戏曲观摩演出大会作总结报告时，指出：

> 无论是神话或迷信，本来都是反映了古代人们对于世界的一种幼稚的认识，一种对于超自然的力量的信仰。②

但两者的意义却有不同：

> 许多神话对于世界往往采取积极的态度，往往富于人民性；而迷信则总是消极的，往往反映统治阶级的利益。这种区别最突出地表现在对待命运的态度上面。神话往往表现人们不肯屈服于命运，并在幻想形式中征服命运。相反地，迷信则恰恰是宣传宿命论，宣传因果报应，让人们相信一切都由命定，只好在命运面前低头。由于对命运的看法不同，因而对于作为命运主宰者的神就采取了不同的态度。神话往往是敢于反抗神的权威的，如孙悟空的反抗玉皇大帝，牛郎织女的反抗王母；迷信则是宣传人对于神的无力，必须做神的奴隶和牺牲

---

①　马少波. 迷信与神话的本质区别（在北京业余艺术学校戏曲部的讲话）［M］//马少波. 马少波文集：第四卷. 北京：北京出版社，2008：85 - 88.

②　周扬. 改革和发展民族戏曲艺术：一九五二年十一月十四日在第一届全国戏曲观摩演出大会上的总结报告［M］//周扬. 周扬文集：第二卷. 北京：人民文学出版社，1985：171.

品。因此，神话往往是鼓励人努力摆脱自己所处的奴隶的地位而追求一种真正的人的生活，迷信则是使人心甘情愿地安于做奴隶，并把奴隶的锁链加以美化。①

因此，周扬认为要反对的是迷信而不是神话。

张庚比马少波与周扬更进一步。1955 年 7 月，张庚在为文化部举办的第一届戏曲演员讲习会做讲座时主张：不能对神从宽，对鬼从严；要对具体的戏进行具体分析。他指出：对于神话与迷信的区分，还有一种错误的说法，认为戏里有神就是神话，有鬼就是迷信，采取对神从宽，对鬼从严的态度，神可以在舞台上通行无阻，而鬼则任何情况下都不允许在舞台上出现。他认为，这样的说法是不对的，因为并不是所有的神都不可怕，也不是所有的鬼都可怕。有些神也是人们按照封建社会中的统治阶级——皇帝、大臣的面貌创造出来的，他们残酷地压迫人民，剥削人民，按照他们面貌创造的神难道不可怕？玉皇大帝就不让张七姐、董永过幸福的生活，王母娘娘就硬要划一道天河把牛郎织女隔开。而有些鬼，比如《红梅阁》中的李慧娘、《情探》中的焦桂英，他们生前都是善良的人，活着的时候被污辱被遗弃，结果又被虐杀、被迫害而死，他们的遭遇具有深刻的现实性与悲剧性；但是她们不甘心于自己这种不平和悲惨的遭遇，活着不能报仇，死后变鬼也要报仇，是复仇的鬼，都有很强的反抗性。应该说，这也是我国古代妇女坚强斗争性格的反映，应该说创造这样的鬼是有人民性的。所以，张庚认为：

对"鬼戏"也要进行具体研究，哪一个能演，哪一个不能演；不对具体的戏进行具体研究往往出毛病。②

① 周扬. 改革和发展民族戏曲艺术：一九五二年十一月十四日在第一届全国戏曲观摩演出大会上的总结报告［M］//周扬. 周扬文集：第二卷. 北京：人民文学出版社，1985：171.
② 张庚. 扩大上演剧目的几个问题［M］. 北京：通俗文艺出版社，1956：12 - 14.

马少波、周扬与张庚等人在讲话和文章中对神话与迷信所做的区分，尽管在现实中操作起来颇为困难，但提出这些区分，显然为一批剧目的继续存在提供了理由。在他们的推动下，1951 年 5 月 5 日，政务院颁布了周恩来签发的《关于戏曲改革工作的指示》，明确要求：

> 对人民有重要毒害的戏曲必须禁演者，应由中央文化部统一处理，各地不得擅自禁演。①

该指示颁布之后，各地禁戏的情况有了明显的改观，一些民间剧团借此获得了相对宽松的生存空间。这种"宽松"在 1957 年达到了极致。1957 年 5 月 17 日，文化部发出了《关于开放"禁戏"问题的通知》，指出：20 世纪 50 年代初的禁戏令在执行中又造成了许多清规戒律，妨碍了戏曲艺术的发展，决定除已明令解禁的《乌盆记》和《探阴山》外，以前所有禁演剧目，一律开放。② 这次开禁可以看作文化部 1956、1957 年相继召开两次全国戏曲剧目工作会议的产物，它的问世也为那个时代戏剧界的"百花齐放、百家争鸣"，提供了一个历史的注脚。③ 开禁通知的下发，对于复苏民间戏曲的演出市场、缓解民间艺人的生活困难具有一定的积极意义，但在一定程度上也造成了"迷信"剧目又大量上演的问题，尤其是在一些农村地区，在"迷信"剧目的助推下，很多迷信活动重新抬头。有鉴于此，文化部再度发布禁戏令：1963 年 3 月 29 日，中共中央批转了文化部党组《关于停演"鬼戏"的请示报告》，并要求有关的文化部门和艺术团体照此执行。这个禁戏令与 20 世纪 50 年代初期禁戏令的最关键区别，就是它提出的是禁演某一类戏曲，而不只是禁演某些具体的剧目。

---

① 政务院. 关于戏曲改革工作的指示［M］//中共中央文献研究室. 建国以来重要文献选编：第 2 册. 北京：中央文献出版社，2011：226.
② 文化部. 关于开放"禁戏"问题的通知［M］//中华人民共和国文化部办公厅. 文化工作文件资料汇编：1949—1959. 内部出版，1982：217.
③ 傅谨. 中国：禁戏五十年［J］. 小说家，1999（3）：150.

文化部党组《关于停演"鬼戏"的请示报告》首先指出：

> 近几年来，城乡人民中烧香、拜佛，以至盖庙宇、塑菩萨等迷信活动又有所滋长。不少地区农村中的一些干部和群众，还以迎神、还愿等名目，邀请剧团大演《目连戏》和其他"鬼戏"。事实证明，"鬼戏"的演出，加深了人们的迷信观念，助长了迷信活动，戕害了少年儿童的心灵，妨碍了群众社会主义觉悟的提高。而反革命分子和反动会道门也就利用群众的迷信进行活动。①

接着，该报告又对部分戏剧界人士所提出的要对具体的"鬼戏"进行具体分析的主张做了反驳，认为无论是思想反动、形象丑恶恐怖的"鬼戏"，还是在一定程度上反映了被压迫者的反抗和复仇精神的"鬼戏"，都首先肯定了人死变鬼的迷信观点。

> 即使有的"鬼戏"有它的好的一面，对于缺乏科学知识，还有浓厚的迷信思想的广大群众来说，还是存在着助长迷信的副作用。这是和当前我们要加强群众的社会主义教育、克服各种落后思想和落后习惯的任务相抵触的。②

基于以上认识，该报告最后提出了停演"鬼戏"的七项具体措施：

> 一、全国各地，不论在城市或农村，一律停止演出有鬼魂形象的各种"鬼戏"。但原属于"鬼戏"的片段，而在这一片段中并无鬼魂出现等迷信成分的折子戏（如《焚香记》的《阳告》、《双钉记》的《钓金龟》等），仍可演出。
>
> 二、各地文化行政部门和戏曲剧团应当同艺人合作，对那些主题

---

① 文化部党组. 关于停演"鬼戏"的请示报告（1963 年 3 月 16 日）[M] //中共中央文献研究室. 建国以来重要文献选编：第 16 册. 北京：中央文献出版社，2011：216–217.
② 文化部党组. 关于停演"鬼戏"的请示报告（1963 年 3 月 16 日）[M] //中共中央文献研究室. 建国以来重要文献选编：第 16 册. 北京：中央文献出版社，2011：217.

思想比较健康但有鬼魂形象的剧目进行修改。这些剧目在去掉鬼魂形象和其他迷信成分以后，仍可继续演出。如一时难以修改，应当先行停止上演，如何处理，将来再说。

三、当前应当停演的只是有鬼魂形象出现的各种"鬼戏"，其他以神话或传说为题材并无鬼魂形象出现的剧目（如《天仙配》《西游记》《白蛇传》《牛郎织女》《宝莲灯》《刘海砍樵》等），不包括在内。但对神话剧也要注意避免渲染迷信成分和制造恐怖气氛。

四、各省、市、自治区文化行政部门应当把到现在仍在本地区上演的各种"鬼戏"开列清单，并提出或者停演或者修改后再上演的意见，报请省、市、自治区党委审查批准后执行，同时将处理情况报文化部。

五、新编剧本一律不得采用有鬼魂形象的题材。

六、戏曲研究部门或戏曲表演、教学单位如为了研究、教学需要，在内部演出"鬼戏"，必须事先经过省、市、自治区文化行政部门批准。

七、曲艺中描写鬼魂的节目，也应按照本报告的精神加以处理。①

由于文化部在 1962 年 11 月已经把决定禁演剧目的权限下放给地方政府②，所以停演"鬼戏"的指示一出，各省市便闻声而动，纷纷公布了本地的禁演剧目，如内蒙古很快就公布了停演 50 出"鬼戏"的处理意见；陕西省也很快就公布了禁演 55 出"鬼戏"的通告。③ 这些地方的激进做法

① 文化部党组. 关于停演"鬼戏"的请示报告（1963 年 3 月 16 日）[M] // 中共中央文献研究室. 建国以来重要文献选编：第 16 册. 北京：中央文献出版社，2011：217 - 218.

② 文化部党组. 关于改进和加强剧目工作向中央的报告 [M] // 中华人民共和国文化部办公厅. 文化工作文件资料汇编：1960—1966. 内部出版，1982：299.

③ 内蒙古自治区文化局. 关于停演"鬼戏"的意见（草案）[M] // 中国戏曲志编辑委员会，《中国戏曲志·内蒙古卷》编辑委员会. 中国戏曲志：内蒙古卷. 北京：中国 ISBN 中心，1994：591 - 594；陕西省文化局. 关于对当前应立即停演的五十五出"鬼戏"的处理意见 [M] // 中国戏曲志编辑委员会，《中国戏曲志·陕西卷》编辑委员会. 中国戏曲志：陕西卷. 北京：中国 ISBN 中心，1995：899 - 902.

虽然进一步打压了民间戏曲的演出市场，加剧了民间艺人的生活困难，却极大地抑制了酬神祀鬼等不良演出习俗的复苏。这一方面有助于为更符合社会主义意识形态的新剧目创造存在的空间，另一方面也有助于把民间艺人从以营利为目的的市场法则中解放出来，促使他们把精力转移到新剧目的创作和演出上来。

第三节　民间戏曲演出新习俗的建构

破坏一个旧世界的目的在于重建一个新世界。因此，在消解旧演出习俗之后，新政权必须要重建一套新的演出习俗，并赋予其新的结构和功能，以参与到社会主义意识形态的建构过程之中。在新中国成立初期，政府对于新演出习俗的重构十分重视，并在较短的时间内，建立起了一套适应新中国政治、经济与文化需要的新演出习俗。这些新演出习俗除了少部分与旧演出习俗有一定的继承关系外，大部分都颇具创新性。其中，较有代表性的有以下三种。

一、会演性演出

会演性演出是在新中国戏曲改革运动中形成的一种新型戏曲演出形式。会演性演出主要包括会演和调演两种形式，二者的组织形式基本一致，区别只在于前者是由相关部门根据相关要求组织选送节目参加演出，而后者则是由有关上级部门将下属单位的节目经审查后调到指定演出地点进行演出。会演性演出的主要观众来自各演出单位，其中大多是文艺爱好者、文艺骨干、主管部门的有关人员及关心本单位演出的热心观众，有时还有领导、专家到场。在同行、同事及领导、专家面前进行演出，各参加单位都会十分慎重，演员也会尽量把节目演得更加完美。按照层次和规模的不同，会演性演出可分为四种，即全国性的、省（区）性的、市县性的和乡镇性的。

在新中国成立初期，全国性的戏曲会演，影响力最大的当数文化部主办的"全国戏曲观摩演出大会"。首届"全国戏曲观摩演出大会"于1952年10月6日至11月14日在北京举行。参加此次会演的有京剧、评剧、河北梆子、晋剧、豫剧、秦腔、眉户、越剧、淮剧、闽剧、粤剧、江西采茶戏、湖南花鼓戏、湘剧、汉剧、楚剧、川剧、滇剧、曲剧、桂剧、蒲剧、昆剧等23个剧种，37个剧团，参演的演员有1600余人；参加演出的除北京市、天津市、河北省、山西省及军委总政文化部、中国戏曲研究院以各自单位名义组团演出外，其他均以各大行政区即西北区、东北区、华东区、西南区、中南区作为演出单位组团，因此虽不是所有省所有剧种的代表剧团都能参与，但还是包括了当时的多数省份，也包括了所有较大的剧种。① 此次戏曲观摩演出大会演出的剧目共计82个，其中传统剧63个，新编历史剧11个，现代戏8个。经大会组委会评选，越剧《梁山伯与祝英台》（徐进、陈羽、宋之由、成容、弘英执笔）、评剧《小女婿》（曹克英创作）、沪剧《罗汉钱》（宗华、文牧、幸之执笔）、川剧《柳荫记》（西南演出代表团改编）、京剧《将相和》（王颜竹、翁偶虹改编）、淮剧《王贵与李香香》（王健民、唐继师改编）、越剧《西厢记》（人民革命军事委员会总政治部文化部文工团越剧团改编）、楚剧《葛麻》（武汉市楚剧工作团改编）、秦腔《游龟山》（马健翎改编）9个剧目获剧本奖；京剧《雁荡山》、越剧《梁山伯与祝英台》、评剧《小女婿》、京剧《三岔口》获演出

① 傅谨. 新中国戏剧史：1949—2000 ［M］. 长沙：湖南美术出版社，2002：33.

一等奖；沪剧《罗汉钱》等 18 个剧目获演出二等奖；秦腔《一家人》等 6 个剧目获演出三等奖；梅兰芳、周信芳、程砚秋、袁雪芬、常香玉、王瑶卿、盖叫天获荣誉奖；丁是娥等 34 人获演员一等奖；王文娟等 41 人获演员二等奖；王银柱等 45 人获演员三等奖；于连泉等演员及编导、乐队、舞美工作者 46 人获奖状。此次戏曲观摩演出大会是新中国成立以后第一次全国规模的戏剧会演活动，这种完全新颖的演出形式受到了领导人的关注与肯定，毛泽东等中央领导观看了其中部分演出。周恩来同志在闭幕式上发表了重要讲话，肯定"这次戏曲观摩演出大会演得很成功"，"是空前的胜利"。①

首届全国戏曲观摩演出大会的举办带动了各地纷纷举办类似的会演活动，在这次全国性会演前，部分地区专门举办了会演和评比来选拔晋京剧目；会演后各地更是以大区、省和地区为单位，普遍开展了各级戏剧会演。1953—1954 年，东北、华东、华北等行政大区都效仿全国戏曲观摩演出大会的做法，举行了本地区的戏曲演出大会。其中，1954 年 9 月 25 日至 11 月 6 日在上海举行的华东地区戏曲观摩演出大会，是当时规模和影响最大的大区会演，共有 35 个剧种的 158 个剧目参加了演出。夏衍在大会上作了题为《为提高和发展新时代的戏曲艺术而奋斗》的报告。上海《解放日报》还发表了《繁荣戏曲艺术，加强对戏曲改革工作的领导》的社论。与大区会演相配合的是各省（区）的会演。以贵州省为例，1953 年 12 月 1 日，该省在贵阳举行了第一届戏曲观摩会演。会演历时 13 天，全省各地的 17 个戏曲剧社的 300 余人参加了这次盛会。除京剧外，参加会演的有川、评、越、滇、湘剧等剧种。参加会演的京剧名角有刘汉培、马骏骅、周少轩、朱鉴麟、朱美英、周素兰、周瑞华、邢再春、马志宝、郑英武、赵师华、朱美琴、张宗跃、苗溪春、陆筱亭、孙玉林、刘俊英、李鸿韵、

---

　　① 周恩来. 在全国第一届戏曲观摩演出大会闭幕典礼上的讲话［M］//文化部文学艺术研究院. 周恩来论文艺. 北京：人民文学出版社，1979：31.

王馥砚等。京剧演出的剧目有《白蛇传》《石达开》《黑旋风李逵》《林冲夜奔》《葛麻》等；其他剧种的演出剧目有川剧《柳荫记》、评剧《牛郎织女》、湘剧《击掌》等。除了这次会演之外，该省在20世纪50年代还举行过两次规模更大的会演，即分别于1956年、1959年在贵阳举行的贵州省第二届、第三届艺术会演，各地、市、州都有专业和业余的文艺代表队参加。演出共百余场，节目共400多个，其中包括不少本土的民族民间戏曲。①

全国戏曲观摩演出大会和上述各地区及省市的观摩演出大会也广泛地推动了县市、乡镇群众性文艺会演的开展。以广东省江门为例，该市的文化馆、文化宫于1955年举办了第一届群众文艺会演，参加演出的有30个单位，其中包括工人粤剧组，文化宫粤剧组，堤东、羊桥等街道青年组以及工商联、农民文娱组等，演出人数共计780人，演出粤剧、话剧、舞蹈、曲艺等69个节目。同年3月，文化馆、文化宫再度联合举办业余戏剧观摩会演，14个单位演出粤剧11个、话剧6个，其中黎明文娱组演出7场粤剧《刘胡兰》，教育工会演出粤剧《海上渔歌》、话剧《为谁学习》，文化宫文娱组演出话剧《姐妹俩》《家庭问题》等。1956年，第二届群众文艺会演举办，参加会演的有42个单位，演出120多个节目。演出后评出的优秀节目有粤剧《雷雨夜》（滘头乡剧队演出）、《生产调动要服从》（机械厂剧队创作演出）等15个。受到表扬的节目有话剧《在餐车上》（新明印刷队演出）等22个。1957年，第三届群众文艺会演举办，共有24个单位、600人次参加，演出了48个节目，观众人数达万人以上。会演后，粤剧《夫妻之间》（江门纸厂剧队演出）、《两种不同的思想》（搬运工会剧队演出）、《喜得云开见月明》（市郊滘头剧队演出）等6个节目获得了一等奖。1958年，因受"整风运动"的影响，文艺会演中断，但文化馆、文化宫依然于国庆之夜分别在文化宫礼堂及公园露天剧场举办诗歌、

---

① 王恒富，谢振东. 贵州戏曲大观：剧种卷 [M]. 贵阳：贵州民族出版社，1997：240-241.

民歌大会演，有 49 个单位参加，演出包括诗朗诵、演唱、咸水歌、山歌、客家歌、龙舟、粤曲等在内的小节目 106 个。1959 年，以新中国成立十周年大庆为契机，群众文艺会演重新恢复：新年伊始，文化馆、文化宫举办元旦文艺会演，129 个单位演出 56 个节目；春节期间，市文艺突击月办公室组织春节文艺会演，32 个单位演出 51 个节目；继而，共青团市委举办青年文艺会演，22 个单位演出 76 个节目；工业、轻工业、商业、交通、教育、郊区各系统进行"各战线选拔会演"，共 59 个单位演出 207 个节目；国庆前后，大型的新中国成立十周年文艺会演，共有 34 个单位上演各战线选拔的节目 79 个，评出创作奖 14 个、表演优秀奖 8 个、表扬奖 16 个。①

会演性演出对民间戏曲的影响是深远的。作为一种新型的演出形式，会演性演出具有定期显示机制，即能定期为各地剧团提供一个显示自身成果的机会。这种机制促使所有的民间剧团都开始重新调整自身定位与发展策略——告别之前的市场化演出模式，而集中人力、物力、财力，狠抓新剧目的生产，并且力争做到千锤百炼、精益求精。从这个意义上讲，会演性演出不单是一种成果展示形式，更是一种意识形态的引导与规范。

二、宣传性演出

利用戏曲来宣传党的路线方针早在中央苏区时期就已开始。1932 年 11 月，张闻天在《斗争》上发表的《论我们的宣传鼓动工作》一文就曾指出：目前"我们所采取的宣传鼓动的形式，大都是限制于死的文字的。由

---

① 叶杜生. 五十年代江门市群众文艺会演概况 [M] //江门市政协文史资料研究小组. 江门文史：第 25 辑. 内部出版，1992：129 – 131.

于中国一般文化程度的落后……这种宣传鼓动的方式，也就不能变为群众的，而常常是限制于少数人的"，必须"打破宣传鼓动工作中的这一传统的藩篱，而尽量地去采取与创造新的宣传鼓动的方式"，"利用图画、利用唱歌、利用戏剧……已经证明更为群众所欢迎"，我们应该"充分地应用"。① 延安时期，边区政府也积极实践宣传性的戏曲演出形式，并积累了丰富的经验。新中国成立之后，宣传性演出作为一种主要戏曲演出形式逐渐被固定下来。每逢春节等重要节日或某一重要方针政策出台，中央及各级政府的宣教部门都会发文要求各地组织宣传性演出活动。

1949 年 12 月 21 日，文化部、教育部联署发出《关于开展年节、春节群众宣传工作和文艺工作的指示》，指出：1950 年新年是中华人民共和国成立后的第一个新年，各级人民政府文教部门应利用这个时机开展群众文艺活动，向人民进行宣传教育工作。宣传内容的要点包括：

一、宣传人民解放军的伟大胜利，宣传中央人民政府的成立，宣传共同纲领，宣传共产党和毛主席的英明领导，宣传人民解放军的光荣和战斗英雄、军人家属、烈士家属的光荣；

二、宣传把革命战争进行到底，宣传支援人民解放军解放台湾、海南岛和西藏。宣传缴公粮、缴商业税和购买人民胜利折实公债。宣传团结一致，艰苦奋斗，克服胜利中的困难；

三、宣传恢复和发展生产，宣传工人、农民在生产建设中的伟大功绩，宣传各个生产部门的劳动英雄；

四、按照地方情况，宣传新区反恶霸、反特务、肃清土匪、减租减息等斗争；

五、宣传国际主义，宣传中苏友好，揭露美帝国主义侵华的罪恶

---

① 张闻天. 论我们的宣传鼓动工作［M］//张闻天. 张闻天选集. 北京：人民出版社，1985：15.

和阴谋；

六、宣传爱祖国、爱人民、爱劳动、爱科学、爱公共财产的新道德。宣传识字和卫生，反对迷信落后思想。①

在宣传方式上，该指示特别指出：

新秧歌是一种最普遍，最具群众性的艺术形式，应继续推广并加以提高，同时应广泛采用当地人民熟悉的原有各种艺术形式，并加以改造。对于各种旧艺人和旧的艺术组织（农村中的子弟班、城市中的旧戏院、各种游艺场所等），也应当鼓励他们用他们所固有的各种艺术形式来宣传新内容，积极参加年节和春节活动。在所有艺术活动中，都要注意表现新中国的新事业和新人物，表现朝气蓬勃的开国气象。②

1949—1965 年，几乎每年春节前，文化部都会发布类似的指示，只是在宣传点上有所不同。比如 1951 年春节的宣传要点是：

一、宣传中国人民抗美援朝，保家卫国的正义斗争和伟大胜利，宣传中国人民志愿军的英勇和光荣，宣传中朝两国人民的亲密友谊，宣传战斗英雄的功绩和光荣，提高国防思想，鼓励青年工人学生参加军事干部学校；

二、宣传中国人民力量的强大和新中国在国际上的光荣地位，宣传中国人民力量对于保卫亚洲和世界和平的重大意义；

三、宣传以苏联为首的世界和平民主力量的空前强大，世界人民保卫和平运动的新的胜利，宣传加强中苏两大国家的友谊合作，宣传

---

① 文化部，教育部. 关于开展年节、春节群众宣传工作和文艺工作的指示（1949 年 12 月 21 日）[M] //中华人民共和国文化部办公厅. 文化工作文件资料汇编：1949—1959. 内部出版，1982：254－255.

② 文化部，教育部. 关于开展年节、春节群众宣传工作和文艺工作的指示（1949 年 12 月 21 日）[M] //中华人民共和国文化部办公厅. 文化工作文件资料汇编：1949—1959. 内部出版，1982：255.

美帝国主义侵略者的罪恶和它的侵略计划的失败，宣传帝国主义国家的腐烂、堕落与帝国主义阵营内部的相互争吵，宣传政府关于肃清美帝国主义在中国的经济文化侵略势力的决定和措施；

四、宣传一年来我国在中央人民政府领导下经济文教等各种建设的伟大成就，宣传工人、农民的高度劳动热忱和他们在生产建设中的伟大功绩，宣传劳动模范的光荣；

五、宣传土地改革与剿匪反特的胜利斗争，提高对反革命分子破坏活动的警觉，宣传镇压反革命分子和反动会道门活动的政策；

六、宣传人民对于自己的国家、自己的政府、军队和自己的领袖毛主席的热爱。①

1953 年春节的宣传要点是：

一、宣传过渡时期的总路线，以国家社会主义工业化和农业合作化的伟大目标鼓舞人民，并说明这是促进国家富强和彻底改善人民生活的唯一道路；

二、宣传发展互助合作运动和互助合作的好处，说明只有这样才能使农民摆脱资本主义剥削和穷困，过共同富裕的生活；

三、宣传扩大生产投资，做好春耕准备工作，改进技术，争取明年农业作物的增产；

四、宣传踊跃把粮食卖给国家，支援国家建设的重大意义；

五、宣传国家在工业、交通、水利等建设方面的成就及其对农村的巨大帮助，表扬工人阶级的劳动业绩和奋斗精神，加强进一步巩固工农联盟的思想；

---

① 文化部，教育部. 关于开展春节群众宣传工作与文艺工作的指示（1951 年 1 月 14 日）[M]//中华人民共和国文化部办公厅. 文化工作文件资料汇编：1949—1959. 内部出版，1982：256 - 257.

六、介绍苏联社会主义的建设和人民的幸福生活，学习苏联人民过去为实现国家工业化和农业集体化的艰苦奋斗的精神。此外，仍应继续贯彻婚姻法的宣传以及关于全国正在进行的普选运动的宣传。①

1958 年春节的宣传要点是：

一、深入宣传《全国农业发展纲要（修正草案）》，并结合农民思想情况，着重批判资本主义思想，巩固合作化制度；克服右倾保守思想，鼓舞农业生产大跃进的干劲；克服铺张浪费，提倡勤俭建国、勤俭办社、勤俭持家的精神。在灾区应该特别着重宣传生产救灾，坚定群众战胜灾荒的信心；

二、配合整顿干部作风和整顿合作社，宣传整风整社的伟大意义和整顿以后的重大收获和各方面的新气象；

三、宣传第一个五年计划的伟大成就，和今后国家建设的方针，即在优先发展重工业的基础上，实行发展工业和发展农业同时并举的方针。宣传工业和农业之间的互相支援，巩固和发展工农联盟，巩固民族团结；

四、宣传东风压倒西风，社会主义的力量胜过帝国主义的力量，和平的力量胜过战争的力量，巩固建设社会主义、保卫世界和平的信心。同时，还要提高警惕，加强国防，贯彻义务兵役制度，肃清一切反革命分子和坏分子，防止和打击农村封建势力和资本主义势力的复辟，保卫社会主义革命的果实。②

---

① 文化部. 关于开展春节农村文艺活动向农民宣传国家过渡时期总路线、总任务的指示（1953 年 12 月 5 日）[M] //中华人民共和国文化部办公厅. 文化工作文件资料汇编：1949—1959. 内部出版，1982：258 - 259.

② 文化部. 关于开展 1958 年春节农村文化娱乐活动的指示（1958 年 1 月 11 日）[M] //中华人民共和国文化部办公厅. 文化工作文件资料汇编：1949—1959. 内部出版，1982：290.

文化部每年指示的这些宣传要点通常都被要求列入各国营剧团、私营剧团的年度演出计划。为了保证一些重要方针政策的宣传效果，文化部甚至会专门为其拟定演出剧目。比如 1953 年 3 月，文化部为"贯彻婚姻法运动"拟定的宣传剧目有：现代剧目《为了幸福》（大型歌剧）、《锁不住的人》（小型歌剧）、《夫妻之间》（独幕话剧）、《罗汉钱》（沪剧）、《赵小兰》（独幕话剧）、《小女婿》（评剧）、《新事新办》（曲剧）、《柳树井》（曲剧）、《结婚》（歌剧）、《刘巧儿》（评剧）；历史剧目《梁山伯与祝英台》（越剧）、《柳荫记》（川剧）、《白蛇传》（京剧、越剧两种）、《孔雀东南飞》（京剧）、《蓝桥会》（江淮剧）、《西厢记》（越剧）、《小姑贤》（山东吕剧）、《三击掌》（京剧）。① 对于一些宣传要点，如果没有现成的匹配剧目，文化部则要求各地文化主管部门立即组织文艺工作者按照指示精神进行创作和改编。比如 1955 年，上海的戏剧界为配合"反对美蒋条约、支援解放台湾"的宣传活动，先后创作了《一定要解放台湾》（沪剧、维扬剧、越剧唱词）、《红旗插到玉山上》（沪剧、越剧唱词）、《老渔翁捉特务》（沪剧，根据《海上渔歌》改编）、《澎湖新月》（通俗话剧）、《师徒挑战》（江淮说唱）、《发言提纲》（江淮说唱）、《解放台湾保卫和平》（江淮说唱）、《同样的两封信》（江淮说唱）、《小放牛》（江淮说唱）等。②

在中央文件的规制下，各地的宣传性演出风生水起。以 1958 年的社会主义建设总路线宣传为例，据媒体报道："全国 30 万专业戏剧工作者都投入了这个宣传活动，业余戏剧工作者当更远远超过这个数字。在田间、街头、车间、海防前线、高山草原……甚至在行进着的车厢中、船舟里，以及旅客匆忙的车站码头……戏剧工作者都在宣传总路线。"③ 所有的节目都

---

① 中央人民政府文化部. 关于各地文化部门积极参加宣传婚姻法活动的指示 [J]. 山西政报，1953（3）：20.

② 反对美蒋条约、支援解放台湾，上海戏曲界广泛掀起宣传活动 [J]. 戏剧报，1955（3）：50－51.

③ 总路线的歌声唱遍全国：全国戏剧界宣传总路线综述 [J]. 戏剧报，1958（13）：18－19.

是以跃进姿态在最快时间里排好演出，节目的内容包括对总路线的阐释，反映人们对总路线的拥戴，反映贯彻总路线中涌现的新人新事。① 报道还称：演出的节目数以万计，其中有不少好作品。例如，抚顺市话剧团用四天时间排出的四幕话剧《十五年展望》，充满了浪漫主义色彩和乐观主义精神，戏里出现了 15 年后祖国工农业、科学文化的美丽前景。来北京参加现代题材戏曲联合公演的剧团，也新排出了不少好戏，湖南省花鼓戏剧团描写人们和违反公共秩序行为作斗争的《张四快》，河南豫剧院三团充满社会主义自豪感的《比比看》，上海市人民沪剧团和武汉市楚剧团演了歌颂十三陵水库英雄人物的《演员小日记》和《夫妻参观十三陵》。② 在剧目的生产效率和数量方面，广西省话剧团在三天内创作了 60 多个小节目；北京人民艺术剧院的小节目突破了 100 个大关；中国青年艺术剧院则是 90 余个；中国剧协湖南分会邀集 30 余个剧作者和会员举办戏剧创作跃进日，采取集体创作的办法，写了 26 个戏，歌颂总路线和描写新人新事。③ 在演出效率方面，广东怡梨潮剧团仅在两周内，就宣传演出了小节目 190 场；源正潮剧团组成六个小型宣传队，经常利用晚饭后、上演前的时间，到附近村庄宣传，在半个月时间内，就演了 960 场，观众达 17.2 万余人。④ 尽管这篇报道写于"大跃进"时期，相关数据可能有些夸张，但仍不失为当时宣传性演出盛况的一种写照。

三、巡回演出

巡回演出在新中国成立之前一般被称为"开码头"或"跑码头"，是

---

① 总路线的歌声唱遍全国：全国戏剧界宣传总路线综述 [J]. 戏剧报，1958 (13)：18-19.
② 同上。
③ 同上。
④ 同上。

民间艺人解决生存问题的主要渠道之一。新中国成立之后,这一演出形式被赋予了新的意义。文化部艺术事业管理局于 1956 年 1 月 7—13 日召开的"省市间订立巡回演出合同的座谈会"将巡回演出的意义和目的确定为:进一步满足工矿、农村、部队和城市观众的需要;在艺术团体间推广优良剧目,交流优秀演出的经验,加强表演团体本身的艺术实践,促进艺术质量的提高和保留节目的积累,增加收入,解决表演团体的企业化问题。[①] 1959 年 12 月 15—22 日召开的"1960 年度全国巡回演出工作会议"又进一步明确了巡回演出的政治意义:巡回演出制度是彻底贯彻毛主席文艺方针,繁荣和发展艺术事业的重要措施。一方面,巡回演出可以更好地为政治、为生产、为工农兵服务;另一方面,这是广大艺术工作者改造思想、提高共产主义觉悟和提高艺术质量的重要手段。[②] 从文化部确定的这些意义来看,巡回演出显然具有政治宣传的功能(也可以说是宣传性演出的形式之一),但除此以外,它也同时具有其他一些重要的功能。

一是助力物资交流会等地方经贸活动。新中国成立之后,传统的庙会被改造成物资交流会。为了吸引四方来客、激活物资交流,很多地方政府为剧团制定了在物资交流会期间巡回演出的制度。以山西省长治专区为例,该专区的黎城县在 1953 年 10 月间举行物资交流会,因为未通过"戏牙行"(经纪人),没能约到剧团前去演戏,引起当地群众的极大不满。县政府向专署呼吁,专署亦无法解决,而当时在襄县内却集中了八个剧团。这一事件引起了专署的重视,认为这种不合理的现象必须加以纠正。但要纠正这种现象,县是无法解决的,必须由专署根据各县物资交流会的分布情况,有计划地调配全区的剧团做统一的安排。因此,专署于 1953 年年底向各县及剧团发出通知,决定从 1954 年起,全区剧团实行有计划的巡回演

---

① 102 个艺术团体将在全国各地巡回演出 [J]. 戏剧报,1956(2):40-41.

② 加强巡回演出,贯彻为工农兵服务的方针:文化部召开 1960 年度全国巡回演出工作会议 [J]. 戏剧报,1959(24):48-49.

出制度，规定：一般剧团在每一季度中的巡回演出区域至少是三个县，最多不得超过五个县。具体的措施是：先由各剧团于每一季度（全年分为三个季度：阴历一月至五月为第一季度，六月至八月为第二季度，九月至十一月为第三季度）初订出在下一季度中准备到哪几个县去巡回演出的计划，送请县文教科审核，经县文教科审核并提出具体意见后，再将计划送专署文教局。专署文教局最后根据四条原则（其一，各剧种和剧团是否分布得当；其二，地区的分散和集中是否调剂适宜；其三，物资交流会的多少是否分配均匀；其四，演出路线是否安排合理）对各剧团的演出计划作必要的修正和调整，然后将修正后的计划正式批复各县和剧团，再由县通知各乡。各乡政府根据县的通知联系下一季度计划到本县演出的各剧团，具体安排到本乡物资交流会来演出的日期。这样就可以避免各乡在物资交流会时乱找剧团，影响生产的情况。各剧团接到专署批准的演出计划，如对专署所修改的演出地区认为不恰当时，可以说明理由请专署重新考虑调整；如没有意见，即应按照专署所规定的演出地区具体制定巡回演出的路线，并尽早地与各乡的物资交流会筹备会取得联络。为了使剧团在执行计划时有机动的余地，在上述的一些规定之外，又定了如下的几项补充办法：第一，剧团由甲县到乙县去演出，如因路途过远，需要在中途演接台戏时，只要事先取得当地县文教科的同意，可允许临时性地演出，但演出日期最多不得超过七天；第二，剧团如需要到原定计划以外的县去演出时，必须事先经过县文教科同意，并请示专署批准；第三，每一季度中，每一剧团在一个县内的演出时限不得少于半个月，至多不得超过四个月。据 1955 年 10 月专署召开的各县文教科长会议上的反映，以上规定自执行以来效果很好，不仅基本克服了剧团分布不平衡的状况，而且避免了由"戏牙行"操纵所引起的各剧团互争台口的不团结现象，为当地物资交流会的顺利进行提供了助力。①

二是占领基层的演出市场。基层是中国社会的主体空间，只有实现对这一空间中演出市场的有效占领，才能更好地传播社会主义新意识形态。因此，占领基层的演出市场，也是巡回演出的题中应有之义。1952 年 12 月 26 日，文化部在《关于整顿和加强全国剧团工作的指示》中要求：国营剧团每年应有两三个月的时间到工厂、农村或部队巡回演出；为使市区以外的工厂、农村和部队群众的艺术要求得到应有的满足，各地国营剧团和文化主管部门应与各有关方面根据需要和可能订立巡回演出的集体合同，按期实施。② 在文化部的要求下，各省纷纷按年度制定基层巡回演出计划。如云南省在《关于迅速制定 1958 年剧团全年巡回演出计划的指示》中要求：省直属剧团、歌舞团队，全年最少要有两三个月的时间（或全部演出总场数的 1/4）深入工矿、农村、部队进行巡回演出，其中应有 1/2 的时间到农村演出，特别注意到过去很少到过的山区、少数民族聚居区、农村水库工地；各民间职业剧团也应尽自己的可能进行巡回演出并以到农村演出为主（可根据自己剧团情况全年最少要有两三个月的巡回演出时间）。对于巡回演出的质量问题，该指示要求：把艺术送到工农兵门上去是个主要的政治任务，必须保证巡回演出的艺术质量，不能认为巡回演出的质量可以比城市剧场演出的质量差些；剧团应认真挑选富有教育意义适合巡回演出地区群众要求的剧目；剧目必须内容健康，并对当地观众不起副作用，形式多种多样，短小精悍，如为大型剧目，最好是演出人数不多，不需要庞大的布景；凡能反映现实生活的剧种，应带有反映现实生活的剧目；凡主要是上演传统剧目的剧种（如京剧、滇剧），亦应考虑创作

---

① 马彦祥. 山西省长治专区领导民间职业剧团在农村巡回演出的一些经验［J］. 戏剧报，1956（1）：5 - 6.

② 文化部. 关于整顿和加强全国剧团工作的指示［M］//中共中央文献研究室. 建国以来重要文献选编：第 3 册. 北京：中央文献出版社，2011：403.

适当的快板、道情等节目交错演出；各文化主管部门对巡回演出团体的剧目应加以关心和指导，及时提出意见，主要演员应参加巡回演出，以满足群众的需要。为了填充基层的娱乐空间，该指示还要求：剧团巡回时应注意对当地群众业余文化艺术活动的辅导（省直属各剧团应对当地剧团进行辅导），并向他们学习，可在当地党委、政府的领导下，采取访问、开座谈会、组织参观、教授业务常识等办法进行辅导工作，跟工农群众交朋友，建立真正的感情，促进他们的业余艺术活动的开展，各剧团的巡回计划中，辅导工作应作为任务之一包括在内。①据云南省文化局《关于全省专业艺术表演团体 1962 年度巡回演出情况的报告》显示，该省的下基层巡回演出计划得到了较好的落实：

> 省局直属的京剧、歌舞、话剧、花灯、滇剧、杂技等几个剧团，都增加了巡回点和巡回时间，如历年来巡回演出较少的省歌舞团，今年到滇西、滇南、滇东一带巡回演出 95 场，省杂技团在德宏州边境地区巡回演出五个多月，演出 127 场，一直深入国境线上，缅甸客人亦曾过境看戏，省花灯团除曾到东川、昭通、宜良一带农村矿山演出外，还到部队演出，在部队医院演出时曾深入病房、炊事班慰问，反响良好。省级剧团巡回演出时间一般都达到两个多月或三个月。专县剧团巡回演出的时间更长，如玉溪花灯团今年即有 2/3 的时间在农村。这些演出都受到广大群众的欢迎，如富宁壮剧团到农村演出时，群众往往形成了"家家关门，户户上锁"的看戏热潮，有的壮族老人说"看了死了也值得"。②

这里需要指出的一点是，剧团下基层巡回演出虽然是以"为工农兵服务"的名义进行的，但并不意味它们放弃了营业性的收入。事实上，很多剧团在基层巡回演出的收入甚至比在城市剧场演出的收入还高。以吉林省抚松评剧团和德惠评剧团为例，这两个剧团在 1955 年的下基层巡回演出中，都获得了较好的经济效益。其中，抚松评剧团在矿山通过组织包场，使剧团一场演出就收入 199 元，比预定收入增加 69 元；而根据德惠评剧团的统计，在农村演出的每场观众，平均比城里多 10 倍，营业收入增加一倍。① 由此可见，下基层巡回演出既是一个"为工农兵服务"的举措，也是一个增加剧团收入的举措。

三是提高地方、农村戏曲的认知度。新中国成立之后确立的巡回演出制度不单要求国营、城市剧团下基层，它同时也包括把地方戏曲推向全国、把农村戏曲推向城市等内容。在新中国成立初期，地方戏曲赴全国巡演，农村戏曲赴城市巡演的例子不胜枚举。在地方戏曲赴全国巡演方面，广西民间歌舞剧《刘三姐》是成功的典型。1960 年 7 月 18 日，经过改编的广西民间歌舞剧《刘三姐》离开家乡到首都和各省区巡回演出，先后在北京、太原、呼和浩特、包头、天津、沈阳、长春、哈尔滨、鞍山、抚顺、大连、上海、广州、佛山、福州、厦门、南昌、长沙、武汉、郑州、洛阳等 20 多个城市，进行了 500 余场巡回演出，观众达 60 万人次。演出团还到福建海防前线进行了慰问演出；春节期间又在广东深圳为港澳同胞演出。1961 年 3 月，《刘三姐》演出团巡演至广州时，叶剑英观看了演出之后，在寓所接见了主要演员，并即兴赋诗赠广西《刘三姐》剧团。1961年 8 月 18 日，演出团从河南省郑州返归广西，前后整整历时 13 个月。《刘三姐》的巡回演出，使全国各地的观众领略到了壮族民间文艺的风采。从此，《刘三姐》香飘国内外。1961 年 1 月至 5 月，全国有 88 个专业剧团演

---

① 本刊记者. 吉林省三个剧团的巡回演出［J］. 文艺报，1956（1）：37－39.

出《刘三姐》。印度尼西亚、日本也先后用英语和日语演出《刘三姐》。其中，日本艺术家于 1962 年 2 月 15 日在东京开始演出中国歌剧《刘三姐》，10 天共演出 9 场，场场爆满，观众共达 2.2 万人次。全世界出现了多种不同版本的《刘三姐》及研究《刘三姐》的资料。1961 年，长春电影制片厂将《刘三姐》拍摄成故事片，成为全国各地观众喜闻乐见的优秀文化剧目和遗产。[①] 在农村戏曲赴城市巡演方面，山西壶关秧歌是很好的范例。1961 年 12 月 2 日，壶关秧歌剧团根据省文化局的安排奔赴省城进行巡回演出，一时成为省城舞台上一道亮丽的风景线。第一个演出点安排在大中剧院，共演两场。第一场演出《双许亲》。因为是首次向省城人民汇报，群众也是头一次坐在大剧场里欣赏秧歌艺术，所以台下观众座无虚席，台上演出精彩纷呈。12 月 4 日上午 9 点，壶关秧歌剧团向省城各文艺界、新闻单位、个别艺术团体及分管文教工作的省领导等 500 余人汇报演出《天齐庙》《催驴》《苏姐姐梦梦》三个小戏，演出中剧场气氛十分热烈，欢笑声、鼓掌声接连不断。在大中剧院连演 7 场后，壶关秧歌剧团 12 月 12 日晚在梅山会议厅礼堂为省委、省政府领导作专场演出，高潮迭起，受到好评；从 13 日起，转东安剧院又演 7 场，经济收入可观；随后，又被破格安排到高档次的长风剧场演了两场（该剧场一般的演出团体概不接待）。此次巡回演出历时 37 天，演出 37 场，不仅轰动省城赢得了各界人士的普遍赞扬，而且一举确立了在中国戏剧史上应有的地位。[②] 把地方戏曲推向全国、把农村戏曲推向城市不但有助于重塑城市市民阶层的欣赏趣味和文化认同，而且也有助于改变地方、农村戏曲的边缘位置，使其融汇到社会主义新文艺的主流之中，从而建构出新中国文艺的民族形式。

　　在新中国成立初期创造的戏曲演出形式，除了以上所论及的三种，还

---

　　① 《刘三姐》在全国巡回演出 [M] //中共广西区委党史研究室. 广西壮族自治区 50 年纪事. 南宁：广西人民出版社，2008：30 - 31.

　　② 杨鸿志. 梨园奇葩 [M]. 太原：北岳文艺出版社，2007：31 - 33.

有慰问性演出、义务性演出、献礼性演出、联谊性演出、学术性演出等。这些新型的演出形式不仅深刻地改变了演艺活动的组织形式和剧目的生产方式，而且也有效地将戏曲演出与生产劳动及国家建设理想相统一，并赋予其新的政治内涵和文化品格，使其与单纯的审美、娱乐活动区别开来，从而拓展了戏曲作为"文化政治"的意义空间。由此，各类戏曲团体逐渐被纳入了国家控制的体制，成为政府主导的意识形态生产部门。

小 结

改造旧演出习俗、建构新演出习俗，以服务于现实政治需要的观念并非新中国首创。事实上，这一理念自晚清开始就一直被启蒙知识分了所倡导、践行。比如陈独秀 1904 年在《安徽俗话报》发表的《论戏曲》一文就指出：

> 有一件事，世界上没有一个不喜欢。无论男男女女，老老少少，个个都诚心悦意，受他的教训，他可算得是世界上第一大教育家。……你道是一件什么事呢？就是唱戏的事啊！……戏馆子是众人的大学堂，戏子是众人大教师，世上人都是他们教训出来的。[1]

但是，"现在所唱的戏，却也是有些不好的地方"，这些不好的地方包括"神仙鬼怪的戏""淫戏""富贵功名的俗套"等。[2] 在陈独秀看来，只要革除了这些不良的旧演出习俗，戏曲就可以成为传播新思想的利器。

---

[1] 陈独秀. 论戏曲 [M] //陈独秀. 陈独秀文章选编：上册. 北京：生活·读书·新知三联书店，1984：57-60.

[2] 同上。

开办学堂虽好，可惜教人甚少，见效太缓。做小说，开报馆，容易开人智慧，但是认不得字的人，还是得不着益处。我看唯有戏曲改良，多唱些暗对时事开通风气的新戏，无论高下三等人，看看都可以感动。便是聋子也看得见，瞎子也听得见，这不是开通风气第一方便的法门吗？①

陈独秀的看法在当时的启蒙知识分子中间具有一定的代表性。② 在这些启蒙知识分子的呼吁下，很多进步的团体、个人都开始通过不同的方式开展戏曲改良工作，并创造了义务戏、劝诫恶俗戏、推介爱国思想与新知戏等新型戏曲形式，名噪一时。从表面上看，新中国成立之后政府所进行的演出习俗改造，与晚清启蒙知识分子有诸多相似之处，比如二者都强烈反对迷信、淫秽等不良演出习俗，都强调戏曲的政治宣传与教育的功能，都主张戏曲要走向民间，但在这些表面的相似背后，二者也存在深刻的差异：一是改造的方式不同。晚清启蒙知识分子对旧演出习俗的改造基本上秉持的是一种自发的精神，少有政治力量的介入；而新中国对旧演出习俗的改造，则是一种有组织的行动，内容和政治也有着更密切的关联。二是政治立场不同。晚清启蒙知识分子更多是站在"现代化"的立场上，认为旧演出习俗"锢蔽智慧，阻碍进化"，不利于新国民素质的养成，其所试图建构的是塑造新民的"启蒙戏曲"。而新中国则更多是站在"阶级论"的立场上，把旧演出习俗表述为统治阶级压迫艺人、愚弄人民的工具，其所试图建构的是"演工农、工农演"的"人民戏曲"。

---

① 陈独秀. 论戏曲 [M] //陈独秀. 陈独秀文章选编：上册. 北京：生活·读书·新知三联书店，1984：57 - 60.

② 在陈独秀之前，梁启超在《论小说与群治的关系》（1902 年）一文中就明确指出："欲新一国之民，不可不先新一国之小说。故欲新道德，必新小说；欲新宗教，必新小说；欲新政治，必新小说；欲新风俗，必新小说；欲新学艺，必新小说；乃至欲新人心，欲新人格，必新小说。何以故？小说有不可思议之力支配人道故。"梁启超在这里所说的"小说"，包括"戏曲"在内。参见梁启超. 论小说与群治的关系 [M] //梁启超. 新民时代：梁启超文选. 侯宜杰，选注. 天津：百花文艺出版社，2002：80.

第七章　新民歌运动
——农民的文化翻身时刻

1958 年 5 月召开的党的八大二次会议，讨论并通过了刘少奇作的中央委员会工作报告，正式通过了社会主义建设总路线。在总路线的指引下，中国开始了对于社会主义建设道路的艰难探索。在这个历史过程中，各级党组织领导推动了一场大规模的群众性民歌创作和收集运动。如果说，总路线是在国际形势（"冷战"的世界格局和社会主义阵营赶超浪潮）和国内形势（经济贫困、生产落后）的压力之下试图在短时间内以最快的速度发展生产力，为社会主义创造物质基础，那么这个时期的新民歌运动，作为以广大农民群众为创作主体的文艺运动，则是试图配合总路线，鼓舞革命干劲和生产热情，激发社会主义生产建设的主动性和创造性，与此同时使广大农民群众在文化上翻身做主，成为建设社会主义文化的主体力量。

第一节　新民歌运动的倡议和要求

新民歌运动虽然是由毛泽东同志倡议而在全国普遍展开，但实际上在毛泽东同志倡议之前，民歌创作在广大农村已经具有了比较广泛的群众基础。随着农业合作化的基本实现和 1957 年《全国农业发展纲要四十条》的实施，在广大农村出现了兴修水利热潮和农业生产的"跃进"，在这过程中，新民歌大量涌现。这些民歌或者是动员群众、鼓舞干劲的政治口号、生产口号的歌谣化，或者是群众生产热情和理想愿望的自我表达。1958 年年初，中国民间文艺研究会编选了一本《农村大跃进歌谣选》，选录了 300 首新民歌。其中最有名的，要算后来流传极广的那首《我来了》："天上没有玉皇，地上没有龙王。我就是玉皇！我就是龙王！喝令三山五岳开道——我来了！"① 1958 年 2 月，在第一届全国人民代表大会第五次会议上，一些来自农村的代表在发言中引用了在农业生产热潮中出现的新民歌，以此来说明农业生产的大好形势和群众的劳动热情。诗人萧三选取了其中一部分，以《最好的诗》为题，刊登在 1958 年 2 月 11 日的《人民日报》上。

在这样的群众民歌创作现实基础上，1958 年 3 月，毛泽东在成都会议讲话中谈到民歌的搜集和创作问题：

> 印了一些诗，尽是些老古董（指毛泽东在成都亲自编选的一本唐宋人写的有关四川的一些诗词和一本明朝人写的有关四川的一些诗——引者注）。搞点民歌好不好？请各位同志负个责，回去搜集一点民歌。各个阶层都有许多民歌，搞几个试点，每人发三五张纸，写写民歌。劳动人民不能写的，找人代写。限期十天搜集，会搜集到大批民歌的，下次开会印一批出来。中国诗的出路，第一是民歌，第二是古典。在这个基础上产生出新诗来。形式是民族的，内容应该是现实主义与浪漫主义的对立统一。太现实了，就不能写诗了。现在的新诗还不能成形，没有人读，我反正不读新诗，除非给一百块大洋。这个工作，北京大学做了很多，我们来搞，可能找到几百万、成千万首的民歌。看民歌不用费很多的脑力，比看李白、杜甫的诗舒服些。②

　　① 陈晋. 文人毛泽东［M］. 上海：上海人民出版社，1997：447.
　　② 转引自陈晋. 文人毛泽东［M］. 上海：上海人民出版社，1997：448. 在《建国以来毛泽东文稿》第七册《在成都会议上的讲话提纲》（中央文献出版社，1993：124）里有"收集民歌问题"一条，条目下的注释中介绍了毛泽东在会上要求各省搜集民歌的谈话："我看中国诗的出路恐怕是两条：第一条是民歌，第二条是古典，这两面都提倡学习，结果要产生一个新诗。现在的新诗不能成型，不引人注意，谁去读那个新诗。将来我看是古典同民歌这两个东西结婚，产生第三个东西。形式是民族的形式，内容应该是现实主义与浪漫主义的对立统一。"

此后，在 1958 年 4 月初召开的武汉会议和同年 5 月召开的党的八大二次会议上，毛泽东再次发出搜集民歌的倡议及要求。在武汉会议上，毛泽东说：

> 各省搞民歌，下次开会各省至少要交一百首。大中小学生，发动他们写，每人发三张纸，没有任务，军队也要写，从士兵中搜集。①

在党的八大二次会议上，周扬作了专题发言《新民歌开拓了诗歌的新道路》，关于此，毛泽东在会议第三次讲话中指出：

> 昨天，周扬同志在发言中讲到民歌问题，讲得很好，所有的同志一直到支部，都要努力搜集民歌，每个乡出一集也好，全国有九万个乡，就出九万个集子，如果说多了，出万把集是必要的。不管是老民歌、新民歌都要。②

在毛泽东倡议搜集民歌的讲话之后，1958 年 4 月 14 日，《人民日报》发表社论《大规模地搜集全国民歌》。社论指出：这是一项极有价值的工作，它对于我国文学艺术的发展（首先是诗歌和歌曲的发展）有重大意义；这样的诗歌是促进生产力的诗歌，是鼓舞人民、团结人民的诗歌，只要把这些作品从群众中搜集来，再推广到群众中去，就一定能够收到很大的效果。③ 社论最后重申大规模搜集民歌的途径：

> 这是一个出诗的年代，我们需要用钻探机深入地挖掘诗歌的大地，使民谣、山歌、民间叙事诗等像原油一样喷射出来。我们既要把它们忠实地记录下来，选择印行，也要加以整理和研究，并且供给诗歌工作者们作为充实自己、丰富自己的养料。诗人们只有到群众中去，和群众相结合，拜群众为老师，向群众自己创造的诗歌学习，才

---

① 陈晋. 文人毛泽东 [M]. 上海：上海人民出版社，1997：450.
② 陈晋. 文人毛泽东 [M]. 上海：上海人民出版社，1997：452.
③ 《人民日报》社论. 大规模地搜集全国民歌 [N]. 人民日报，1958 - 04 - 14（1）.

能够创造出为群众服务的作品来。①

社论传达了毛泽东在成都会议和武汉会议有关搜集民歌的讲话精神。在毛泽东讲话精神的指引下，中共各省、市、自治区委员会纷纷发出搜集民歌的通知和要求。正是在全国各地各级党委的号召和领导下，民歌的搜集和创作运动得以在全国广大农村普遍展开。

第二节　新民歌运动的组织和开展

随着毛泽东讲话精神的传达，中国文联、中国作协和中共各省、市、自治区委员会立即作出响应，付诸行动。前者作为全国文艺界的领导部门，更注重文艺工作者在民歌搜集运动中发挥的作用以及民歌搜集对于新的文学发展道路的重要意义。后者则要求所辖各地各级党组织带领广大群众迅速行动起来，把民歌搜集当作政治任务来完成。

就在《人民日报》发表前述社论的当天，中国文联主席郭沫若接受了中国民间文艺研究会《民间文学》编辑部的采访，采访稿发表于 1958 年 4 月 21 日的《人民日报》。郭沫若在接受采访中说：

> 《诗经》三百篇，里面大部分都是民歌。历代都有较好的文人做过这件事。……现在党把收集民歌抓了起来，各省各县都动了起来，这就会出现一个从来没有过的局面。孔子删诗，一共三百多篇，我们将来收集到的东西，不知道会有多少亿首！现在的搜集工作是由群众来做的，各地都会出许多大大小小的孔夫子。

---

① 《人民日报》社论. 大规模地搜集全国民歌 [N]. 人民日报，1958 - 04 - 14 (1).

……

群众收集，是很好的。但是也要有些专业的人。

……

民歌对于鼓舞、教育、组织群众的作用是很大的，它又的确是很优美的文学作品。①

同年 4 月 26 日，中宣部副部长、中国作协党组书记周扬主持由中国文联、中国作协、中国民间文艺研究会联合召开的首都文艺界民歌座谈会，进行"采风大军总动员"。在 1958 年 5 月召开的党的八大二次会议上，周扬代表文艺界作了《新民歌开拓了诗歌的新道路》的发言。周扬在发言中强调：

解放了的人民在为多、快、好、省地建设社会主义的伟大斗争中所显示出来的革命干劲，必然要在意识形态上，在他们的口头的或文字的创作上表现出来。不表现是不可能的。大跃进民歌反映了劳动群众不断高涨的革命干劲和生产热情，反过来又大大地鼓舞了这种干劲和热情，促进了生产力的发展。新民歌成了工人、农民在车间或田间地头的政治鼓动诗，它们是生产斗争的武器，又是劳动群众自我创作、自我欣赏的艺术品。社会主义的精神浸透在这些民歌中。这是一种新的、社会主义的民歌；它开拓了民歌发展的新纪元，同时也开拓了诗歌发展的新道路。②

接下来，全国各地文艺刊物都以大量篇幅刊载"民歌选""新国风"和"采风录"。据统计，仅 1958 年 7 月间，《人民日报》就接连刊登了 200

---

① 关于大规模收集民歌问题：郭沫若答《民间文学》编辑部问 [N]. 人民日报，1958 - 04 - 21 (7).

② 文艺报编辑部. 论革命的现实主义和革命的浪漫主义相结合 [M]. 北京：作家出版社，1958：1 - 2.

多首民歌。①

　　实际上，还在《人民日报》发表前述社论之前，云南省就已经开始了收集民歌的工作，并出版了反映云南农村工作"大跃进"的第一本民歌集。这个集子收集了 30 首民歌，内容大部分是歌颂兴修水利和积肥的，也有歌唱《全国农业发展纲要》（修正草案）、干部下放劳动和农村新气象的；而且在此之前，云南人民出版社已先后出版过五本云南民歌集。②1958 年 4 月 3 日，中共云南省委宣传部向各地县委发出了"立即组织搜集民歌"的通知。通知中说："在社会主义大跃进中，云南各族人民中出现了很多歌颂跃进和当前生产斗争的民歌、山歌、民谣和小调。特别是在具有歌唱传统的傣族、白族、彝族、苗族、傈僳族、哈尼族、纳西族等民族中，已涌现出了很多歌唱斗争的新作品。它不但丰富着人民的文化生活，而且有利于各族人民社会主义意识的增长，因此，应该十分地注意把它们搜集起来。"③ 通知指出搜集民歌的办法是："由各地县委宣传部利用会议机会，向县、区、乡党的负责干部说明意义，然后动员水库工地、农业社、工矿的干部和群众，发给三五张纸，写和记录民歌。不能写的可找人代写，少数民族群众口述的民歌，都应加以记录和翻译。"通知要求："对内容好、艺术性高的民歌，不论是短小的、较长的，都应搜集起来。流传于各民族中尚未搜集起来的老民歌，这次也应记录下来，民间史诗和长篇故事诗凡未经整理过的，也应注意发掘。"④ 通知要求在一个月内，各县将搜集的民歌送交省委。

　　在中共云南省委宣传部率先发出搜集民歌的通知之后，其他各省、市、自治区党委宣传部也纷纷向所属各地发出相似的通知和要求。1958 年

---

①　陈晋. 文人毛泽东 [M]. 上海：上海人民出版社，1997：451.

②　大家都来学民歌，云南民歌集出版 [N]. 人民日报，1958 - 04 - 04（7）.

③　云南省委宣传部发出通知：搜集各族民歌 丰富人民生活 [N]. 人民日报，1958 - 04 - 09（1）.

④　同上.

4月中旬，中共江西省委宣传部发出关于搜集民歌的通知，通知中强调："目前在社会主义建设和生产大跃进中，各地涌现出了许多歌颂幸福生活、鼓励生产大跃进、抒发建设热情的生动的山歌和民歌，我们必须立即把这些山歌、民歌进行有计划的搜集、整理和选编出版，以丰富人民文化生活，促进文艺事业的大发展。"① 通知要求："全省各地党委宣传部立即组织和动员力量深入基层搜集山歌、民歌，在5月5日和15日分别将第一和第二批稿本送给省委宣传部选编出版，……各县今年内编出民歌选集二本到五本。"通知还要求：各地党委宣传部把这一工作看成经常性工作，作出经常工作计划，做到乡乡有专人负责；省报和各地报纸、文艺刊物、出版社今后也要经常以一定篇幅定期选登山歌、民歌，并系统地整理出版。②

也是在1958年4月中旬，中共广东省委宣传部发出全省开展收集民歌工作的通知，"要求各地党委宣传部门立即进行这项工作，在4月底以前，要完成以反映当前生产大跃进为主要内容的第一批民歌收集，并由各县委宣传部主持出版专辑，县报出版专页，广播站和文化馆组织演唱和展览"③；中共上海市委宣传部给全市各级党组织发出通知，要求"把收集民歌当作政治任务来进行，并且在5月15日前初步收集、整理完毕，由市委宣传部会同有关方面研究、选择编印出版"④；而中共内蒙古自治区委员会向全区各级党委发出的通知要求，各地发动各族人民搜集民歌，五年内在全区搜集一千万首。⑤

在各省、市、自治区的通知发出之后，所属各地区迅速行动起来。云南省许多地区接到通知后，按照通知要求把搜集到的民歌民谣送到省委宣传部。到4月下旬，云南省西双版纳傣族自治州和晋宁、墨江、玉溪等十

---

① 大力搜集山歌民歌：中共江西省委宣传部发出通知 [N]. 人民日报，1958-04-21（7）.
② 同上。
③ 大跃进动人心魄 幸福歌到处流传：山歌民谣举国知音 [N]. 人民日报，1958-05-13（1）.
④ 广东山东辽宁上海广泛采风 [N]. 人民日报，1958-05-13（1）.
⑤ 民歌之海：内蒙古要搜集千万首民歌 [N]. 人民日报，1958-06-09（7）.

多个县已经收集到近万首民歌。这些民歌包括傣族、哈尼族等十多个民族的芦笙调、大板腔、三弦调（赞哈调）和长诗、酒歌等。在生产"大跃进"中，人们即兴创作，为原已流传的曲子配上了新词，一边劳动一边歌唱，歌唱幸福的远景和人民的英雄气概。中共云南省委宣传部成立了专门的编辑机构，进行整理选择工作，而且当时云南省文化局已通知全省 5000 多个农村俱乐部收集民歌，云南人民出版社正在编印三本民歌集。①

中共上海市委宣传部发出广泛收集民歌的通知之后，许多工厂、农业社和里弄派出专人记录"大跃进"中新编的民歌，有的还访问老工人，请他们回忆"五卅"和三次武装起义时期流行的民歌。到 1958 年 5 月中旬，上海文化出版社已经出版一册民歌集《大跃进之歌》。而中共辽宁省委宣传部在 4 月中旬向各市县的宣传部门发出"搜集反映大跃进的民歌、山歌和小调"的通知之后，仅在十天内，各地送来的歌谣就有几千首，安东地区经过精选送来的歌谣就有 600 多首。到 5 月中旬，辽宁人民出版社出版农村快板诗和《辽宁民歌民谣》第一集，而其他四本歌谣集准备在"七一"前陆续出版。②

到 1958 年 5 月中旬，甘肃省搜集民歌的工作也已取得了初步的成果：中共甘肃省委宣传部将搜集整理的民歌刊印了四辑，共 115 首。这四辑民歌，内容非常丰富，语言生动，调子豪放，完全反映了劳动人民在建设社会主义中的英雄气魄。而且，甘肃省委又发出通知，要求各地立即掀起一个全民创作、搜集和整理民歌的高潮。③

山东省委自 1958 年 4 月中旬发出搜集民歌的通知后，到 5 月底止，全省已搜集民歌五万首。为加强民歌的整理研究工作，在中共山东省委宣传部的领导下，由省文联、省文化局、山东人民出版社、大众日报社

---

① 云南收集万首民歌 [N]. 人民日报，1958 – 04 – 26 (1).
② 广东山东辽宁上海广泛采风 [N]. 人民日报，1958 – 05 – 13 (1).
③ 欢唱社会主义的英雄：甘肃收集民歌工作有成果 [N]. 人民日报，1958 – 05 – 14 (7).

等单位抽调一部分编辑人员组成了山东省民歌编辑组。这个组将部分材料进行了初选、编辑和分类，经过几天的突击，首批千余首民歌已汇编成集，计划出版 20 本民歌选集。在各县、市党委的领导下，搜集与整理民歌的活动在山东省广大地区普遍展开，当时有 20 多个县、市出版了民歌集。①

到 1958 年 6 月上旬，内蒙古自治区文化局群众艺术馆在编印出 33 万份"大跃进"新歌片以后，又继续编印 10 万份蒙古文和汉文新歌片，适应各族人民歌唱的需要，并计划在月内出版蒙、汉两种文字的创作新歌集和跃进民歌集。而且，自治区各地的文艺工作者也纷纷组织采风小组，深入农村、牧区、建筑工地，大量搜集民歌和创作新歌。② 而中共安徽省委在 4 月初发出搜集民歌的通知之后，各级党委非常重视，立即组织各级文化部门和数万个农村文化馆、站进行搜集工作，有些文娱干部还爬山越岭，深入偏僻的山区和田间，进行访问和记录；经过一个多月，已搜集民歌民谣近二万首，出版了《大跃进民歌》第一、第二集，《歌唱新农村》第一集样本也已印出。③

四川省搜集和创作民歌的运动开展得更是如火如荼。自通知发出之后，重庆市在一个多月内采集了 3000 多首民歌、民谣。④ 据 1958 年 6 月 19 日《人民日报》报道，"四川农村已经诗化了"：

> 今天，无论走到哪个地方，田埂边，墙壁上，山岩间，树干上都可以看见琳琅满目的诗句。仅古蔺县农民创作的各种歌谣，就有十万首之多。像"李有才"那样有才能的民间歌手，不是几十人，甚至几

---

① 山东已搜集民歌五万：二十本民歌选将出版［N］. 人民日报，1958 - 06 - 19 (7).
② 民歌之海：内蒙古要搜集千万首民歌［N］. 人民日报，1958 - 06 - 09 (7).
③ 新华社. 如今人人是歌手 唱得长江水倒流：安徽搜集民歌近三万［N］. 人民日报，1958 - 06 - 09 (7).
④ 新华社. 重庆广泛采风［N］. 人民日报，1958 - 05 - 21 (7).

百人。光是宜宾、古蔺两县，农民组成的民歌队和山歌剧作小组就在8000 个以上。许多地方不仅农民能编会唱，不少区乡干部、中共区委书记和县委书记也是创作民歌的积极分子。这些歌手中，有青壮年，有老农民，有妇女，也有儿童。遂宁县河东乡红光农业社十个老农组织的老农山歌队，已有四年多历史，他们编写的山歌数以百计，几乎社里开展每一项工作，他们都编成山歌唱起来。①

以上大致呈现出 1958 年新民歌运动初期，各地党委通过组织的力量领导广大农村开展这场运动的基本情况。从组织层面来看，文艺界的领导部门主要是从文艺发展的角度来理解这场运动的意义，其组织工作的重心在于"动员和吸引全体文艺工作者来参加这个工作"②。这项工作，既发挥文艺工作者的作用，又促使文艺工作者与群众结合，从而开辟文艺更好地为群众服务的发展道路。而中共各省、市、自治区的委员会则把这项运动当作中心工作，许多地方都是书记挂帅，领导带头。许多地方党委成立创作委员会，领导群众创作，主任委员大都由党委书记或副书记担任。③ 而且每一级党组织都设有专人负责。通过从上到下的组织形式和各级行政权力把这场运动一直落实到基层，一方面动员和组织广大农民群众进行诗歌创作以及其他相关活动实践，另一方面实行民歌的搜集、整理、编选，当然这个过程中也离不开知识分子的参与。正是基于这两种不同的组织力量的相互配合，新民歌运动在全国各地迅速展开。

---

① 田埂边，墙壁上，诗句琳琅满目：四川农村已经诗化了 [N]. 人民日报，1958 – 06 – 19 (7).
② 周扬. 新民歌开拓了诗歌的新道路 [M] //文艺报编辑部. 论革命的现实主义和革命的浪漫主义相结合. 北京：作家出版社，1958：13.
③ 谢保杰. 1958 年新民歌运动的历史描述 [J]. 中国现代文学研究丛刊，2005 (1)：24 – 25.

第三节　新民歌创作和传播的方式

有研究者指出，1958 年兴起的新民歌运动，"群众的创作占着最主要的部分"①。而新民歌作为群众创作，其创作者与接受者在很大程度上是未分离的，因而其创作的方式与传播的方式紧密结合在一起。当时，农民群众民歌创作和传播的主要方式大致可以归纳为以下几种。

一、开辟各种民歌创作园地

这些民歌创作园地包括诗坛、诗棚、诗府、诗亭、诗歌堂、诗窗、诗碑、民歌栏、民歌牌、鼓动牌、诵诗台、献诗台、田头山歌木牌、田边竹笺诗、墙头诗等。②

> 每一种又因地而异，各有多种不同的形式，同样一个"诵诗台"，各地都有不同的设法，有的设在俱乐部里，有的设在路旁道上，有的设在食堂里，具体的做法和功用也各有不同。这种形式不同的诗歌园地遍布各地，对发动和巩固群众诗歌创作起了重大作用。③

农民群众的民歌创作本来具有即时创作、即时接受的特点，创作者和接受者在同一生活共同体当中，共享同样的生活经验和生活情景，而且往

---

① 天鹰. 一九五八年中国民歌运动 [M]. 上海：上海文艺出版社，1959：78.
② 天鹰. 一九五八年中国民歌运动 [M]. 上海：上海文艺出版社，1959：16.
③ 同上。

往是口头创作，口耳相传、口口相传。在新民歌运动中，这种自发的方式不能满足大规模创作和搜集民歌的需要，因而需要将民歌创作与传播的方式文字化。

以湖北省蕲春县的"群众创作园地"为例。开始，群众创作民歌只是口头唱，唱过了也就完了，这就造成了采风工作的困难。为了解决这个问题，蕲阳二社的俱乐部就创造了一个适应群众要求的诗刊——"群众创作园地"。他们在俱乐部的墙上用了整个一方墙壁，画上一个园地形式，把群众创作的民歌都贴在上面。这样一来，群众高兴极了，纷纷提笔写诗，不会写的就请人写，三个月中，一个百多户的小社，就有三四十人参加写诗，写出诗歌千余篇。在歌颂人民公社的热潮中，诗歌更多了，俱乐部的小小"园地"已经不够用了，于是家家门口办起了"园地"……群众的创作情绪也更高了。光蕲州镇上在办起家庭园地的一天一夜间，全镇就贴出了诗歌 3000 多篇。这样的例子很多，在陕西长安县，县有诗亭，乡有诗宫，社有诗廊、诗台，家家户户门口有诗牌，每当一个中心运动来的时候，新的诗歌作品也就不断地出现在园地上；这样，在 20 多天中，这个县就写出了诗歌 30 多万首。[①]

以上群众创作园地有一个非常重要的特点，那就是和生产场合密切结合在一起，这实际上是农民群众的诗歌创作与生产劳动紧密结合而带来的结果。前面提到的田头诗坛、鼓动牌、田头诗竹笺、田头木牌这一类创作园地本就是生产场合的一部分。比如，田头诗坛往往筑在大规模集体劳动的试验田边，以便人们在火热的劳动中，若有所感，即情即景赋诗。例如，福建省同安县城关党政军民干部集体去洪塘搞晚稻试验田，就在田头筑起诗坛，"对劳动得出色的人，诗坛上就有表扬的诗；对劳动中美丽的景象，诗坛上就有赞美的歌"；"就这样，诗篇鼓舞着创造性的劳动，创造

---

① 天鹰. 一九五八年中国民歌运动 [M]. 上海：上海文艺出版社，1959：17.

性的劳动也促使人写下了灿烂的诗篇。一天劳动当中，这个诗坛产生了近百首。"① 田头诗竹笺也设立在田边地头，不仅形式更加灵活多样，而且往往成为促进生产劳动的手段。其方式是农民群众对田里的庄稼活儿有什么意见，就用田头竹笺随时写，随时插，以便及时改进。例如，四川省剑阁县香沉乡河东农业合作社里，很多田边都插有一根三尺来长的竹块，竹块上写着诗；诗的内容都是针对田里庄稼的具体问题写的，既是群众的意见，又是诗歌创作，这是田头诗竹笺的特点。② 田头木牌和田头诗竹笺在形式上非常类似，但在记录的民歌内容上有些不同，前者往往成为群众自我鼓劲和表达理想愿望的工具。

二、举办各种推动群众民歌创作的活动

推动群众民歌创作活动的方式多样，如"赛诗会、民歌演唱会、联唱会、诗歌展览会、战擂台、诗街会等"。③ 其中，赛诗会是群众性最广泛和最具普遍性的民歌创作活动方式，1958 年 3 月陕西省白庙村农民群众开创了这个活动方式，到 1958 年下半年风行全国。实际上，我国民间本来就有赛诗的传统，特别是在西北、西南、华南各省，群众的山歌比赛、山歌对唱是一种经常性的活动，古已有之。因此，新民歌运动中的赛诗会是在民间赛诗传统基础上形成的一种新的群众创作形式。赛诗会因规模和场所的不同种类很多，有几个人到几十个人参加的"田头赛诗会""家庭赛诗会"，规模大的有"千人赛诗会""万人赛诗会"，也有多达几十万听众的"广播赛诗大会"。赛诗会赛诗的方式，或者是大家逐一轮流上台朗诵自己的诗作

① 天鹰. 一九五八年中国民歌运动［M］. 上海：上海文艺出版社，1959：19.
② 天鹰. 一九五八年中国民歌运动［M］. 上海：上海文艺出版社，1959：20.
③ 天鹰. 一九五八年中国民歌运动［M］. 上海：上海文艺出版社，1959：21.

或者即兴歌唱，或者是大家围绕某个主题竞相交锋。赛诗会常常根据生产任务和政治活动设置主题，比如"歌唱丰收赛诗会""总结麦播、加强麦田管理赛诗会""共产主义教育赛诗会""反对美帝侵略中东赛诗会"等。①

　　赛诗会这种活动形式极大地激发了农民群众民歌创作的主动性，强化了群众创作的主体性，有力地促进了新民歌运动的开展。据河北省昌黎县在1958 年 12 月统计，全县参加各种形式赛诗活动的人数已有 30 多万人次。陕西省绥德县从 1958 年 10 月 1 日到 25 日连续举办群众性的赛诗大会，每天把参加竞赛的诗歌在文化馆展出，让川流不息的人进行评比和参观；赛诗活动大大激发了群众诗歌创作的热情，据 9 月下旬到 10 月中旬的约略统计，全县群众诗歌创作已达 150 万首，全县人民公社、生产大队和生产组，都举行了诗歌比赛、展览和朗诵；赛诗在群众中已成为一种新的风气和习惯。②

三、采取集体创作的方式，组织各种民歌创作小组

　　传统的民歌遵循口头创作、口口相传的方式，本来就具有集体创作的特点，因为每一个口头传播者都有可能将自己的理解和感受加入其中，在传播的同时参与创作。而在新民歌运动中，群众集体创作成为一种有组织的形式，这种形式就是成立民歌创作小组。当时各种民歌创作小组遍布全国各地。例如，江西一个省，据 1958 年 7 月统计，就有 5000 多个山歌社；四川到 1958 年 6 月为止全省农民已组织起 2.2 万多个文艺创作社；湖北到1958 年 11 月统计，全省也已出现了 2.3 万多个创作组，其中仅红安一个县就有 577 支民歌队；据 1958 年 10 月 1 日新华社报道，湖南省有工农业

① 天鹰. 一九五八年中国民歌运动 [M]. 上海：上海文艺出版社，1959：21 – 22.
② 天鹰. 一九五八年中国民歌运动 [M]. 上海：上海文艺出版社，1959：22.

余创作小组 4 万多个，安徽省司集乡全乡有 267 个生产小队，就有 267 个诗歌创作小组。① 通过民歌创作小组这种形式，群众创作的集体性得以发扬，在有效推动群众诗歌创作的同时，保证了民歌创作的公共性。

四、报刊发表和民歌集编印

上述民歌创作和传播的方式主要限定在民歌产生地，创作和传播很大程度上是同一的、未分离的。而新民歌运动发起的初衷是在全国范围内大规模地搜集民歌，其传播的方式自然还包括报刊发表和民歌集编选，以便传播到更广大的地区，并行之久远。据研究者的调查研究：在民歌运动的初期，报纸和刊物就大量刊出了民歌，许多报纸，如《人民日报》《甘肃日报》《新华日报》《江西日报》《解放日报》《文汇报》《中国青年报》等，都用大量篇幅，经常列出以"最好的诗""跃进战歌""口号和战歌"等为名的民歌专栏或专页。全国报纸毫无例外地经常刊载民歌和论述民歌的文章。许多文艺期刊，如《边疆文艺》《文艺月报》《处女地》《前哨》等都在这一年出了诗歌专号，大量地选登了民歌。② 而民歌集的编印更是盛况空前：

> 据极不完全的统计，全国省以上出版社出版的民歌集子种数达700 多种，至于专区、县、区、乡，乃至社出版的民歌集子，那更是无法计算。以四川省来说，仅 141 个县、市的统计，到 10 月份为止已编印了 3733 种民歌小册子，仅古蔺一县就印了 600 多种。叙永县编印的个人诗选就有 50 种。其他各省也就可见其一斑了。再举一个具体例

---

① 天鹰. 一九五八年中国民歌运动 [M]. 上海：上海文艺出版社，1959：30.
② 天鹰. 一九五八年中国民歌运动 [M]. 上海：上海文艺出版社，1959：11.

子，那更足以说明这一点，广东番禺县公社的南村，在 10 月份举办了一个诗歌展览会，除会场里挂满了农民的诗篇外，桌子上还摆满了几百本各村俱乐部自编的民歌集子。①

这种民歌的传播方式更多地体现了知识分子对于新民歌运动的参与以及报刊书籍等传媒对于新民歌运动的推动。这种方式对于民歌的收集、保存、传播具有重要的意义，但是新民歌运动的意义不仅在于提供研究资料，而且在于在群众的文艺创作与生产生活不分离的情况下，在两者的互动过程中，促使农民群众成为享有和创造文艺的主体，与此同时召唤出社会主义所需要的主体性。

第四节　新民歌运动与农民主体性建构

天鹰在《一九五八年中国民歌运动》一书中谈到，新民歌运动的出现至少有三方面的原因："一、是大跃进形势的直接产物；二、是旧民歌传统发展的结果；三、党的提倡造成了运动巨大的规模。"② 这些原因也可称为新民歌运动得以发生的条件，除了这些条件，新中国成立后扫盲运动取得普遍成效也是一个重要的条件。在新民歌运动中，农民群众不再仅仅口头创作，而是口头创作与文字书写紧密结合。各地出现的诗坛、诗棚、诗府、诗亭、诗歌堂、诗窗、诗碑、民歌栏、民歌牌、鼓动牌、田头山歌木牌、田边竹笺诗等，作为新民歌创作和发表的阵地，都要诉诸文字书写。据天鹰介绍，新民歌运动中大字报成为诗歌创作最宽广的场所，据各地统

① 天鹰. 一九五八年中国民歌运动［M］. 上海：上海文艺出版社，1959：11.
② 天鹰. 一九五八年中国民歌运动［M］. 上海：上海文艺出版社，1959：43.

计，大字报上的诗歌占大字报总数的 30%～40%，有的地方甚至有占到 90% 的。① 这离不开扫盲运动带来的农民群众识字率和文字书写能力的提高。

当然，在上述条件中，党的提倡是造成新民歌运动蔚为大观的根本原因。有研究者指出，"在大跃进运动轰轰烈烈开展之际，对新民歌的关注和提倡"，"是毛泽东作为一个政治家和诗人深思熟虑的产物"。② 实际上，毛泽东倡议和发起新民歌运动，其初衷大致包括这样几个方面：第一，民歌曾经作为社会调查和动员群众参加革命的工具，承载着毛泽东和共产党人的革命经验和历史记忆。③ 第二，在毛泽东和共产党人的心目中，社会主义不仅意味着人民群众在政治上和经济上翻身解放、当家作主，而且也意味人民群众在文化上翻身解放，成为享有文化和创造文化的主体。新民歌运动正是以人民群众为创作主体的文化实践。第三，人民群众在争取政治、经济和文化上翻身解放、当家作主的过程中，会进一步树立起社会主义理想和信念，建立新的身份认同和自我意识，确立新的主体性。而新的主体性确立正是人民群众焕发主体力量、实现生产"大跃进"的主观条件。新民歌运动对此大有裨益。第四，民歌与小说、戏剧等艺术形式相比，更容易被群众普遍掌握，其作为群众自我表达和自我创作的工具更加

① 天鹰. 一九五八年中国民歌运动［M］. 上海：上海文艺出版社，1959：12.
② 谢保杰. 1958 年新民歌运动的历史描述［J］. 中国现代文学研究丛刊，2005（1）：24－25.
③ 早在五四时期，在北京大学工作的毛泽东就注意过北京大学成立的歌谣研究会收集民歌的情景，并且留下很深的印象。1926 年毛泽东在广东举办全国农民运动讲习所，他为学员制定下乡调查题目，共 36 项，其中就有收集民歌这一内容。1929 年 12 月，毛泽东起草的红四军第九次代表大会决议案中明确规定：各级政治部负责征集并编制表现各种群众情绪的革命歌谣。1933 年在江西瑞金搞社会调查时，他就有意识地收集了一些民歌，并写在自己的调查报告里。1938 年 4 月，他在鲁迅艺术学院的讲话中指出："农民不但是好的散文家，而且常常是诗人。民歌中便有许多好诗。我们过去在学校工作的时候，曾让同学在假期搜集各地歌谣，其中有很多很好的东西。"（谢保杰. 1958 年新民歌运动的历史描述［J］. 中国现代文学研究丛刊，2005（1）：24－25.）新中国成立后周恩来曾经在上海审看一台节目时和老战友陈毅说："记得么？我们在中央苏区的时候，首先重视发展的就是江西兴国民歌。在'扩红'运动中，民歌可起到了很大的作用。"（陈晋. 文人毛泽东［M］. 上海：上海人民出版社，1997：449－450.）

及时有效。其中，第二和第三个方面是毛泽东倡议和发起新民歌运动要达到的主要目的。

就当时广大农民群众的民歌创作来说，新民歌运动在一定程度上达到了自己的目的，取得了一些重要的历史经验。这些经验主要包括以下几个方面。

第一，利用广大农村普遍存在的民歌编唱传统，促使农民群众开始克服旧社会造成的对于文艺创作的神秘感和文化上的自卑感，突破体力劳动和脑力劳动的社会分工和等级界限，打破文艺创作只能由某个阶层垄断的局面，建立群众文艺创作的主动性和自信心，在一定程度上使农民群众成为享有和创作文艺的主体。例如，安徽省肥东县店埠人民公社社员、农民歌手殷光兰曾这样回顾自己的民歌创作经历：

> 开始我还认为：叫我们泥腿子搞创作，那不是笑话吗？文化馆的干部说："只要把你们的心里话说出来，能像秧歌一样唱出来，就可以算是一篇创作了。"有一天在秧田里大家唱老秧歌，唱得很热闹，我想了几句，就在秧田里唱了出来："跳下田来栽秧棵，栽秧的人儿爱唱歌，栽到稗子棵棵死，栽到黄秧都活棵，万担归仓收得多，增产支援工业化，改善生活笑哈哈。"回家以后我请别人记下来，送给文化馆干部看，他们说："这就是一篇很好的创作。"他们又搜集了我们俱乐部丁守廉、王书琴等的作品，没有几天就印发到全县。从此，我们就一篇接一篇地创作起来了。①

又如，在新民歌运动中成为农民歌手的河北省滦平县的王保瑞，初学写作时就受到讽刺打击，有人说："写书是写书院秀才的差事，庄稼人能

---

① 殷光兰. 唱的人人争上游，唱的红旗遍地插 [M] //中国民间文艺研究会研究部. 民歌作者谈民歌创作. 北京：作家出版社，1960：60 - 61.

写出书来，真是日头从西边出来。"① 在新民歌运动中，这种打破文化上自卑感的"泥腿子搞创作"成为普遍性的文艺实践。

根据当时研究者的调查，参加诗歌创作和歌唱活动的人的普遍性，是这次民歌运动的一个突出特点，全国有许多地方都形成了"千人唱、万人和"的诗歌创作局面，小到十几岁的孩子，老到六七十岁的老人，都参加了民歌的创作和演唱。以安徽省巢湖县司集乡为例，全乡当时有267个诗歌创作小组，参加的人有13000多人，占全乡总人口的65%；还组织了男女老少各种合唱团，如老年人组成黄忠合唱团，妇女组成穆桂英合唱团，少年组成罗成合唱团等。② 对于这种没有先例的全国性群众文艺创作，且不论创作的作品质量如何，单是这种不再依赖知识分子代言而是农民群众自我抒写的实践本身就具有重要的历史意义，其历史经验理应得到认真对待。

第二，民歌创作和劳动生产、民众生活紧密结合，有利于培育农民群众的集体观念、国家观念与主人翁意识，重建农民群众对历史、现实及自我的想象方式，从而建立社会主义所需要的主体性。

在新民歌运动中，"劳动成了新民歌的支配一切的主题。诗劳动化了。劳动也诗化了"③。在当时的历史背景下，劳动具有多方面的意义，其不仅是国家建设的需要和实现生活富裕的手段，而且也是劳动群众自身价值和主人地位的体现。因此，农民群众的民歌创作对于劳动的歌唱，不仅体现出对国家建设事业的认同，而且也是一种新的自我观念的表达和自我形象的抒写。例如，当时山东一首民歌写道："万里长城人民建，千里运河人民开。自古中国英雄多，今朝英雄胜百代。举手推倒重重山，落手填平茫

① 天鹰. 一九五八年中国民歌运动［M］. 上海：上海文艺出版社，1959：61－62.
② 天鹰. 一九五八年中国民歌运动［M］. 上海：上海文艺出版社，1959：11－12.
③ 周扬. 新民歌开拓了诗歌的新道路［M］//文艺报编辑部. 论革命的现实主义和革命的浪漫主义相结合. 北京：作家出版社，1958：9.

茫海。"另一首写道："一辆小车吱呀呀，我推石头修河坝，别看我的车子小，泰山也能装得下。"① 显然，这两首民歌中的抒情主人公不是个人化的自我，而是集体主义的"大我"，甚至就是广大农民群众作为国家建设者的总体代表，因此才能有这样无比强大的力量，才能有这样豪迈的自我想象。又如，辽宁省阜新县一首民歌《咱们就是行雨龙》这样写道："古来传说龙行雨，咱们就是行雨龙，/人人使出冲天劲，能摘月亮取星星。/共产党是引路灯，蛟龙出海气势腾，/山沟拦坝修水库，喝命雨水把令听！"② 这首民歌借助民间龙王掌管降雨的民间传说，表现农民群众集体的意志和力量，鼓舞革命干劲和劳动热情，重申党同人民群众的关系，讴歌党作为引路明灯的政治领导作用。

当时，群众的民歌创作紧密结合生产劳动和各项中心工作，是在各条生产战线上的集体劳动中获取题材，汲取诗情，干什么就歌唱什么，因而题材是多种多样的。前面举的例子是歌唱兴修水利的民歌，除此之外，还有很多歌唱农业生产丰收的民歌。例如，河南省遂平县在取得高产田的丰收之后，就出现了这样的民歌："麦垛高又高，耸立在云霄；泰山搬过来，刚及麦垛腰。"③ 又如这首民歌："玉米秆儿穿九天，浑身棒子有几千；织女牛郎吐舌尖，那有玉米长云间。"④ 这类民歌采用夸张的手法，通过极度夸大劳动成果，表达生产"大跃进"的雄心和对富裕生活的憧憬，表达创造奇迹的时代要求，这背后是歌颂生产者的革命干劲和非凡创造力，是广大劳动群众对强有力的集体性自我的期许和赞美。与此相类，还有通过生产劳动直接歌颂国家政策的民歌。如《想到四十条劲头高》中有这样的诗句："锄地想到四十条，搐起锄头插云霄；挑担想到四十条，千斤重担当

① 均见：山东已搜集民歌五万：二十本民歌选将出版 [N]. 人民日报，1958-06-19 (7).
② 广东山东辽宁上海广泛采风 [N]. 人民日报，1958-05-13 (1).
③ 天鹰. 一九五八年中国民歌运动 [M]. 上海：上海文艺出版社，1959：146.
④ 天鹰. 一九五八年中国民歌运动 [M]. 上海：上海文艺出版社，1959：180.

灯草；摇船想到四十条，一橹摇过十座桥。"① 这类民歌表达了对党和国家的认同以及由此而焕发出的劳动群众自身的力量。或许人们会认为，这样的民歌只是一种宣传党和国家政策的口号的歌谣化，但是即使如此，其经农民群众自己表达出来，正体现了将党和国家政策要求内在化的过程，这个过程促使农民群众对历史、现实及自我建立起新的想象方式，从而呈现出新的主体性。

第三，新民歌还表现了人们在集体劳动过程中形成的新型相互关系，新民歌运动成为一种民主形式。"互爱互助，互相评比，比先进，赶先进，干部带头，依靠群众。这些就是人们新的关系中的基本特点，而作为这种关系的共同道德基础的是社会主义集体主义精神。"② 新民歌对人们之间新型关系的表现是农民群众自我教育和参与民主生活的一种方式，其既起到表扬先进、树立榜样、互相激励的作用，也有批评落后、揭示问题、发扬民主、改进不足的功能。关于此，有研究者指出：

> 民歌进行批评与自我批评的对象和内容是多方面的，在对象方面，有对集体的，有对个人的，有对领导的，有对群众的；在内容方面，有对生产和工作上的缺点的，有对思想作风上的毛病的，等等。有些地方群众称批评的民歌为"高丽参"，说它可以医治"心病"；也有把它比作"镜子"，说它可以对照自己，提高思想。浙江海宁县群众把民歌叫作"生产上治病的有效药方"，他们常常用民歌替田间的活路对症开药方，例如许巷乡四社在1958年夏天检查生产时，发现八小队一块麻长得不错，可是缺少肥料，就开了一张药方——写了一首民歌："麻苗生长好，管理也周到。可惜没施肥，麻肥还未饱。为点啥道理，队长太官僚。及时施肥脱黄袍，插上红旗迎风飘。"当小队

---

① 天鹰. 一九五八年中国民歌运动［M］. 上海：上海文艺出版社，1959：181.

② 周扬. 新民歌开拓了诗歌的新道路［M］//文艺报编辑部. 论革命的现实主义和革命的浪漫主义相结合. 北京：作家出版社，1958：10.

长看到这首民歌后，立即和社员一起挑粪施肥，争取插上红旗。①

这里可见农民群众在集体劳动中运用民歌参与集体民主管理的自觉意识和农民群众的主人翁意识。而且如前所述，当时群众创作民歌常常采用大字报的形式，大字报成了诗歌创作"最宽广的场所"，而大字报当时又是我国社会主义民主的一种形式，因此新民歌运动在农民群众的社会主义民主意识培育方面发挥了积极作用，有利于农民群众建立符合社会主义要求的主体性。

小　结

新民歌运动在各级党组织有效地组织和推动之下，在全国各地迅速展开，取得了一些可资借鉴的历史经验。但是，这种自上而下的组织方式尽管具有群众自发创作的现实基础，但也存在不足和缺陷，带来了一些负面后果。例如，当时就有研究者指出，1958 年的民歌运动：

在九、十月份以后，在某些地区，出现了某些不合理地规定任务、限期完成的强制现象，因而违反了自愿原则，使运动走了一些弯路。这也说明了，只有出于群众的自愿，运动才能最大限度地和健康地发展，离开了这一原则，就会挫伤群众的积极性，凑数应付，形式主义，结果损害了运动。②

这种忽视农民群众的自主性而只是为了应付上级下达任务的做法违背了新民歌运动的初衷和目的。而且，在新民歌运动中还存在不分对象、要

---

① 天鹰. 一九五八年中国民歌运动 [M]. 上海：上海文艺出版社，1959：40.
② 天鹰. 一九五八年中国民歌运动 [M]. 上海：上海文艺出版社，1959：71.

人人写诗的盲目性和盲目追求诗歌产量、规定创作任务的问题，很多民歌内容也有过度虚饰浮夸的弊病，尤其是在"大跃进"运动遭到挫折和失败的情况下，这种虚饰浮夸的弊病就显得更加严重。

1959 年 3 月，在郑州召开的中央政治局扩大会议上，毛泽东表达了对新民歌运动的不满。毛泽东说：

> 文化、教育、体育事业只能一年一年地发展，写诗也只能一年一年地发展。写诗不能每人都写，要有诗意，才能写诗。有诗意的人才能写诗，你让我在郑州写诗，我的诗跑到九霄云外去了。无诗意，怎样写诗呢？你不是冤枉人家吗？叫每个人都要写诗，几亿农民要写多少诗，那怎么行？这违反辩证法。辩证法是一步一步地发展，质变要有一个过程，怎么会有今年内每人要写多少诗呢？放体育卫星、诗歌卫星，通通取消。遍地放，就没有卫星了。①

1959 年 9 月，周扬、郭沫若编选的《红旗歌谣》正式出版。对于这本作为新民歌运动代表作的选集，据周扬的回忆，毛泽东看过之后认为："水分太多，就是选得不精"，"还是旧的民歌好"。② 此前在 1958 年 11 月的武昌会议上，毛泽东谈到经济事业要杜绝造假浮夸，强调要把经济事业和《端起巢湖当水瓢》这种过于虚夸、不合情理的民歌区别开来：

> "端起巢湖当水瓢"，这是诗，我没有端过，大概你们安徽人端过。巢湖怎么端得起来？③

在这期间，就新诗的发展道路问题，毛泽东还对臧克家说：

> 新诗改革最难，至少需要五十年。找到一条大家认为可行的主要形式，确是难事。一种新形式经过试验、发展，直到定型，是长期

---

① 陈晋. 文人毛泽东［M］. 上海：上海人民出版社，1997：454－455.
② 周扬.《红旗歌谣》评价问题［J］. 民间文学论坛（创刊号），1982（1）：4.
③ 毛泽东. 毛泽东文集：第七卷［M］. 北京：人民出版社，1993：447.

的，有条件的。①

从上述可见，毛泽东对于新民歌运动中人人写诗、放诗歌卫星、新民歌的质量以及新诗未来发展道路等问题的看法和意见。

不过需要说明的是，毛泽东的这些看法和意见并非如某些论者所说是对其当初倡导新民歌运动的否定。毛泽东只是借此揭示新民歌运动的不足和负面经验。实际上，直到 1965 年 7 月，毛泽东在给陈毅谈诗的一封信中还是在强调民歌对于新诗发展道路的重要性：

> 将来趋势，很可能从民歌中吸引养料和形式，发展成为一套吸引广大读者的新体诗歌。②

而在此之前，1961 年 3 月，在广州中共中央工作会议上，毛泽东还一往情深地谈起关于民歌收集的往事：

> 有几个典型材料丢失了，我比较伤心。过去在广东农民讲习所收集民歌几千首，民歌使人得到很多东西，丢了很可惜。③

从毛泽东对民歌收集的倡导和对新民歌运动不足的批评这两者的辩证关系中，我们可以发现新民歌运动虽然是特定年代的产物，但就其要达到的内在于社会主义的目标来说，还是可欲的和未竟的事业，其正反两面的历史经验都需要认真汲取和借鉴。

---

① 臧克家. 毛泽东同志与诗 [J]. 红旗，1984（2）：36.
② 毛泽东. 毛主席给陈毅同志谈诗的一封信 [J]. 诗刊，1978（1）：5.
③ 陈晋. 文人毛泽东 [M]. 上海：上海人民出版社，1997：456.

第八章　农村美术活动

——社会主义文化的视觉呈现

　　美术是农民文化生活的重要组成部分，新中国成立以后，农村群众美术活动气象一新。农村群众美术主要包括新年画、新连环画、漫画、招贴画、壁画、剪纸等形式。20 世纪 50 年代初，有些地方农业合作社较早地成立了美术小组，但囿于主客观条件的限制，在新中国成立后较长时期内，"农村的群众美术活动没有像工厂那样得到广泛的发展，虽有搞得比较突出的地区，但未能形成群众性的运动"①。到了 1958 年，在新的政治形势鼓舞下，在新民歌运动风靡全国的同时，农村美术活动开始蓬勃兴起。在这过程中，"一个轰轰烈烈气势磅礴的壁画运动在广大农村中广泛而深入地开展起来"②。当然，在农村新壁画运动中，除壁画之外还包括其他农民画形式。

　　虽然在新壁画运动之前，美术界的新年画运动和新连环画运动同样追求为广大农村群众喜闻乐见，但是其创作者主要还是美术工作者，而新壁画运动的创作主体则主要是广大农民群众。天鹰在《一九五八年中国民歌运动》一书中介绍：在民歌运动当中，全国各省出现了"诗画满墙"的诗歌县、诗歌乡和诗歌社，而"诗画上墙不仅在出名的诗乡如此，也是一九五八年中国农村中相当普遍的现象"。③ 这种现象表明了，当时在广大农村，新民歌运动是与新壁画运动紧密结合在一起的。新民歌运动和新壁画运动是"大跃进"运动中群众文化活动两项最重要的内容。新壁画运动是

---

　　① 司徒常. 十年来的群众美术活动（初稿）［J］. 美术研究，1959（2）：20 – 23.

　　② 同上.

　　③ 天鹰. 一九五八年中国民歌运动［M］. 上海：上海文艺出版社，1959：10.

农村群众美术运动的中心。① 当时，《人民日报》的一篇报道说：

> 壁画运动是一个政治宣传运动；也是一个群众美术运动，是群众结合当前中心工作，结合生产，以美术形式进行自我教育的运动，也是群众美术方面的文化革命。②

这个说法大致概括了新壁画运动的基本特征，也道出了新壁画运动的初衷和目的。也就是说，和新民歌运动一样，新壁画运动既包含着在美术方面进行文化革命、让广大农民群众成为文化艺术创造者的初衷，也具有让广大农民群众实行自我教育、建立新主体性的目的。

第一节　新壁画运动的开展和地方实践

新壁画运动虽然是"大跃进"运动带来的结果，其同时也是长期以来党领导的群众文化活动的一部分，体现了建设社会主义文化的群众路线和一贯宗旨。与新民歌运动相比，新壁画运动不是在党的最高领袖发出倡议之后，在中共各省市自治区委员会要求之下各地统一行动，而主要是在文化部的推动下经由各地各级党委动员和领导而在全国普遍展开的，可以说，其更具有地方自行实践的特点。

1958 年 4 月 20 日至 30 日，文化部在北京召开了全国农村群众文化艺术工作会议。这次会议，根据生产"大跃进"的新形势，讨论了农村文化工作的发展规划，明确了农村群众文化工作的任务和方法，并且交流了各

---

① 吴继金. 1958 年农村的"新壁画运动"［J］. 读书文摘，2012（10）：51 – 54.
② 石梓康. 从西安市壁画看到的问题［N］. 人民日报，1958 – 11 – 27（7）.

地农村群众文化工作的经验。① 会议提出的工作目标是："大力发展以俱乐部为中心的农村群众文化活动，在一两年内，基本上达到每个农业合作社都有俱乐部，吸引广大群众参加文化活动。"② 会议指出："以俱乐部为中心的农村群众文化工作，必须紧紧地结合政治任务、结合生产、结合中心工作，真正做到生产到哪里，文化到哪里；生产越紧张，文化越活跃。"③ 会议认为："发展群众业余文艺创作，从工农当中培养大量的文艺人才，是建设社会主义文化的根本大计之一。"④

在这次会议上，河北省昌黎县后钱庄中心俱乐部主任高学谦介绍了他们的经验：他们在"生产大跃进，文化紧紧跟，壁画打头阵，歌唱作先锋"的口号下，仅用三天工夫就创作了 164 幅壁画，出现了"墙壁粉刷白，诗画满墙山，户户六面光，村村大改观"的局面。⑤ 中共昌黎县委宣传部部长黄德玉在发言中谈道：该县壁画创作的大跃进在 3 月 18 日开始，七天突击，三天扫尾，到 3 月 30 日，共计 12 天的时间就在全县范围内实现了壁画县，共画出壁画 6.5 万多幅，把农村换上了美丽的装束。⑥

在这次会议上，许多省、县都提出了群众文艺创作方面的规划和指标。例如，河北省要实现创作省，普遍深入地发动专业和业余文艺工作者和爱好者开展群众创作运动；在美术方面，今年全省要创作出 10 万幅画，并实现壁画省。⑦ 湖南省规划创作美术作品 35 万幅，其中 20% 要求达到县、市报刊发表水平，10% 达到省级报刊发表和出版水平。⑧ 湖北省计划

---

① 本刊记者. 生产大跃进，文化艺术紧紧跟：记全国农村群众文化艺术工作会议 [J]. 美术，1958 (5)：20 - 21.

② 同上。

③ 同上。

④ 同上。

⑤ 同上。

⑥ 同上。

⑦ 同上。

⑧ 同上。

当年创作美术作品 200 万幅，而且要求全部能在本乡本社展出，能在县里展出两万幅，能在省里展出 2000 幅，能向中央推荐 100 幅。① 这次会议对于推动新壁画运动在全国各地的发展具有重要作用。

在新壁画运动中，河北省昌黎县、束鹿县和江苏省邳县是最早出现的壁画县。有报道称，束鹿县的壁画创作是从 1958 年春节前开始的，由县委亲自领导和深入发动群众，到 4 月底便绘制了壁画 49145 幅，平均每村 147 幅，在全县实现了壁画化。4 月间，河北省文化局在该县召开了"壁画、标语、街头诗现场参观会议"，总结经验。到 7 月底统计，束鹿全县已有壁画 9.5 万幅，共有 15 万人参加绘制工作，可以说是"人人齐动手，村村是画廊"。而邳县的群众美术活动在 1955 年即已开始，在"大跃进"运动中不断掀起农民绘画的高潮，农民绘画在全县已经形成全民性的运动；从 1958 年春到 7 月底，邳县就已绘制了壁画 2.3 万幅，张贴画（即招贴画）1.5 万幅。参加绘制工作的有 10.8 万人，其中有 6000 位农民画家。② 到 1958 年 9 月，邳县共计完成壁画 30 万幅（达到每户有壁画 3～5 幅，每村有壁画 100 幅以上），宣传张贴画 12 万幅，其中工农自己创作的画占 90%，美术组由 800 个发展到 2247 个，农民画家由两千人壮大到两万人。③

在河北省提出成为"壁画省"的目标之后，新壁画运动在全省各地广泛展开。例如，除昌黎县和束鹿县以外，丰润县一县即有 52125 幅壁画；怀安县有 9990 幅壁画，平均每五户即有一幅壁画。④ 而在江苏省，在邳县率先成为壁画县以后，随着其典型经验的宣传和推广，其他县市纷纷效仿。例如，"丰县、沛县、沭阳、睢宁和清江市"等地，先后步其后尘成

① 本刊记者. 生产大跃进，文化艺术紧紧跟：记全国农村群众文化艺术工作会议 [J]. 美术，1958（5）：20-21.

② 人人齐动手 村村是画廊：束鹿邳县两县壁画化 [N]. 人民日报，1958-08-18（6）.

③ 中共邳县县委宣传部. 邳县的群众美术活动 [M]//中国美术家协会南京分会筹委会. 美术战线上的一颗卫星：江苏省邳县农民画文集. 上海：上海人民美术出版社，1958：16-17.

④ 郭钧. 走出画室，开展壁画工作 [J]. 美术，1958（5）：8.

为壁画县（市），而阜宁县则几乎与邳县同时成为壁画县。①

不仅是河北和江苏，当时有报道称，全国许多县都已经壁画化，在城镇和乡村都形成了千军万马、男女老少齐动手的创作高潮，真正把农村变成了图画的世界。"很多人知道了邳县和束鹿的农民绘画，但是还有无数个邳县和束鹿。例如安徽阜阳县和萧县的农民，也创作了数以几十万计的壁画。"② 又如，在工农业生产"大跃进"的同时，陕西地区的工农群众与全国各地一样也出现了群众性的壁画运动。仅以西安市为例，在20多天中就绘制了壁画 154947 幅，许多村达到每户有壁画二幅，实现全市壁画化。③ 再如，广东揭阳两个月中就画了 10 万多幅壁画，还出版了乡社的油印画报；甘肃庆阳不但完成了大量壁画、标语、刺绣、剪纸，而且还创作了 4000 座雕塑；而临洮大街小巷都画满了，在长长的公路两旁，也画满了诗画。④

当时，山西省平顺县有一首赞美新壁画运动的民歌：

> 社会主义新壁画，新农村里把根扎。农民热爱新壁画，村村都把壁画画。跃进车，跃进马，处处都是跃进画。新壁画，会说话，教育人心向灯塔。农民思想得鼓舞，生产劲头比天大。实现建设总路线，人人心里笑开花。⑤

这首民歌不仅描绘了当时新壁画运动热火朝天的情景，而且表达了这场运动的政治愿景和当时广大参与者的自我意识。

---

① 王朝闻. 枝高叶大的群众美术 [N]. 人民日报, 1958 – 08 – 30 (7).
② 马克. 重视和扶植群众美术创作 [N]. 人民日报, 1958 – 11 – 04 (7).
③ 石梓康. 从西安市壁画看到的问题 [N]. 人民日报, 1958 – 11 – 27 (7).
④ 司徒常. 十年来的群众美术活动（初稿）[J]. 美术研究, 1959 (2)：20 – 23.
⑤ 曹明. 农民热爱新壁画 [J]. 美术, 1958 (8)：21.

第二节　新壁画运动的运作机制

对于农村新壁画运动的发展来说，美术界的"大跃进"和美术工作者的"上山下乡"运动具有一定的促进作用。其实，早在"反右"运动中，就有人强调文艺工作者下乡劳动锻炼的重要意义。1958 年 1 月，《美术》杂志发表编辑部文章，文中特别强调："与工农群众相结合，是革命知识分子的必由之路，也是革命美术家的必由之路。无论是第一次的启程还是已有反复的经验，这对于我们都是庄严的号召"；"和工农结合的道路是一条光明大路，也是要一边走一边丢下知识分子旧有包袱的革命道路。……只有这样，才能和劳动人民一起，创造无愧于我们的时代的新艺术。"①1958 年 3 月初，中共中央批转文化部党组《关于组织各类艺术工作者参加体力劳动和基层工作锻炼问题的报告》，报告中强调：组织艺术工作者参加体力劳动或基层工作，使他们与劳动群众密切结合，在群众斗争和生产劳动中改造自己，并获得艺术创造的源泉，这是一项必要的措施。② 在此前后，美术界掀起上山下乡运动。

1957 年末，为了响应党的号召，上海美术界掀起了到农业战线上去劳动改造的热潮。中国美术家协会上海分会的创作人员和机关干部有 90% 报名参加上山下乡。上海中国画院筹备委员会的画家们举行了座谈会，提出了响亮的行动口号：到农村中去，把自己改造成为又红又专的、为工农喜

---

① 与工农结合：革命美术家的必由之路 [J]. 美术，1958（1）：5.
② 文化部党组. 关于组织各类艺术工作者参加体力劳动和基层工作锻炼问题的报告 [M] // 中央档案馆，中共中央文献研究室. 中共中央文件选集（1949 年 10 月—1966 年 5 月）：第 27 册. 北京：人民出版社，2013：130.

爱的画家。老画家沈迈士、张聿光、王个簃、朱子侯、邓怀农、江寒汀、张石园和女画家李秋君、侯碧漪、陈佩秋等 50 人都报了名,决心到农村中去参加劳动,进行思想改造。① 1958 年 3 月 4 日,上海美术家赖少其、林风眠、关良、陈烟桥、吴大羽、邵克萍等一行 11 人下放到上海东郊同心合作社参加劳动锻炼,并准备在劳动间隙进行创作,兼做小型展览和群众美术辅导工作。②

1957 年,天津市美术工作者也掀起到农村中去、到农业劳动战线上去的热潮,他们纷纷向所在单位提出申请,要求到劳动中去改造锻炼,成为又红又专的美术家;美协干部、美术出版社编辑、美术系助教等 18 名美术工作者首批被批准下放农村;他们于 11 月 22 日起,陆续动身前往农村。③到了 1958 年,天津市美术界宣传贯彻社会主义建设总路线的热情十分高涨,提出要把津郊变成画廊。全市专业和业余美术工作者 150 多人,分别到天津市郊 13 个村镇宣传,仅 6 月 1 日一天的时间,就画了 750 余幅壁画。这些壁画是在画家和当地农民群众密切合作之下完成的,画家们在壁画的大小、位置和着色方面都十分尊重农民们的意见。在美术界的带动下,天津市郊掀起了一个画壁画的热潮,宣传社会主义建设总路线的大幅壁画在街头巷尾随处可见。天津市文化局为此特别召集了各文化馆及有关部门,专门布置壁画工作,提出:"人人齐动手,处处有壁画。"④

从 1957 年开始,北京的美术工作者被抽调下放到农村参加劳动锻炼。1957 年 12 月,中央工艺美术学院 18 位教师下放到北京西郊温泉农业合作社。⑤ 1958 年 1 月 4 日,古元等一批画家、美术编辑来到河北省遵化县。⑥

---

① 上海美术界掀起上山下乡热潮 [J]. 美术, 1957 (12): 10.
② 姜学文. 美术界大跃进 [J]. 美术, 1958 (3): 4 – 5.
③ 毕开文. 天津美术工作者深入农村 [J]. 美术, 1957 (12): 10.
④ 时盘棋. 把市郊变为画廊 天津画家下乡 [N]. 人民日报, 1958 – 06 – 14 (7).
⑤ 记者. 躬自去劳动 才知甜酸咸 [J]. 美术, 1958 (2): 17 – 18, 31.
⑥ 古元. 我们已编到生产队里了 [J]. 美术, 1958 (2): 15.

1958 年 1 月 12 日，人民美术出版社的 25 位编辑下放到江苏省高邮县劳动锻炼。① 下放到河北省遵化县大寨乡的古元等美术家，除制作大量的壁画和标语外，他们还辅导本乡俱乐部美术小组，进行培养美术人才工作；王角和古元一起到县里办了一个短期的美术训练班，用现学现得的办法，教员当场表演，学员当场练习；训练班还教学员搞黑板报和画幻灯片。② 而下放到河北省抚宁县鲁庄乡的、来自北京的美术家们，文化活动也不次于遵化，他们为了大量作壁画，抚宁县和秦皇岛市曾一度颜料供不应求；郭振华、刘文昌、张文瑞、赵静东等同志共作壁画、宣传画等共计 500余幅。③

　　1958 年，浙江美术学院国画、油画、版画和雕塑四个系的全体师生，响应党的"教育必须与生产劳动相结合"的教育方针，参加劳动锻炼，在劳动中边宣传边创作。从 4 月中旬起，近 400 名教师和学生分批下乡。他们在下乡的两个月时间内，除参加劳动以外，还画了 9.2 万多幅单幅画、宣传画、壁画、生活速写、连环画等美术作品，平均每人画了 237.7 张，"真实地反映了工农业生产'大跃进'中的新人新事"。④ 其中，油画系全队 53 人，在 22 天的时间内，在浙江省金华地区的十个乡 50 余个农业合作社完成了 349 幅大壁画。而且，为了培养农村的美术人才，他们还发动和组织农民群众一起来画，农民群众的兴致非常大。有的同学还在村里办了美术班，多快好省，帮助几位青年农民迅速学会了一定的技能。⑤

　　以上可见，在美术界掀起的上山下乡运动中，美术工作者在劳动锻炼的同时为农民群众画了不少壁画，还通过举办短期美术培训班的形式，为

---

　　① 沈鹏. 上劳动锻炼第一课［J］. 美术，1958（2）：15 – 16.
　　② 记者. 文化上山 面貌改观［J］. 美术，1958（6）：6 – 8.
　　③ 同上。
　　④ 何爱群. 到劳动中去画劳动人民，浙江美术学院师生思想、创作大丰收［N］. 人民日报，1958 – 08 – 22（7）.
　　⑤ 程自良. 起早摸黑忙壁画［J］. 美术，1958（8）：21.

农村培养了一些美术人才，在一定程度上推动了农村新壁画运动的开展。美术界掀起的上山下乡运动成为农村新壁画运动运作机制的一部分。但是，广大农村新壁画创作主要还是在党组织的动员和领导之下由广大农民群众自己组织起来集体完成的，农民群众是创作的主体。

江苏省邳县是当时影响最大、最负盛名的壁画县，比较集中地体现了新壁画运动中以农民群众为创作主体的运行机制。

1955 年，邳县各乡在文化馆、文化站的辅导下建立了一批农村俱乐部，邳县农民群众的美术活动随之开始。1955 年春天至 1957 年夏天，是邳县农民美术活动的萌芽时期，这个时期由画黑板报、宣传牌发展到画招贴画。这个时期，在党的培养下，陈楼乡新胜一社出现了以党员张开祥为首的六人美术小组，针对社员思想情况，通过绘画表扬先进、批评落后，树立了美术活动的旗帜。[①] 1957 年夏天到 1958 年 6 月，是邳县农村美术活动的发展时期，全县各乡建立了 800 多个农村美术组，拥有 2000 多个农村美术骨干，他们懂得掌握美术武器，配合生产，进行宣传，做到生产到哪里，美术活动到哪里。[②] 从 1958 年 6 月以后，邳县农村美术活动进入高潮时期，这个时期以壁画活动为主，在广大农民群众的普遍参与下，邳县很快成为"村村有壁画，户户有壁画"的壁画县。[③]

1958 年 5 月到 6 月中旬，江苏省群众艺术馆在邳县举办徐州和淮阴两个专区的文化馆、站美术干部训练班，这成为邳县农民绘画从以张贴画为主发展到以壁画为主的转折点，成为该县新壁画运动的起点。在美术干部培训班结束前，学生要进行壁画实习，要在运河镇搞二十几幅壁画，这成为邳县发起壁画运动的契机。在培训班结束后，邳县又组织了文化馆、运

---

① 中共邳县县委宣传部. 邳县的群众美术活动 ［M］//中国美术家协会南京分会筹委会. 美术战线上的一颗卫星：江苏省邳县农民画文集. 上海：上海人民美术出版社，1958：7.

② 中共邳县县委宣传部. 邳县的群众美术活动 ［M］//中国美术家协会南京分会筹委会. 美术战线上的一颗卫星：江苏省邳县农民画文集. 上海：上海人民美术出版社，1958：7-8.

③ 同上。

师、运中的师生搞了一批壁画,使运河镇基本成为壁画镇,接着召开全县
34 个乡镇的公办民办文化馆站长会议,进行现场观摩,并提出 7 月实现
"壁画县"的目标。①

在邳县第一次现场会议之后,各乡镇抓紧进行农民画家培训。各乡镇
"先进行了一下排队,木匠、扎彩匠、民间剪纸的老太太、参加农业生产
的初中高小毕业生、新农民都排了进来"②。有了基本的人选之后,各乡镇
组织壁画培训的方式主要有三种。第一种,官湖镇采取师傅带徒弟的轮训
方法,官湖镇文化站长找来参加过上述美术干部培训班学习的青年农民顾
林祥(邳县参加训练班学习的只有三个人)做老师,在全镇六个农业社
中,每社先抽出一个美术骨干,组成壁画突击队;骨干成为熟手了,就让
他们回去当老师,另换一批新人,不断扩大培训范围。这样的培训方法像
滚雪球一样越滚越大,很快就培训了 70 多人。第二种,八集、邳城、合
沟、铁佛寺等几个乡以文化站为主,组织了一批中小学师生下去辅导培训
农村美术组,这个方法也很有效,很快就全面开花。第三种,车辐乡一开
始以农民梁传奎为主作画,吸收几个青年骨干做助手,画了两天,骨干们
学会了,紧接着再扩大培养范围,十天就培训 170 人。其他各乡也都采用
了以上三种办法,很快就把骨干培训起来,由 800 个美术组扩大到 1800 个
美术组,由 2000 个农民作者扩大到 1.5 万人。③ 当年 9 月 2 日,组织成立
县文联,设立美术协会,把农民画家吸收进来,创办艺术学校。这样,
农民群众的美术培训工作得以巩固和发展,也有利于提高绘画的艺术
质量。

---

① 中共邳县县委宣传部. 邳县的群众美术活动 [M] //中国美术家协会南京分会筹委会.
美术战线上的一颗卫星:江苏省邳县农民画文集. 上海:上海人民美术出版社,1958:19 - 20.
② 中共邳县县委宣传部. 邳县的群众美术活动 [M] //中国美术家协会南京分会筹委会.
美术战线上的一颗卫星:江苏省邳县农民画文集. 上海:上海人民美术出版社,1958:20.
③ 中共邳县县委宣传部. 邳县的群众美术活动 [M] //中国美术家协会南京分会筹委会.
美术战线上的一颗卫星:江苏省邳县农民画文集. 上海:上海人民美术出版社,1958:20 - 21.

邳县壁画运动开始之后，除了通过各种方法尽快让农民群众掌握基本的绘画技艺，囿于当时的物质条件，同时还要解决绘画工具问题，比如颜料问题及画笔问题。在颜料问题上，八集乡开始走了弯路。他们最初是用漆画壁画，每幅约合两块钱，这样全乡画两万多幅壁画就要花四万多块钱，这给壁画的普及带来很大的限制。此时其他地方也存在类似的情况和问题。于是，大家因地制宜想点子、找窍门：车辐乡靠山，就挖山红土，然后炒了当红色，用灶房烟囱中的煤烟当黑色，用石灰当白色，用树叶打出来的叶绿素当绿色；合沟乡不靠山，就把窑内烧的红土粉碎后炒了当红色，把染坊缸内的青靛角子（渣子）当蓝色，用黑矾与石灰化合成黄色。各种土颜料用水胶调和起来使用，色彩鲜明。在画笔问题上，合沟乡到食品采购站找些猪鬃，用碱煮过后放在子弹壳里砸扁，就成为鸭嘴笔，可以用来勾线，而刷子则用苘扎。这样花很少的钱就能画出一幅壁画来，符合多快好省的精神，可以全面推广。①

在解决以上问题、创造绘画条件的同时，新壁画运动还面临着一个画什么的问题。邳县的壁画运动经历了从临摹画本到自主创作的过程。开始的时候，他们也根据画报或连环画册等临摹一些东西，但很快他们就抛开这些"画本子"，因为临摹的东西不能结合他们的实际。

> 根据自己的生活体会，根据实际的需要和群众的要求，同时也根据伟大和美丽的生活理想和幻想，他们大胆而且豪迈地进行创作，充分表现了劳动人民的天才和智慧。②

例如，八集乡党委书记丁如光看了农民临摹画本而画的壁画后说："这幅画是好的，但是放在我们这个地方，就不如画我们地方事的效果大

---

① 中共邳县县委宣传部. 邳县的群众美术活动 [M] //中国美术家协会南京分会筹委会. 美术战线上的一颗卫星：江苏省邳县农民画文集. 上海：上海人民美术出版社，1958：21-22.

② 最美丽的画图："江苏邳县农民画展"明日开幕 [N]. 人民日报，1958-08-30（7）.

了，八集乡生产、积肥、绿化、工业各方面都很好，怎么不去画呢？"① 大家觉得很对，之后他们就根据社里的真人真事自主创作，不再复制了。全乡两万多幅壁画，自主创作的达到 80% 以上。就邳县壁画运动整体来说，从 1958 年 6 月底到 7 月初，农民的壁画临摹得多，7 月中旬以后自主创作就占大多数了。尤其是江苏省农村业余美术作品展览会发表了邳县农民的美术作品，这对群众自主创作起了鼓舞和推动作用，让农民们进一步解放思想投入创作活动中。②

当然，对于新壁画运动的开展，党的领导具有至关重要的作用，其是运作机制的中枢。邳县的群众美术活动之所以能够发展壮大起来，首先是因为县委对这一工作加强了组织和领导。县委指示："美术是一种形象化的生动的宣传工具，应把它充分地使用起来。"③ 在县委的发动和领导下，各基层党组织带领农民群众行动起来。"党委挂帅，全党全民动手"，是形成这样的群众性美术创作热潮的根本原因和动力。

例如，邳县会沟乡党委书记公兰厚和宣传委员任锡钦，为了推动壁画工作，亲自抬着汽灯给农民照着画壁画，一直忙到夜里 12 点钟。这一行动在全乡引起了不小的反响。第二天，乡长孙桂杰也跟着农民画家拿画具，晚上抬汽灯。而红光九社社长王连级开始对壁画不重视，认为可有可无，生产这样忙，不必当大事做；后来看到乡党委书记、乡长都亲自抬汽灯，就改变了态度，当天就组织 13 个人，连夜突击了 50 多幅壁画。④ 岔河乡原来壁画不多，发动不全面，乡党委副书记召开骨干会议，他以马店壁画

---

① 中共邳县县委宣传部. 邳县的群众美术活动 [M] //中国美术家协会南京分会筹委会. 美术战线上的一颗卫星：江苏省邳县农民画文集. 上海：上海人民美术出版社，1958：18.
② 中共邳县县委宣传部. 邳县的群众美术活动 [M] //中国美术家协会南京分会筹委会. 美术战线上的一颗卫星：江苏省邳县农民画文集. 上海：上海人民美术出版社，1958：8.
③ 中共邳县县委宣传部. 邳县的群众美术活动 [M] //中国美术家协会南京分会筹委会. 美术战线上的一颗卫星：江苏省邳县农民画文集. 上海：上海人民美术出版社，1958：17.
④ 中共邳县县委宣传部. 邳县的群众美术活动 [M] //中国美术家协会南京分会筹委会. 美术战线上的一颗卫星：江苏省邳县农民画文集. 上海：上海人民美术出版社，1958：18.

推进生产为例,号召大家说:"模范人物上壁画,可以使好的人更好,一般的跟上去,这不是可以推动生产吗?"经过他的号召,岔河乡半个月就搞了900多幅壁画,鼓舞了干部群众的生产干劲,终于把原来的黑旗社(第三类社)升级为红旗社(第一类社)。在这升级的过程中,干部群众认识到了壁画为生产服务的作用。①

在全国农村群众文化艺术工作会议上,很多代表提出农村文化活动健康发展的关键是,"书记挂帅,全党动手"。各地经验证明:凡是党委重视加强领导的地方,以农村俱乐部为中心的群众文化组织就能够密切地配合生产、配合政治任务起宣传鼓动的作用,群众的生产情绪也就生机勃勃,文化生活也因此得到相当的满足。作为农村群众文化活动的重要部分,新壁画运动也是这样。就全国范围来讲,各地党委在领导农村文化工作上都采取了一系列的具体措施:

> 许多县乡的党委一般都由一位书记或副书记主管文化宣传工作,许多乡的中心俱乐部主任都是由乡党委宣传委员或副乡长兼任,农业社俱乐部的主任由党支部宣传委员或共青团书记担任。许多县乡党委都把文化工作列入议事日程,使农村文化工作能同其他各项工作得到统一安排,并且使它同政治任务和生产任务密切结合。中共湖北省浠水县委采取一管(书记动手,全党动手)、六抓(抓思想、抓布置检查、抓先进、抓点面结合、抓灵活多样、抓队伍)、五结合(政治宣传与文娱活动结合,文娱活动同扫盲、体育、除四害活动结合等)的办法来领导农村文化工作。②

河北省昌黎县开展歌唱活动和群众壁画活动,从县乡的党委书记到全

---

① 中共邳县县委宣传部. 邳县的群众美术活动 [M] //中国美术家协会南京分会筹委会. 美术战线上的一颗卫星:江苏省邳县农民画文集. 上海:上海人民美术出版社,1958:19.
② 张丽君. 大家办文化 文化为大家:各地党委加强对农村文化工作的领导 [N]. 人民日报,1958-05-13 (7).

党都一齐动手，全县很快出现了"歌声遍地起""诗画满墙山"的局面。

　　推动新壁画运动发展的机制还包括美术作品展和美术作品的出版。1958 年 7 月 1 日到 10 日，"江苏省农村业余美术作品展览会"在南京美术陈列馆举行，展出将近 200 件绘画作品。这些画的作者包括农民、新农民、民间艺人、乡村教师、学生和文化馆、站的美术干部等。展出的作品中有很多画是从农村墙壁上揭下来的。这些画的形式、风格多种多样，有连环画、国画、水彩画、肖像画、木刻、剪纸、木雕等。其中，邳县有百余件作品参展。① "八一"建军节时，邳县举行"双千幅农民业余美术创作画展"（壁画和张贴画各一千幅）。此后，邳县挑选了一千多幅，应安徽省的邀请，前往展出。② 与此同时，人民美术出版社和《美术》月刊编辑部，先后组织了临时编辑小组到邳县各乡镇采访。中国美术家协会就这两个小组带回的作品，组织了一次在京会员内部观摩会。为了让更多的观众都能看到这些作品，中国美术家协会、美协南京分会和邳县文化馆，自 8 月 31 日起，在北京帅府园美术展览馆举办"江苏省邳县农民画展"，展出农民张贴画 191 幅，农民壁画照片 60 余件。③ 对于这次展出，当时有报道称：

　　　　观众在这里可以看到农民作的这样一些画：画大玉米就画出玉米遮住了东岳泰山；画大山芋就画出装山芋的车的轮子陷在泥里，黄牛也拖不动了；画丰产的稻谷，就把它画得像山一般的海潮一样，迎面压下，把观潮派也吓倒了；画农村电气化，就把电线画成蜘蛛网，连蜘蛛也自叹不如。其中许多画配有民歌，有诗有画，给人的印象非常深。④

　　① 张文俊. 亲切动人的农村业余美展 [M] //中国美术家协会南京分会筹委会. 美术战线上的一颗卫星：江苏省邳县农民画文集. 上海：上海人民美术出版社，1958：99.
　　② 李艾民. 嘹亮的歌声 鲜艳的壁画：江苏省邳县的农民绘画活动 [N]. 文汇报，1958 – 08 – 31 (5).
　　③ 最美丽的画图："江苏邳县农民画展"明日开幕 [N]. 人民日报，1958 – 08 – 30 (7).
　　④ 邳县农民壁画在京展出 [M]. 中国美术家协会南京分会筹委会. 美术战线上的一颗卫星：江苏省邳县农民画文集. 上海：上海人民美术出版社，1958：146.

1958 年 11 月 27 日起，由文化部和中国美术家协会联合主办的"工农兵画展"在京开幕，全部展品分在帅府园美术展览馆和北海公园画舫斋展出。这次展出的 800 多件作品，是从各地搜集来的两千多件中精选出来的，包括国画、壁画、油画、连环画、漫画、宣传画、雕塑和剪纸等各种形式，丰富多彩。"这些作品极其生动地反映了我国在'大跃进'中各方面振奋人心、令人鼓舞的图景，成为配合宣传各项运动、推动生产和战斗的有力工具。"①

在农民群众绘画出版方面，人民美术出版社出版了全国最早的农民画集《邳县农民张贴画选集》和《邳县农民壁画选》。上海美术出版社出版邳县农民壁画专号《庆丰收》。此外，人民美术出版社出版了安徽省文联及群众艺术馆编辑的《阜阳农民画选集》。广东人民出版社出版了广东群众艺术馆和中国美术家协会广州分会编辑的《广东农民画选》。除了农民画集的出版，还有一些报刊开辟园地发表农民绘画。1958 年，《天津画报》改版后的第四期已有壁画和宣传画专刊，用来刊登专业画家和工农群众的创作。② 1958 年 9 月号的《美术》和《东风》以及第十八期的《漫画》，又分别出了群众美术的专号和特刊。这些报刊对新壁画运动以来在工农群众中涌现出的美术作品，择优选刊，而且还进行了比较全面的分析和评介。③

第三节 农民画与农民的身份想象

如前所述，以新壁画运动为代表的农村美术运动的创作主体是广大农

① 工农兵画展今天开幕［N］. 人民日报，1958 - 11 - 27（6）.
② 马克. 评改版后的"天津画报"［N］. 人民日报，1958 - 09 - 20（8）.
③ 马克. 重视和扶植群众美术创作［N］. 人民日报，1958 - 11 - 04（7）.

民群众。如当时论者所言，没有专业的美术人才，农民自己动手来创作壁画，而且在某些县形成了全民性的运动，这在全世界也是史无前例的。①以邳县为例，"邳县这些美术创造者，绝大多数是道道地地的农业劳动者，从来没有摸过画笔。只因为近两月来要宣传总路线，因为人民有用美术来表现自己的强烈愿望，而且打破了技术的迷信，才像滚雪球一般，层层扩大地组织起来"②。因为旧中国广大农村经济文化和教育落后，而且政治、经济、文化和教育的权力为统治阶级所垄断，所以农民群众不具备掌握绘画技艺的社会文化条件。新中国成立后，要改变这种状况，要让农民群众成为新文化创造的主人，就需要农民群众首先克服客观和主观条件的限制，打破文化自卑心理和技术迷信。

1955 年，邳县各乡建立了第一批农村俱乐部，农村俱乐部在各社党支部的领导下，团结群众，配合党的中心工作，利用黑板报进行宣传。陈楼乡新胜一社为了加强宣传效果，党支部要求在黑板报上加些插图，但是农村俱乐部没有人会画。农村俱乐部主任张开祥是一个初小毕业生，在王支书的鼓励下，他找了生产队会计强有荣和几个青年小伙子，六个人组成一个美术组，开始学画。农村俱乐部没有活动经费，绘画所需的纸笔都成问题，他们就用树枝在沙地上画，练习了一段时间后又用粉笔在黑板上画。有时，他们也向当地完小（新营完小）找些旧卷子，翻过来用铅笔画。他们每天干活休息时就画，晚上大家碰头时把自己画的草稿拿出来一起研究修改，"但是画来画去，除了在黑板上照葫芦画瓢搞过几个插图外，谁也没有勇气正式创作一幅贴出来给群众看"③。

有一次，他们发现十四队饲养员克扣牛饲料，以致有的牲口死亡。于

---

① 最美丽的画图："江苏邳县农民画展"明日开幕 [N]. 人民日报，1958 - 08 - 30 (7).

② 王朝闻. 枝高叶大的群众美术 [N]. 人民日报，1958 - 08 - 30 (7).

③ 中共邳县县委宣传部. 邳县的群众美术活动 [M]//中国美术家协会南京分会筹委会. 美术战线上的一颗卫星：江苏省邳县农民画文集. 上海：上海人民美术出版社，1958：8 - 10.

是，他们就创作了一幅《老牛告状》的讽刺画，画了一头老牛跪在社办公室门口向社长告状，而且还写了这样几句民歌："老牛泪汪汪，找社长去告状，/发我的饲料，饲养员全扣光，/饲养员呀饲养员，你是多么狠的心肠。"这幅画贴在社办公室门口，引起群众的愤怒。在社员会上，饲养员作了检讨，以后社里再也没有发生过这样的牲口死亡事故。①又如，麦收时节，社里有个别妇女到田里去拾麦，偷偷把社里的麦子捎回家，破坏集体利益。乡党支书解秀兰找美术组谈了情况，鼓励他们作画。第二天，他们就画了三幅画，把偷麦子的人被发现后的狼狈情况画了出来，上面还写着"偷麦为自己，合理不合理"。这样的绘画创作取得了很好的教育和宣传效果，偷麦子的现象很快就杜绝了。陈楼乡新胜一社美术组不仅批评自私自利、不顾集体利益的落后思想行为，而且表扬先进、树立榜样。麦收时，第四生产队的妇女收割组干得又快又好，美术组就画了几幅漫画表扬她们。漫画下面还写着快板："第四队，妇女组，个个干活像老虎，/又有质，又有量，给全社作出好榜样，/情绪高、积极干，割麦赛过男了汉。"通过这种表扬，全社生产队展开生产竞赛，掀起轰轰烈烈的抢收高潮。②新胜一社美术组就是这样在党组织的领导下克服主客观条件限制，在摸索和实践绘画如何为生产服务，为中心工作服务的过程中逐步成长起来。到1957 年，仅陈楼乡 12 个农业生产合作社就建立美术小组 137 个。

官湖镇在发动群众搞壁画创作的时候，人们一开始没有信心。在最初发动各社找能写会画的人才时，各社排来排去，说找不到人。针对这种情况，镇党委书记刘兆启说："咱们的眼睛要向下看，你们要想找一个专家，当然找不到，但是找一个能会画道道的，总会找出许多来。就会画道道的

---

　　① 中共邳县县委宣传部. 邳县的群众美术活动［M］//中国美术家协会南京分会筹委会. 美术战线上的一颗卫星：江苏省邳县农民画文集. 上海：上海人民美术出版社，1958：9.
　　② 中共邳县县委宣传部. 邳县的群众美术活动［M］//中国美术家协会南京分会筹委会. 美术战线上的一颗卫星：江苏省邳县农民画文集. 上海：上海人民美术出版社，1958：9 - 10.

就行，慢慢地咱会把他培养成专家的。"这样，全乡第一批就排出了 70 余人。① 在最初人选确定后，官湖镇仍然面临着一个根本性的问题：大家从来没创作过，怎样才能走上创作的道路呢？

要解决这个问题，首先要解决画什么的问题。官湖镇党委书记刘兆启启发大家说："创作要结合生产，干什么就画什么。"但是，要将此变为创作实践并不容易。邳城乡（原属官湖区）民主四社美术组曾在邳县壁画创作座谈会上谈到他们第一次创作时的情形："摆上桌子，点着灯，几个人围着桌子要创作，你看我，我看你，坐了半天也不知道怎么个'创'法。照本画么，结合不了生产；照真人画么，又画不了人家的样子。有人说画锄草好，但地里光有庄稼没有草，也看不出啥意思。"于是，大家说："我们头脑太简单，哪能创作？"第一次创作就这样失败了。后来，他们找上门问一位老大爷："给您画个什么样的呢？"老大爷说："俺养鱼、编席包，你就画这个吧！"大家觉得这个点子不错，就按照老大爷的意思先编成快板："我们邳城有宝藏，藕汪（塘）又是养鱼塘；/编织原料有蒲地，汪泥上地比粪强。/鼓足干劲拼命干，要社会主义早实现。"这样一编词，要画的内容就更具体、更形象、更好画了。这幅壁画画在老大爷住宅的墙壁上，因为画出了老大爷的心思，他很高兴，逢人就说画得好。这样一来，他们就摸到门路了。接着，他们又到乡搬运工会去问，搬运工会的同志说："我们过去用土车，现在用平车，苦干一年明年用汽车，你们就画这个吧！"这个主意也很好，他们顺利完成了壁画创作。就这样，创作题材源源不断，而且群众非常满意。由此他们体会到，创作题材是不能坐在屋子里产生的，要到生产生活中去寻找。②

解决了画什么的问题以后，还要解决如何画的问题。"绝大多数作者

---

① 中共邳县县委宣传部. 邳县的群众美术活动［M］//中国美术家协会南京分会筹委会. 美术战线上的一颗卫星：江苏省邳县农民画文集. 上海：上海人民美术出版社，1958：18.

② 记者. 农民怎样学会创作：邳县壁画创作座谈会纪要［J］. 美术，1958（9）：13-16.

不懂表现技巧，也没有学过绘画技法，全凭在实践中摸索。"① 因此，他们最初画壁画时，面临很多困难："比如单画玉米大王、山芋大王、萝卜大王等形象比较简单的东西还好办，可是画人就难了。"② 官湖镇几个社美术组的解决方法是："画推车的，找个身强力壮的人推着车跑，怎样跑就怎样画；画挑担的，找个人挑起担子看看，怎样挑就怎样画。另一种方法是，白天在地里把劳动的情况和人物姿态默记在脑子里，晚上根据记忆画出来，画不像再找人做姿势照着修改。"③ 而且，美术组的壁画创作很多时候是依靠集体的力量，"大家想点子，出主意"，酝酿构思或者研究表现方法，多半是大家在一起讨论。乡、社、文化站的同志对壁画作者创作也起了很大的作用。经过一段时间的创作实践之后，许多壁画作者发展到能够自主构思进行创作的阶段。

车辐乡美术组的梁传魁，有一次看到画报上有爱护耕畜、给水牛洗澡的画，他就想，本地没有水牛，只有黄牛，画这样的画不合乎生产实际。于是，他就构思出一幅新壁画：描绘一位老大爷用笤帚给社里的黄牛刷身子，一位老大娘给黄牛喂草料。像梁传魁一样，很多壁画作者在现实的基础上展开想象，创作出表现农民群众的理想、表现未来美好生活等构思很高明的作品。而且，他们从实践中还总结出一些创作理论。有一位作者说："画以前一定要脑子有轮廓，眼前就像有画。那个事脑子没有样子，那个事就画不好。走路吃饭看别人行动的样子，脑子要像照相机一样拍下来。在平常劳动中要多看、多记、多想。④

这种思路正体现了文艺创作源于人民群众的生活，并反映人民群众生

① 记者. 农民怎样学会创作：邳县壁画创作座谈会纪要 [J]. 美术, 1958 (9)：13-16.
② 同上.
③ 同上.
④ 同上.

活的理论。

在壁画运动发展过程中，更多的农民群众参与进来。例如，车辐乡 72 岁的贫农梁大娘平时会画鞋花、剪纸花，她看到别人都在泥墙上画壁画，也在自家的门口泥了墙，刷上石灰，请人来画；但是美术组没空，她就自己动手了。她画了一个六节火车车厢拖的大玉米：因为玉米丰收，所以她就画大玉米；因为孩子们没见过火车，所以她就画火车；因为玉米长得高大，所以她就想象用锯子来锯；因为第一次在墙上画火车，所以她就先用硬纸剪好火车头和车厢，再按在墙上用线条勾画出来。大家看后都说好，这鼓舞了梁大娘的勇气，她画了六幅壁画、六幅张贴画。40 岁的妇女陈桂秋，在梁大娘的帮助下，也自己动笔画壁画，还和梁大娘合作了一幅《农忙托儿所》。[①] 后来，梁大娘受邀出席全国美术工作者会议，她画壁画的经验得到广泛的推广。

邳县农民群众的绘画活动在某种程度上打破了旧有的职业分工和绘画被一部分人垄断的局面。在这过程中，农民群众不仅是绘画创作的主体，而且也把自身作为艺术表现的主体。尽管农民创作的绘画难免粗糙幼稚，还处在刚刚起步的阶段，但是这与农民群众被艺术家所忽视或者仅作为其艺术表现的客体，是有着本质区别的。农民群众这种双重主体身份的背后正是人民当家作主的社会主义理想和诉求。

正是内在于社会主义的理想和诉求，以新壁画运动为代表的农村群众美术活动在某种程度上起到了建构农民新的主体性的作用。与新民歌运动一样，在新壁画运动中，"农民的创作都与劳动生产紧密相结合，干啥画啥，生产到哪里，画就到哪里，使美术创作成为宣传党的政策，反映农民的思想情感，表扬先进、批评落后、推动生产的有力工具"[②]。这种农民绘

---

① 中共邳县县委宣传部. 邳县的群众美术活动 [J] //中国美术家协会南京分会筹委会. 美术战线上的一颗卫星：江苏省邳县农民画文集. 上海：上海人民美术出版社，1958：23.

② 马克. 重视和扶植群众美术创作 [N]. 人民日报，1958 - 11 - 04（7）.

画创作的普遍状况，如果仅仅理解为是当时党的政策和国家意识形态宣传的传声筒，那么就过于笼统和简单。实际上，其与新民歌运动一样，体现了党的政策和农民群众利益诉求、情感愿望、身份认同之间的互动关系，具有多个层面的含义和功能。

首先，农民绘画创作与劳动生产紧密结合不仅激发了劳动生产的积极性，而且有利于培养农民群众的国家观念和社会主义集体观念。解放以前，在漫长的历史时期，私有制之下分散的小农经济在中国占有主导地位。在这样的经济形势之下，农民的生活范围和相互联系的范围非常狭窄，生产生活处在分散状态，人们甚至只知有家，不知有国。因此，虽然勤劳肯干是农民奉行的传统美德，但劳动生产只是为了获取一家一户的私利。在新中国成立以后，随着农业合作化的实施及农村集体经济的建立，劳动生产就不仅是为了一己私利，而且是为了集体的共同富裕，为了支援国家的整体建设。因此，劳动者也就成为农业集体经济的建设者和国家的建设者。在这个意义上，农民绘画响应党的号召，对于劳动生产的歌颂，对于劳动者的歌颂，就是让农民群众将自己实际做到的变成自觉意识，就具有培养农民群众的国家观念和社会主义集体观念的功能。当时，农民群众群策群力开展农业劳动、征服自然，大办工厂、丰产丰收成为壁画的主要表现对象。正如当时论者所言：

> 从前一个"气死牛"的单干劳动者，可以受到群众的推崇，现在群众认为值得表扬的是大公无私，能团结带动大家前进的人物。官湖镇好多连续壁画上赞扬的英雄模范就是这样的人。总之，几年前认为三亩园子五亩地、老婆娃娃热炕头就是幸福的小农经济思想，已经逐渐消逝了。①

---

① 葛路. 邳县欣赏短篇 [J]. 美术, 1958 (9)：22–24.

　　这从一个侧面体现了农民群众新的主体性的建立。

　　其次，农民群众绘画创作批评落后、表扬先进、树立榜样，有利于建立主人翁意识和新的身份认同。如前所述，批评饲养员克扣饲料造成耕牛死亡的漫画《老牛告状》、批评落后妇女偷麦子的三幅漫画和表扬妇女收割组生产成绩的漫画，就从正反两个方面表现了农民群众的主人翁意识。又如，陈楼乡新胜一社美术组张友荣，有一次发现社里的粮食保管员偷玉米，他便把这件事画出来。他虽没有指名道姓指出画的是谁，但这幅画拿出去以后，保管员的老婆看到了，回家骂她的丈夫："画上去全村男女老少都知道了，长在上面下不来，怎么有脸见人？"保管员几天羞愧得不敢出门。① 这说明，农民绘画不仅体现了创作者的主人翁意识，而且作为一种公共舆论的载体将这种意识及其相关的荣辱感、道德感传递给画作的被表现者和众多观众。绘画这种形式能够将以上的一切通过形象固定下来，比民歌更直观、更有效力。所谓"长在上面下不来"正道出了这个特点。有一幅壁画的题诗这样写道："新人新事跃进马，上游人物画中画，鼓足干劲赶上他，争取画中也画咱。"② 这表明表扬先进的农民绘画预设了一个主体位置，召唤着广大观众进入这个位置，成为画中人，从而将观众召唤为新的主体，建构新的身份认同。当然，批评落后的绘画也有相应的主体位置和召唤功能，只不过是通过否定新的身份认同的对立面来实现这种召唤。

　　最后，当时绘画创作中极度夸大地表现丰产丰收的图景，既是生活丰裕的想象，也是农民群众主体力量的对象化，是农民群众对强有力的集体性自我的想象和肯定。当时，著名漫画家华君武在文中谈道："在农民笔下的这些图画，大胆夸张，大胆想象。画大玉米就遮住了东岳泰山；画大

---

① 记者. 农民怎样学会创作：邳县壁画创作座谈会纪要 [J]. 美术，1958（9）：13 - 16.

② 司徒常. 十年来的群众美术活动（初稿）[J]. 美术研究，1959（2）：20 - 23.

山芋就把装山芋的车轮陷在泥里，黄牛也拖不动了；描写稻谷丰产，就像山一般高的海浪一样，迎面压下，把观潮派也吓倒了；要画农村电气化，就把电线比作蜘蛛网，连蜘蛛也自叹不如。"① 的确，在表现丰产丰收方面，《遮山影日玉米王》（邓县车辐乡红光五社王点芝）、《大玉米》（车辐乡梁大娘）、《老兄，天塌也不怕》（车辐乡新华二社王福文）、《山芋双万斤》（王福文）、《稻子丰收》（车辐乡新华一社梁为忠）、《大豆过江》（和平六营朱会然）等是具有代表性的作品。这些作品寄托了农民群众生活丰裕的愿望和想象，越是在农业生产条件还比较落后、农民群众生活还比较困难的历史时期，这种愿望越是强烈，想象越是奇伟。这奇伟想象同时也是对劳动生产、社会主义生产制度和生产者自身的肯定。其潜台词是：在党的领导下，农民群众可以创造人间奇迹。这是一种全新的自我想象和身份认同。

小　结

新壁画运动与新民歌运动相伴而生，紧密结合，因而存在相似的缺陷和不足，带来的负面经验和教训也相似。比如，自上而下、一哄而上的组织方式难免带来盲目追求高指标、凑数应付，形式主义、不分对象、人人作画等问题。而且，由于农民群众很难在短时间内掌握复杂的绘画技巧，画作在艺术上难免粗糙幼稚，良莠不齐。画作在主题和内容上存在公式化、概念化、标语口号化以及极度浮夸的弊病，这更加助长了"大跃进"时期追求高指标的浮夸风。尤其是以"大跃进"之后三年困难时期作对

---

① 华君武. 拜群众为师［N］. 人民日报，1958－08－30（8）.

照，极度夸大丰产丰收的画作便具有了讽刺意味。不过，新壁画运动并未像新民歌运动一样迅速销声匿迹，而是在落潮之后依然潜流涌动。到了 20 世纪 70 年代，陕西省户县、上海市金山等地又出现了农民画的热潮，而户县在 1958 年就实现了"壁画化"，这为此后农民画的发展奠定了基础。

第九章　公社史编写运动

——农民群众的自我教育

　　在新民歌运动和新壁画运动开展的同时，从 1958 年开始，编写工厂史、公社史、部队史的运动（简称"三史"运动）也在全国蓬勃兴起。1958 年 3 月 31 日中国作协发布《文学工作大跃进三十二条（草案）》，开始号召各地作协组织编写工厂史。① 1958 年 4 月，中国作家协会天津分会邀请本市部分准备编写工厂史的工厂党委宣传部负责人召开会议，发起工人编写工厂史的活动，把编写工厂史视作"工人阶级进行自我教育和培养自己的作家队伍的一个途径"②。1958 年 7 月 11 日出版的《文艺报》推出"大家都来编写工厂史——天津编写工厂史经验介绍"特辑。工厂史的编写带动了公社史的编写。随着 1957 年制定的"作家下乡下厂"、到基层参加实际工作和生产劳动方针政策的实施以及 1958 年"教育必须与生产劳动相结合"教育方针的实行，作家和高校学生到工厂和农村参加劳动锻炼，成为编写工厂史、公社史的重要协助力量。

　　1962 年 9 月下旬，党的八届十中全会召开，会议指出："在无产阶级革命和无产阶级专政的整个历史时期"，"存在着无产阶级和资产阶级之间的阶级斗争，存在着社会主义和资本主义这两条道路的斗争"。③ 此后，随着城乡社会主义教育运动（"四清"运动）的开展，以上"三史"运动又

---

　　① 李丹. 论"大跃进"时期"群众史"写作运动：兼及文学工作者心态［J］. 文学评论，2015（6）：67 - 77.

　　② 新华社. 进行自我教育 培养工人作家：天津职工编写"工厂史"［N］. 人民日报，1958 - 04 - 30（7）.

　　③ 中国共产党第八届中央委员会第十次全体会议的公报［M］//中共中央文献研究室. 建国以来重要文献选编：第 15 册. 北京：中央文献出版社，1997：653.

演变为"四史"运动。1963 年 5 月 10 日，毛泽东在《中央关于抓紧进行农村社会主义教育的批示》中说："宋任穷同志所讲的用讲村史、家史、社史、厂史的方法教育青年群众这件事，是普遍可行的。"① 在毛泽东的倡导之下，又掀起"四史"运动热潮。"四史"运动"持续时间相当长，至 20 世纪 80 年代初仍可见其流风余响"②。

与"四史"运动相比，编写工厂史、公社史是由文化部和中国作协最先发起，主要由下放作家、高校学生与各地工农群众相结合而完成的，而"四史"运动则主要由史学专业人员充当主角。再者，"四史"运动是以"反修防修"为目的的社会主义教育运动的一部分，而当初编写工厂史、公社史的主要目的则是通过工农群众广泛参与历史重述，歌颂党领导的革命事业和社会主义建设事业，建立对社会主义的认同，其自我定位是一种群众性文艺运动。本章主要以 1958 年开始的编写公社史运动为研究对象，研究的下限是 20 世纪 60 年代初期。

第一节　公社史编写运动的开展和地方实践

世界上第一部公社史是《1871 年公社史》。这部公社史是在巴黎公社起义失败后，由一个流亡到伦敦的"革命的参加者希·普·奥·利沙加勒"，在马克思的赞助下，写出的"一部最真实地描述巴黎公社社员誓死斗争的历史"。③ 这部公社史对于新中国编写自己的公社史具有启发意义。

---

① 中共中央文献研究室. 建国以来毛泽东文稿：第十册 [M]. 北京：中央文献出版社，1996：297.
② 赵庆云. 专业史家与"四史运动" [J]. 史学理论研究，2012 (3)：89 – 98.
③ 江山. "第一部真实的公社史" [N]. 人民日报，1962 – 03 – 21 (6).

当时，《人民日报》关于这部公社史的报道也显示出两者之间的潜在联系。但是，新中国公社史的编写显然是在完全不同的历史状况下展开的，也即是说，新中国是在中国共产党领导的革命取得胜利、建立了新政权的条件下对方兴未艾的人民公社进行的历史书写，书写的历史内容自然也是很不相同的。

新中国成立初期最先发表的人民公社史作品是《城门人民公社史》的片段《奶牛入社了》，发表于《热风》文艺月刊 1958 年 9 月号。这篇作品以激情的语言叙述鳌峰农业社因 48 头奶牛加入公社引起农民群众复杂的思想斗争，最后社会主义思想战胜了资本主义思想，实现了奶牛入社的故事。到 1959 年，有更多的公社史作品在文学期刊上发表。例如，《蜜蜂》半月刊第 1 期发表河北"怀来第一社"史；《长江文艺》月刊第 2 期发表湖北省《浠水十月人民公社史》；《新港》文学月刊第 4 期发表河北省静海县《团泊洼人民公社史》；《热风》文艺月刊第 2 期发表福建省福州南台岛东南《城门人民公社史》；《边疆文艺》月刊第 4、第 5 两期发表云南省晋宁县《上蒜人民公社史》；《文艺红旗》月刊第 3 期发表辽宁省复县得利寺人民公社的社史片段《一个实验室的诞生》；《东海》文艺半月刊第 10 期发表浙江省慈溪《五洞闸人民公社史》；《草原》文学月刊第 6—9 期发表中国作家协会内蒙古分会公社史编写组编写的昭乌达盟翁牛特旗《乌敦套海乡人民公社史》；《安徽文学》月刊也发表了不少公社史片段。①

除了文学期刊以外，1959 年的理论和史学期刊也发表了一些人民公社史。例如，《历史教学》月刊第 1 期发表了《天津新立村人民公社史》；《武汉大学学报（人文科学版）》第 4 期（历史专号）发表了《湖北省罗田县城关人民公社史》（节录）；厦门大学《论坛》第 4 期发表了闽北沙县《火车头社史》。而《前进》第 10 期发表的《西沟十年》和《东风》第 18

---

① 米若. 关于公社史及其编写问题的探讨 [J]. 读书，1959（22）：39 - 40.

期发表的《记建明人民公社的生长、壮大》，"虽非名之公社史，却是两篇史料丰富，极其概括而有说服力的属于公社史这类的作品"①。

除了在期刊发表，全国各地出版社还出版了很多部更为完整的公社史。例如，1960 年 3 月 9 日《人民日报》报道：

> 近年来，我国各地出版了十多部人民公社史，这是一件值得称颂的事。就已经出版的人民公社史看来，人民公社史的出版几乎遍及全国各地。在华北有山东范县龙王庄人民公社的《一个老根据地的人民公社》和河北的《徐水人民公社史》，在东北有辽宁宽甸县火车头人民公社的《建设山区的火车头》，在东南有上海的《解放人民公社史》和浙江舟山县蚂蚁岛人民公社的《解放前后的蚂蚁岛》，在华中有湖北十月人民公社的《十月人民公社史》，在华南有福建南台岛城门人民公社的《旭日东升——城门人民公社》和广东的《英雄的虎门——虎门人民公社史》，在西南有四川新繁县新民人民公社的《绿树成荫》和贵州的《长石人民公社史》，在西北有新疆的《人民公社好——新疆人民公社调查》。此外也有少数民族的公社史《云南各族人民公社史选》等。②

当然，当时公开出版的公社史不只《人民日报》提到的这些，还有：贵州省瓮安县猴场人民公社史《挡不住的洪流》、辽宁省复县得利寺人民公社史《果园史话》、辽宁省安东县前阳人民公社史《人心向太阳》、辽宁省营口县高坎人民公社史《浑河畔上旭日升》、吉林省延边《保安屯史话（人民公社史）》、长春市兴隆山人民公社史《水流归大海》、河北省怀来县《麦田人民公社史》、江苏省淮阴马厂人民公社史《九龙桥边》、南京市栖霞区十月人民公社史《十月鲜花向太阳》、无锡市东亭人民公社史《春

---

① 米若. 关于公社史及其编写问题的探讨 [J]. 读书, 1959 (22)：39 - 40.
② 王城. 喜读人民公社史 [N]. 人民日报, 1960 - 03 - 09 (7).

雷》、山东省高唐县《尹集人民公社史》、安徽省望江县华阳人民公社史
《华阳河畔》、江西省兴国县《长冈人民公社史话》等。这些公社史的出版
显示出全国各地编写公社史的实绩。

1958 年下半年，广州中山大学、华南师范学院、暨南大学派出许多教
师和学生，到工厂、农村劳动锻炼，和工人、农民一起编写工厂史、人民
公社史，写出了十部工厂史、公社史初稿。公社史包括《东莞常平人民公
社史》《番禺人民公社史》等。这些工厂史、公社史初稿，是经过党委挂
帅、发动群众、组织专业力量共同搜集材料，综合整理编写成功的。① 这
样的编写经验和编写方式在当时具有普遍性。

作家康濯在《初话徐水公社史》一文中说："公社史的写作运动，是
在党的具体领导和推动下进行的。这不仅表现在从省委、地委一直到县，
都在宣传部的领导下建立了一套系统的工作，更重要的是整个党委的关
心。从徐水县委来说，由第一书记直到书记处和整个县委会，都按照省、
地委的指示，自觉地把群众文艺运动当作整个政治思想教育和共产主义教
育的一个重要部分。"② 在党的领导下，编写公社史的一般做法是公社成立
公社史编辑委员会，"书记带头，全民动手"，发动群众写作。当然在这过
程中，离不开文艺工作者、下放干部、知识青年——即知识分子——的协
助。也就是说，公社史编写采用的方法是，"在党委领导下，实行领导与
群众相结合，专业与业余相结合，知识分子与劳动群众相结合"③。这样，
公社史的编写就分为以下几种情况：第一，农民群众自己动手写；第二，
农民口述，由别人记录整理；第三，依据调查搜集的资料，由下乡劳动锻
炼的作家、十部或高校学生撰写。而无论哪种情况，当公社史初稿完成

---

　　① 多种"工厂史"、"公社史"已完成初稿 [J]. 理论与实践，1959（2）：4.

　　② 康濯. 初话徐水公社史 [J]. 文艺报，1959（5）. 转引自米若. 关于公社史及其编写问
题的探讨 [J]. 读书，1959（22）：39 - 40.

　　③ 中国作家协会武汉分会. 发动群众，大写工厂史、公社史：湖北省编写工厂史、公社史
的体会 [J]. 文学评论，1960（4）：57 - 64.

后，编写人员在修改过程中都要听取广大农民群众的意见。

中国作家协会武汉分会撰文介绍编写工厂史、公社史的经验时说：

> 中央文化部和中国作家协会发出了编写工厂史、公社史的号召。我省省委第一书记王任重同志在 1958 年 6 月作协武汉分会主席团扩大会议上，就这个问题作了具体指示。我们根据这个号召和指示，并参考了作协天津分会关于组织编写工厂史的经验，即在武汉钢铁公司、长江流域规划办公室、武汉重型机床厂、武昌造船厂、江岸车辆厂、浠水十月人民公社等单位，开展了起来。武汉大学、华中师范学院等单位也结合生产劳动，组织师生，深入厂矿、农村，协助编写工厂史、公社史。①

其中谈到参考"作协天津分会关于组织编写工厂史的经验"，是因为天津作协最先组织编写工厂史，其经验也得到了文化部和中国作家协会的支持和推广。就湖北省浠水《十月人民公社史》来说，在党委领导下，该公社史在编写过程中广泛发动群众参加写作：参加写作的，有生产队的党委书记，有农民，有少先队员，有 60 多岁的婆婆，等等。② 在该公社史中，《苦难的过去，幸福的今天》一文就是出自公社社员李天遂之手。③ 当然，这部公社史的编写也离不开武汉大学、华中师范学院等单位师生的协助。

在公社史编写运动中，贵州省瓮安县猴场人民公社史《挡不住的洪流》的编写是一个典型案例。其是一部由当地群众口述、贵州省文艺编辑训练班记录整理的报告文学作品，是知识分子出身的文艺工作者和劳动人

---

① 中国作家协会武汉分会. 发动群众，大写工厂史、公社史：湖北省编写工厂史、公社史的体会 [J]. 文学评论，1960（4）：57 – 64.
② 王城. 喜读人民公社史 [N]. 人民日报，1960 – 03 – 09（7）.
③ 中国作家协会武汉分会. 发动群众，大写工厂史、公社史：湖北省编写工厂史、公社史的体会 [J]. 文学评论，1960（4）：57 – 64.

民相结合的产物。编写工作自 1959 年元月开始，12 月结束。① 贵州省文艺编辑训练班由贵州省文化局和作协贵阳分会合办，主要是为了培养辅导群众创作的骨干，训练班学员共 61 人，读过大学的有 1 人，读过小学的有 5 人，其余都是中学文化程度。② 这些学员来自贵州省各县文化馆，但做文化工作的时间都很短，绝大多数对农村生活很生疏，文艺知识也很缺乏，几乎都未写过文艺作品。因此这部公社史的编写，首先就要让学员消除与劳动群众的隔膜，和群众打成一片，改造自己的思想感情，同时获得写作的源泉。也就是说，首先要"坚持政治挂帅，坚持和劳动群众结合的道路"③。

为此，训练班实行与群众"三同"（同吃同住同劳动）、"拜农民为师"、"三管齐下，全面跃进"（思想、深入生活和艺术修养）等措施。④在实行这些措施的过程中，学员在劳动中、工作中，和群众同呼吸共命运，自然就对农民群众产生真挚的感情，而农民群众自然也会把学员当朋友和亲人看待。⑤ 在这样的基础上，公社史的编写才能顺利进行。

当然，他们在坚持这样的道路过程中也遇到一些曲折和问题。一开始，一些学员对"三同"有抵触情绪。有的说："训练班应该请作家、教授给我们讲课，哪有这样办的？领导简直是拿我们开玩笑嘛。既然来这里也是劳动，不如回县去申请下放好了。"有的说："哪里参加劳动就能编好公社史？农民天天劳动，又不见他们写出来？看吧，我不劳动也能编好公社史。"⑥ 在这些不正确的思想问题得到克服以后，学员们又出现了新的情况。有的学员虽然参加劳动和工作变得积极了，但其目的只是为了搜集公社史的材料，对群众采取利用的态度，有几次参加劳动没有搜集到材料，

---

① 贵州省文艺编辑训练班. "猴场人民公社史"的编写经过［J］. 山花，1960（3）：9－12.
② 同上。
③ 同上。
④ 同上。
⑤ 同上。
⑥ 同上。

就觉得"吃了亏，不合算"。这种错误思想得到纠正后，学员们才逐渐形成了和群众同甘共苦的风气。①

在坚持知识分子与劳动群众相结合的道路的基础之上，这部公社史的具体编写过程，可以概括为：群众集体口述，学员集体记录整理，辅导学习的人员集体修改加工。②

根据公社党委制定的提纲（这个提纲在实践中不断修改），发动和访问的口述者超过一千人。可以说，这部公社史的基本作者是猴场人民公社的广大队员群众和现在或过去在当地工作的干部，很多篇作品的主人公就是口述人自己。因此，写作中最重要的环节和步骤是由口述者来完成的，而且是集体完成的。比如该公社史中《小"王朝"的末日》这篇作品，可数出的口述者即在 50 人以上，口述者对编写公社史的工作表现出极大的热情。又如《卡塞的怒吼》这篇作品，就是由一些当年参加过反抗小罗山的老人连夜冒雨到学员们的驻地谈出的。在讲述中，有些事已记不清了，他们就一起回忆；有的老人不会说汉语，他们就用苗语交谈，然后推举会说汉语的老人翻译。最终和读者见面的许多篇公社史作品，只署了一个口述者的名字，实际上却不只是一个人口述的，而是经过许多人反复记忆交谈的；只是为了作品中叙述方便，才把其余的口述者省略了。③

如前所述，不仅口述者是集体口述，学员也是集体记录整理。当时大家自觉认识到，记录整理工作一定会受到记录整理者的立场观点、生活经验、艺术素养的制约和影响，不可能是完全客观的。因此，记录整理采用"集体作战"的方式。具体做法是，当一个题材确定以后，即派出多人分别去向当事人访问；记录的素材和整理的方案都经过集体充分讨论，然后由一人执笔整理，整理出初稿后又讨论，再加以修改；然后再讨论、再修

① 贵州省文艺编辑训练班."猴场人民公社史"的编写经过 [J]. 山花，1960 (3)：9－12.
② 同上。
③ 同上。

改。从记录到整理的过程，是一个发挥集体的力量和智慧、取长补短的过程。常常有这种情况：整理中发现某方面的材料不足，学员们又要在山区里跋涉数十里（这里的寨子很分散），回去请口述者补充，一次至数次不等。也常常有这种情况：执笔人整理出的作品大家不够满意，又推举另一个人执笔整理。比如《小"王朝"的末日》这篇作品，出动记录整理的学员在 30 人左右，跑了几个专区和县、市，记录和初步整理出的素材在 50 万字以上，讨论研究不下 50 次，所用去的时间将近半年。①

这部公社史的定稿工作，主要由作协贵阳分会筹委会所派的训练班辅导人员承担。在加工定稿方面，同样采取"集体作战"的方式：传看学员的整理稿，讨论研究如何修改加工；由一人改出后，大家再传看和讨论研究。每篇作品都经过这样反复几次才定下来。而且，训练班辅导人员也不是关在屋子里修改加工，而是和学员、群众保持密切联系，共同生活。②

关于这部公社史，比较复杂的一个问题是对真人真事的艺术加工。这部公社史中每篇作品都是写的真人真事，但作为艺术作品，完全依照生活的原样记录下来，既不可能也没必要。因为，首先，口述者在讲述时，实际上已经经过一番朴素的剪裁工作，有取有舍，融注了自己的观点和感情，这就有了艺术加工的成分；到整理成作品时，为了主题的需要，加强某些方面，舍弃某些方面，更是必不可少的，否则就不能成为一篇作品。也就是说，艺术加工是必不可少的，关键是艺术加工的程度问题。关于此，要做到不能无中生有，但在细节上，尤其是在口述者实在难以回忆清楚的细节上，进行适当的想象和加工。所谓适当，就是基本上忠实于生活中的人物和事件。对于艺术加工，总的要求是"忠实记录，突出中心，适当加工"。而且，记录整理的作品还要接受群众的检验，通常是念给农民

---

① 贵州省文艺编辑训练班."猴场人民公社史"的编写经过 [J]. 山花，1960（3）：9-12.
② 同上。

群众听，征求农民群众的意见，然后再修改。这不仅是为了核对作品有无错误，而且还是为了检验作品是否受群众喜欢。①

"猴场人民公社史"的编写方式在公社史编写运动中具有一定的代表性。反映四川省新繁县新民人民公社创建及发展过程的公社史《绿树成荫》，基本上也是采用这样的编写方式。《绿树成荫》这部公社史是由四川省文联创作辅导部派出工作组，在当地党委和公社史编写委员会的领导下，与农民群众合作共同完成的。四川省文联创作辅导部撰文介绍这部公社史的编写过程时说：

> 1958 年整风反右派斗争以后，省委宣传部就指示我们组织文艺工作者深入厂矿、农村，一方面直接参加生产建设，与劳动人民同吃同住同劳动，实行知识分子和劳动人民相结合，进行思想改造；一方面组织、辅导群众业余创作活动，帮助厂矿、公社编写自己的工厂史和公社史。省委宣传部并且指定我们以新繁县新民公社为编写公社史的重点，因为这个公社的发展过程具有较大的代表性。我们的工作组下去之后，新繁县委又专门成立了一个由一位县委书记和新民公社四位党委书记组成的社史编写委员会，来直接领导这项工作。②

从以上经验介绍中可以看出，这部公社史的编写原则也是在党委和公社史编写委员会的领导下，实行领导与群众相结合，专业与业余相结合，知识分子与劳动群众相结合的原则。而要实现知识分子与劳动群众的结合，首先就要知识分子与劳动人民同吃同住同劳动，消除两者之间思想情感的隔膜；然后在此基础上，发动群众参加写作，组织专业力量共同搜集材料，整理加工。

---

① 贵州省文艺编辑训练班. "猴场人民公社史"的编写经过 [J]. 山花，1960（3）：9 - 12.
② 四川省文联创作辅导部. 公社史《绿树成荫》是怎样编写出来的 [N]. 人民日报，1960 - 08 - 08（7）.

在编写工作开始以后，编写人员面临着一系列的问题和考验。例如，编委会开始时发动大家动手写，写出来再由整理者整理加工。"可是，一个月过去了，尽管天天去催，还是搞不出东西来。一些写作能力较强的干部，也因工作繁忙，没有多少充裕时间，始终交不了卷。于是，有些编写人员泄气了，动摇了。有的想自己搞创作；有的认为发动农民写公社史困难太多，很不好搞，大有就此拉倒之势。"① 编委会领导知道这一情况之后，鼓励编写人员下定决心，一定要把这本公社史编写出来，同时进一步指明："要忠实记录每一个口述者的谈话，尽量保存他们讲故事的风格，然后整理加工。"② 这个问题克服以后，大家终于在比较短的时间内整理出了第一批作品，但接下来又出现了新的问题。

问题首先表现在编写人员的思想认识和美学观点方面。在第一批作品中，根据罗世发同志口述记录整理加工出来的《惊天动地闹翻身》，在编委会上遭到罗世发同志本人的批评："闹革命的'闹'字写得不够，个人的东西写得太多了！"他反问大家："为什么漏了黄静仙如何领导武装斗争地主，杨万明如何拿出地主的大斗小秤和地主算账，以及群众积极参加斗争的生动事例？"③ 这个例子说明编写人员过于注重"土改"中罗世发个人的作用，而对个人与群众的关系以及个人的历史作用还缺乏正确的理解。又如，《第一个幼儿园》也是最早整理出来的作品之一，在这篇作品里，大量保留了口述者任淑贞和保育员因为在工作中碰到困难而哭鼻子、闹情绪的各种笑话；但对于创办幼儿园在解放妇女劳动力和推动生产上的深刻意义，先进分子对习惯力量的斗争，以及领导同志对保育员的反复教育，则写得很少。再如，《比一比》这篇作品，在很大程度上忽略了口述人关

---

① 四川省文联创作辅导部. 公社史《绿树成荫》是怎样编写出来的 [N]. 人民日报, 1960 - 08 - 08 (7).

② 同上。

③ 同上。

于农民群众向资本主义自发势力进行斗争和农业生产合作社的优越性的描述；因为整理者感觉群众谈得枯燥无味，便凭空加上一些"黄昏鸟归，火红的太阳挂在西山的树梢"之类的风景描写，而事实上新繁地处川西平原，根本就没有山。① 这体现出整理人员脱离现实，追求"艺术趣味"的倾向。

而且，更大的问题是，在编写过程中，有一些编写人员以高高在上的考官态度对待被访问的群众，谈起来很不投机，这样就连正常的讲述也难以进行，更谈不上让群众把那些印象最深、感情最强烈的东西讲出来。这些同志有的只能记下一个故事梗概，有的还是照样拿不出东西来。针对以上情况和问题，编委会着重指出：

> 这本书是史实的记录，要求编写人员首先做好一个忠实的记录者。同时，这本书又是群众的文学创作，它又要求编写人员在不违反历史真实的前提下，通过记录和整理，剪裁和安排，把事件记述得更集中些，把人物表现得更鲜明些，使之更能显示出生活的本质和具有更大的典型意义。这就要求整理者一定要有正确的立场观点、饱满的政治热情和正确的美学观点，并严格执行与群众同吃同住同劳动的规定。②

编委会的这些要求有助于提高编写人员的政治思想觉悟，使其改变轻视农民群众的错误观点以及那种自己搞创作的个人打算。编写人员根据编委会的要求，重新补充整理了第一批稿子。这批稿子的成功也使编写人员深刻认识到：农民群众尽管文化水平不高，但是他们具有丰富的想象力和创造才能，他们是社会事件的参加者，是社会主义的建设者。他们对整个

---

① 四川省文联创作辅导部. 公社史《绿树成荫》是怎样编写出来的 [N]. 人民日报，1960 - 08 - 08（7）.

② 同上。

斗争和事件的场景、细节的感觉也最敏锐、最熟悉，加上高度的政治热情和朴素生动的语言，这就构成了文章的动人力量。与此同时，通过劳动锻炼，那些感觉群众谈不出东西来的编写人员，也改善了他们同群众的关系，在群众中交上了朋友。①

以上例子证明，同农民群众交上朋友，是整个编写工作中要解决的关键问题。如果能够交上朋友，就说明观点立场、思想感情跟劳动人民的距离被拉近了。这样，在访谈的时候也较容易使得编写人员的要求和群众的愿望投合，因而他们常常能够有头有尾，准确、具体、生动地把斗争和事件的本质意义讲给编写人员听。到了这个时候，记录者就感到记录的速度太慢了。当然，记录速度的问题是不难解决的：一次记不全，又去问两次，甚至到了整理出来以后，感到某些细节、场面不够具体，还要专门去问清楚。因为这时候，编写人员已经真正相信"解放了的劳动人民一定有才能自己表现自己，所以愿意千方百计地克服困难，让作品整理得更完善些"②。

这部公社史在编写过程中也遇到对真人真事进行艺术加工的问题。关于此，编写人员取得的经验是，尽力做到较为准确地刷掉那些不必要的东西，保留下那些足以说明事件本质的具体情节，而且把一些应该集中起来的细节集中起来，使得人物和事件更加鲜明。例如，在这部公社史所包含的 26 篇作品中，加工程度最大的一篇是《此路不通》。因为主述人的谈话比较零乱、比较单薄，这一篇是经过较多社员的补充编写而成的。在细节和语言上，编写者也做了不少增改，使之更能和其他的文章相称。③ 这种艺术加工最后通过了新繁人民公社广大群众的检验，获得了批准。

---

① 四川省文联创作辅导部. 公社史《绿树成荫》是怎样编写出来的 [N]. 人民日报, 1960 – 08 – 08 (7).

② 同上。

③ 同上。

　　《绿树成荫》全书各篇都是以新繁人民公社每个发展阶段的代表人物的口述为主，其他有关群众的口述为辅，采用第一人称，从讲述人切身的经历和感受出发来写成的。当时，不少读者反映，作为文学创作，《绿树成荫》的显著特点是人物连贯，故事衔接，语言生动活泼，具有浓厚的生活气息和鲜明的地方色彩。[①] 取得这样的成就与这样的编写方法是分不开的。

　　在公社史编写实践中，有的地方是根据调查采访的资料，由下乡劳动锻炼的作家、干部或高校学生撰写，而不是严格地采用当事人口述的形式和方法。

　　例如，河北省怀来县《麦田人民公社史》，就是主要由中国作家协会下放劳动锻炼小组的四位作家撰写的。1958 年 11 月，中国作家协会下放到麦田人民公社的几位作家在《作家通讯》上看到了"中国作家协会关于写工厂史和公社史的号召"，于是萌生了编写麦田人民公社史的想法，但此时离他们下放期满回北京只有一个月了。他们的想法一经提出，立即得到了公社党委的支持，公社党委派出一位书记亲自挂帅，并正式由宣传部行文给各支部布置这项工作。下放劳动锻炼小组任务繁重，因此只能抽出三个人来负责公社史编写工作。这三位作家会同另一位在辛庄村下放的作家，采用边采访边写作的方式，用了两个多月的时间（回北京后又写了一个多月）完成了这部公社史。在这部公社史中，有三篇作品（《算一笔大账》《公社诞生那天》《冬去春来》）出自怀来县委书记王纯、公社干部唐盛海和社员顾友渔的手笔。

　　在写作过程中，他们首先遇到的一个困难是许多当事人已经不在了。面对这种情况，为了尽量做到符合事实，他们就要多方面查对：同一件

----

　　① 四川省文联创作辅导部. 公社史《绿树成荫》是怎样编写出来的 [N]. 人民日报, 1960 - 08 - 08 (7).

事，找许多人谈，然后再把这些材料往一起碰。例如，《西山扎根记》中参加剿匪的干部早已调离本县，甚至本省，而土匪也早被剿光，因此当年那些干部在土匪中做政治工作的具体经过，只能从侧面了解一些。根据情况，他们可以推测出很多生动的情节，但因要符合史实，只好放弃，知道多少写多少，未敢妄加蛇足。他们开玩笑说："如果写小说的话，可以构思出很多精彩的情节，但这是公社史，明明可以想象出当时的情景，可就是不敢写。"① 后来，他们打听到当年参加剿匪的干部高幸（高树峰）同志在鞍山市粮食局工作，就将初稿寄给他，请他审阅核对。高幸在百忙之中认真审阅初稿后，提供了一些具体情况，提出了补充意见。

再者，在写当时的现实生活时，他们也遇到了怎样写真人真事的问题。他们觉得：公社史既然称为"史"，在真实性上，就应当比一般报告文学有着更严格的要求，重要的斗争以及它的发展过程都应该有根有据，不能虚构；但这又不是一般科学性的"史"，还要有文学性。这就产生了矛盾。他们在写的时候，一般说来，无论主要部分或是细节，都尽量做到准确和忠实，有时为查明一件事实，不知跑了多少路，找了多少人。甚至有时听到一个很好的小故事，如果从文学的角度看，穿插到文章中是个很好的细节，会使文章生动些，但经过查对，他们没有足够的根据证明它的真实性，就只好忍痛放弃了。同时他们在写的时候，根据已经掌握的材料，也力求写得通俗些、活泼些。②

从以上所述可见，这种不采用当事人口述而是作家撰写的形式，也尽量设法做到符合事实，而且这部公社史中还包含了社员动手编写的篇章。但总体而言，采用这种形式，农民群众的参与程度相对较低。

又如，南京市栖霞区十月人民公社史《十月鲜花向太阳》，是由南京

---

① 《麦田人民公社史》编写小组. 麦田人民公社史 [M]. 北京：作家出版社，1959：274.
② 《麦田人民公社史》编写小组. 麦田人民公社史 [M]. 北京：作家出版社，1959：274–275.

大学中文系公社史编写组七位学生创作编写的。如该公社史"后记"中所说，当时"公社党委热情地支持我们，帮我们定计划，介绍情况，提供许多线索，我们又和社员同吃同住同劳动；这对我们完成公社史的任务具有决定性的作用"；"我们深入各生产队以后，许多干部和社员热情地接待我们，为了给我们介绍情况，他们常常谈到深夜。"① 大家通过访问、开小型座谈会等形式搜集材料，经过一个月的时间，写出了十万字的初稿。此后，中国作家协会江苏分会对初稿进行了审阅，并召集编写者开了一次座谈会，对初稿在思想和艺术性上提出了许多宝贵的意见。接下来，大家又用了不到一个月的时间，对公社史初稿做了修改和补充，基本完成了公社史的编写工作。这部由中文系学生编写的公社史在何种程度上让农民群众参与其中，并通过其具有文艺创作的主体地位而确立新的主体性，并不容易确定。

第二节　公社史编写对民众思想的影响

在党的领导下，农民群众参加编写公社史，既是为了让农民群众成为文艺的创作者，也是为了实现农民群众的自我教育。在大量公社史面世之后，王城在《喜读人民公社史》一文中写道，"这都说明，在我们社会主义时代，劳动群众不但创造了历史，而且响应党的号召，解放思想，打破迷信，自己编写自己的历史"；并且，"发动群众写公社史本身，就是'回忆革命史，歌颂大跃进'，自我再教育，以及提高思想觉悟的过程"。② 这

---

① 南京大学中文系公社史编写组. 十月鲜花向太阳 [M]. 南京：江苏文艺出版社，1960：131－132.

② 王城. 喜读人民公社史 [N]. 人民日报，1960－03－09 (7).

里重申了公社史编写的两个目的，这两个目的是密切联系在一起的。

关于后一个目的，《麦田人民公社史》"后记"中说："写公社史也要有个很强的目的性"，"不是客观地为写史而写史，单纯地记录过去的史实"，"我们写这部公社史的目的，就是想透过这一地区农民近 20 年所走过来的道路，看出一条红线，说明农民和中国共产党有着血肉不可分的关系，只有在党的领导下进行斗争，农民才能彻底翻身，走向幸福的康庄大道；同时，也说明农村经过'土改'、合作化，走向人民公社是必然的，并用生活本身来证明人民公社制度的优越性"。① 据《喜读人民公社史》一文介绍，当时几乎所有的公社史都说明，"当我国农民一旦有了党的领导，他们就力量无穷，不可战胜，取得了民主革命的胜利，从几千年的封建制度下翻了身"；而且，"从这些公社史里，读者会进一步看到，我国农民又如何在党的领导下，从单干到互助组，从互助组到初级社，从初级社到高级社，最后由高级社进入人民公社"。②

也就是说，在人民公社化运动的背景下，编写公社史实际上是把一个地区农民群众纷纭复杂的生产生活经验整合到一种具有规律性和必然性的历史叙事中。这种历史叙事就是讲述在党的领导下，广大农民群众如何翻身解放、当家作主，如何"经过'土改'、合作化，走向人民公社"的康庄大道。而正是出于让农民群众成为文艺创作者的目的，这种叙事让作为当事人的农民群众自己完成，于是这种讲述就是讲述内容内在化的过程，是党领导革命和建设实践的规律性和必然性成为农民群众自觉意识的过程，因而也就是农民群众的自我教育过程，是社会主义的思想意识提高和新的主体性建构的过程。

具体地说，公社史的讲述把农民群众在旧社会的苦难史、抗争史与

---

① 《麦田人民公社史》编写小组. 麦田人民公社史［M］. 北京：作家出版社，1959：270.
② 王城. 喜读人民公社史［N］. 人民日报，1960–03–09（7）.

人民公社化运动时期的建设史链接在一起。也就是说，把"忆苦"与"思甜"链接在一起。众所周知，"土改"时期，"诉苦"对于农民群众阶级意识和国家观念的形成具有重要作用。有研究者指出：

> 诉苦的目的是实现对人的改造。正如郭于华的研究所表明的，尽管村民们的苦难是散射性的，是深埋在他们的日常生活中的，但党的能力就体现在，有效地将这种个人性的经历和感受，与一个更大的范畴建立起联系，这就是"阶级"。你的苦难，并不是你个人的苦难，而是一个群体的苦难；而且这个苦难，是与另一个群体，即剥削阶级和压迫阶级相联系的。更进一步说，"阶级"其实也不是这个逻辑的终点，真正的终点是社会与国家。这样，苦难就通过阶级这个中介性的分类范畴与更宏大的"国家""社会"的话语建立起了联系。在这个过程中，革命的领导者一方面通过把苦的来源归结于旧国家制度而建立起消极的国家形象，另一方面也通过"翻身"意识等建立起积极的国家形象。而这就意味着阶级斗争意识形态的确立以及以此为基础的普通民众的国家观念的形成。在西欧，民族国家形成的过程同时也是现代"公民"形成的过程。而在中国的情况下，普通民众是通过诉苦、确认自己的阶级身份来形成国家观念的。这种国家观念是一种"感恩型的国家观念"。而从个体的角度来说，在这个过程中形成的不是如现代西方意义上的"公民"，而是作为"阶级的一份子"和相对于国家的"人民"或"群众"。①

这段话清晰地分析了"诉苦"作为阶级意识与国家观念形成的中介机制，经由"诉苦"机制形成阶级身份认同和"感恩型的国家观念"。到了人民公社化时期，公社史编写运动中农民群众的"忆苦"叙述正是这种

---

① 孙立平. 倾听"被革命卷入者"的心灵 [EB/OL]. (2013 - 10 - 03) [2024 - 12 - 25]. https：//www. aisixiang. com/data/68173. html.

"诉苦"机制的延伸，同样起到形成阶级身份认同和国家观念的作用；并且，经由"忆苦"而进一步达到"思甜"，也即由对以往国家的"感恩"转化为对社会主义国家和人民公社的歌颂。

就当时出版的公社史来说，农民群众这种"忆苦思甜"的讲述是普遍存在的。例如，在四川省新繁县新民人民公社史《绿树成荫》中，《冯恩云老汉》一文讲述了这个70多岁的老人爱社如家的故事及其在旧社会的悲惨遭遇。他用一生的经历，道出了对新生活的感受："过去愁吃、愁穿、愁住，愁死了没人埋，烂在床上。现在啥子都不愁，只愁活路做得少，对不起公社，对不起毛主席。"① 又如，在贵州省瓮安县猴场人民公社史《挡不住的洪流》中，《家》一文是曙光生产队社员张五奶口述自家从解放前到"土改"后再到农业合作化时期的故事。解放前，因为地主的剥削压迫，全家人有的病死、有的饿死，两个女儿送给人家做童养媳。给地主赵家看牛抵债的儿子小科因成天挨打挨骂，便偷跑出来，被赵家狗腿子追赶，落水淹死。没有死的，也难以活命："粮无半升，米无一颗。""土改"后，家里分得了田地房子，再不愁吃穿，儿子台英参加了解放军，老十进了学校，从旧社会幸存下来的四个儿子都先后讨了媳妇成了家。可是没承想，私有观念和只顾自己发财发家的盘算（甚至是"打富农、地主那样的算盘"）闹得弟兄妯娌之间明争暗斗，全家四分五裂。在逼不得已分家分田时，兄弟之间是"那样认真，扯起绳子横比顺比，差一分一厘都不行"，"都只顾将来发财，连弟兄都不认了"。② 在走上农业合作化道路、成立高级社之后，单独发财的梦被打破了，这一切又发生了根本的变化。在集体生产生活中，张五奶懂得了什么是共同富裕的道路，看清了互助合作的好处，那些年轻人就更不用说了，弟兄妯娌之间就一天比一天亲热起来，先

① 新民社史编写委员会，四川省文联. 绿树成荫［M］. 北京：作家出版社，1959：171.
② 贵州省文艺编辑训练班. 挡不住的洪流［M］. 北京：作家出版社，1960：653.

是弟兄间有说有笑，后来妯娌们也和好了。① 后来，曾经把私利看得那样重的小星提出："大家商量商量，还是把家合起来算了啦！"虽然没有合，但台英说："不要把'私家''私户'的观念看得那样重吧，只要大家和睦，家合不合完全没关系。"接下来，大家合在一起过了个"大团圆年"，门口贴了一副红红的对联："公社带来好光景；幸福不忘毛主席。"横联："新年新家。"② 在这篇口述文章中，张五奶不仅回忆了旧社会的苦难，还讲述了"土改"以后私有观念和分田单干造成的家庭纷争和苦处，进而表达了对农业合作化道路和人民公社的深切认同。在当时出版的公社史中，这种通过"忆苦思甜"的讲述来建构农民群众新的主体性的例子不胜枚举。

当然，在计划经济时期，出于国家工业化、防止农村阶级分化、实现共同富裕等原因，人民公社化运动有其产生的合理性，但也遇到了挫折和失败，这制约着编写公社史运动的成败和价值。而且，这场运动和新民歌运动、新壁画运动一样，在当时中国农村经济文化非常落后的条件下，其初衷和结果之间存在难以跃过的距离，留下了很多问题需要继续思索。

小 结

公社史编写运动作为与新民歌运动、新壁画运动同样重要的农村群众文艺运动，既是实现社会主义文化建设理想——人民群众成为社会主义文化的创造者——的历史实践，也是特定历史时期政治运动的产物。如

---

① 贵州省文艺编辑训练班. 挡不住的洪流［M］. 北京：作家出版社，1960：656.
② 贵州省文艺编辑训练班. 挡不住的洪流［M］. 北京：作家出版社，1960：661.

果不把公社史编写运动和其所产生的历史背景简单地捆绑在一起，而是充分考虑其独立性，我们也可以说这种实践是一种眼光向下的"新史学"尝试。早在 20 世纪初，梁启超就对中西史学的差异进行了比较，他认为：

> 中国之史，长于言事，西国之史，长于言政。言事者之所重，在一朝一姓兴亡之所由，谓之君史；言政者之所重，在一城一乡教养之所起，谓之民史。①

在梁启超看来，较之"民史"，"君史"是一种陈腐的史学形态，不足以提供"国之鉴"，不符合时代发展的需求，因此必须对它进行改造。同时期，除了梁启超，严复、谭嗣同、王国维等人也对中国传统史学的"君史"形态进行了指认与批判。但当时对"君史"的批判和对"民史"的倡导主要停留在观念层面，与之匹配的书写实践尚不多见。真正在实践层面对"君史"形态进行革命的是马克思主义史学。马克思主义史学强调人类的历史是物质生产活动的历史，人民群众是历史的创造者。这一观念在新中国成立后被广泛普及，并获得主导性地位。公社史编写运动目光向下，转向农民大众，不但将其作为历史的主人，而且也调动其自我讲述的热情，堪称落实马克思主义史学观念的生动实践。正如当时的一位读者所言：

> 一切旧史书，莫不是帝王将相的记功簿和才子佳人的生活史。作为创造世界、创造历史的劳动人民，反而无影无踪。即使偶尔有之，也只是被歪曲为"犯上作乱"的"贼盗小人"的形象出现。……今天人民的史学刊物，刊登劳动人民的斗争史和翻身史，也让工人农民自己写自己的历史，乃是自古未有的奇迹，是史学还家的创举。②

---

① 梁启超. 变法通议：论译书 [M] //梁启超. 饮冰室合集：文集之一. 北京：中华书局，1989：70.

② 嘎拉增. 读者来信 [J]. 史学月刊，1965（9）：45.

结　语

　　新中国在成立初期开展的农村文艺运动在中国乡村社会的现代转型中占有极其特殊而重要的位置，但在相当长的一段时间内，学界的相关研究都局限于"启蒙/革命""人/人民""文艺/政治"等二元阐释架构，重点分析政府如何把农村文艺作为宣传工具来为其政治目的服务。毋庸讳言，这种研究范式因过度聚焦于国家和政党意识形态对艺人及民众的精神控制，而相对忽略了其更为丰富的现代性内涵。

　　在本书看来，新中国在成立初期开展的农村文艺运动虽然带有很深的意识形态烙印，在某个阶段甚至还有比较严重的"浮夸""形式主义"问题，但总体而言，其仍不失为超乎意识形态之外的一种文化现代化的努力。它在体制化、移风易俗和国民建设、国家建设等方面延续了晚清开启的中国文化现代化的进程①，并形成了新的经验。就体制化而言，政府通过农村俱乐部、农村广播网、农村电影网、农村剧团等的建设，使农村文艺活动从此走上了规范化、组织化的道路，成为农村基层社会与国家意识形态之间的精神通道。就移风易俗而言，政府通过对农村旧文艺的全面"净化""美化""合理化"，有效地将民间文艺活动与生产劳动相统一，并赋予农村日常生活以政治内涵和文化品格，从而与资本主义社会的"休闲"活动区别开来，拓展了"农村文艺"作为"文化政治"的意义空间。就国民建设而言，政府在开展农村文艺运动的过程中，创造出了一种由党

---

　　①　这方面的论述可参见：姜进. 断裂与延续：1950 年代上海的文化改造［J］. 社会科学，2005（6）：95 – 103.

员干部、文艺工作者和农民群众"三结合"的文艺生产方式。农民群众亲身参与了文艺生产的过程，摆脱了长期以来"被表述"的被动位置，由此农村文艺也获得了双重功能，既是社会主义意识形态的建构媒介，也是农民表达自身的媒介。就国家建设而言，政府通过农村文艺运动，建构并宣扬了新的历史观、国家观、家庭观、个人观乃至爱情观，将乡村社会象征性地转换为现代国家的建构力量，而农村文艺也因此成为以"现代人"为主题、以"阶级论"为语式的本土化现代性方案在象征层面的知识表达。

以上经验，对于如何改变今天农村文艺中的"三俗"倾向、如何重建今天农村文艺的生产方式，无疑具有很强的指导意义。更为重要的是，我们还可以从这一运动中发现新政府的"人民社会"诉求。这里所说的"人民社会"是与"公民社会"相对应的一个概念。关于"公民社会"，黑格尔曾定义过其基本特征："这是各个成员作为独立的单个人的联合，因而也就是在形式普遍性中的联合。这种联合是通过成员的需要，通过保障人身和财产的法律制度，和通过维护他们特殊利益和公共利益的外部秩序而建立起来的。"① 印度学者查特吉曾对黑格尔所言"公民社会"的适用性提出过质疑，在他看来，"公民社会"这一源自西方社会的政治范畴和组建民族国家的政治构想，在非西方的殖民或后殖民国家，无论国家法律—官僚机器如何成熟，其实现的对象都仍旧局限于相当少数的"公民"。也就是说，"公民社会"与"国家"之间存在永久的"裂痕"，因为它标示出非西方的现代性其实是"现代化"永久的未完成方案，也突显受过启蒙的精英分子介入社会中所扮演的教化性角色。因此，他建议在"公民社会"与"国家"之间加入"政治社会"这一范畴。"政治社会"正是人口与国家之间中介关系发生的场域，这个场域中的主体并非属于法律建构之公民社会内的公民主体，而只是应该获得福利的人口群体，并且他们所要求的

---

① 黑格尔. 法哲学原理［M］. 范扬，张企泰，译. 北京：商务印书馆，1995：173.

权利是"集体式的权利"。① 借用学者贺桂梅的归纳，"公民社会"的主要特征是"精英分子的独占空间"，所谓"公民"是一种规范性范畴，体现的是精英分子对民众的教化过程；而"政治社会"则意味着"人民大众"是为数众多的"人口"，政治动员的目的就是将他们组织成为一个集体。② 查特吉对"公民社会"的质疑及对"政治社会"的发现，都是颇具启发性的，但在他的论述里，劳苦大众只是"不幸和悲苦的代名词"③，仅有抗争或被帮助的意义。与"公民社会"和"政治社会"相比，"人民社会"是一种更具先进性的社会形态。所谓"人民社会"，即在人民大众身上看到了推动历史前行的动力，看到了社会发展的方向，将颠倒的历史颠倒了过来，让劳苦大众第一次成为大写人民的主体。④ 从这一视角来说，新中国成立后，政府之所以采取种种策略，使社会主义新文艺进入不识字农民的生活，目的正是将那些长期处于政治、历史之外的农民纳入新中国的政治、历史进程之中，从而建构一个最广大的人群可以参与的"人民社会"形态。也正是由于农村文艺运动被作为"人民社会"而非"公民社会"的建构要件，决定了它的文艺生产方式和文艺传播方式都与"五四"新文化运动有着根本的不同。可以说，农村文艺运动一方面是"人民社会"的建构要件，另一方面也是被"人民社会"呼唤并建构出来的产物。

　　建构这样一个"人民社会"的形态对于一个刚刚取得革命胜利的政党而言是非常重要的。因为在新中国成立初期，在物质和制度条件都很匮乏的情况下，只有建构这样一个"人民社会"的形态，才能在较短的时间内

---

　　① 查特吉. 论后殖民民主中的公民社会和政治社会［M］//陈光兴. 发现政治社会：现代性、国家暴力与后殖民民主. 台北：巨流图书公司，2000：147－166.

　　② 贺桂梅. "当代文学"的构造及其合法性依据［J］. 海南师范学院学报（社会科学版），2006（4）：12－19.

　　③ 阿伦特. 论革命［M］. 陈周旺，译. 南京：译林出版社，2007：62.

　　④ 王绍光. 社会建设的方向："公民社会"还是"人民社会"［J］. 开放时代，2014（6）：26－48.

最大限度地整合社会、动员民众，建设新中国。对于不少经历过那个时代的人而言，新中国的成立留给他们的记忆是朝气蓬勃的，他们也愿意相信他们当时的所作所为都是在为新中国的美好未来添砖加瓦。但问题在于"人民社会"是一种理想的社会形态，不可能一蹴而就，当民众的生活回归日常之后，其与"生活世界"的紧张不可避免。正如研究者蔡翔所指出的，"生活世界"虽然存在着和政治的密切关联，但又的确有着相对独立的一面，因此一旦政治空间无限扩大，就会引起这一世界的反感和不满，包括个人的利益、欲望甚至趣味等。[①] 如果说在新中国成立初期，民众还沉浸在"革命"叙事的震撼中，对政治空间的无限扩张还缺乏必要反思的话，那么进入 20 世纪 80 年代，随着个人的需求、时间、趣味、生活方式等获得"解放"，"政治空间"与"生活世界"之间则发生了一定的冲突，并最终导致二者关系的失衡。之所以会出现这样的局面，其中一部分原因是政府在建构"人民社会"的过程中，一度超越了现实条件，省去了对复杂历史文化网络的处理过程，没能形成一种吸纳性结构，对民间异质文化采取了简单的拒绝姿态，任由它在社会空间里"游离"。而改革开放后，有些游离的因子很快找到了新的载体，导致部分区域的农村新文化建设重新面临复杂局面。这既在一定程度上体现了"人民社会"的内在危机，也告诉我们：重塑民众的"生活世界"是一场艰难而漫长的革命。

---

① 蔡翔. 革命/叙述：中国社会主义文学—文化想象（1949—1966）[M]. 北京：北京大学出版社，2010：374.

参考文献

[1]《人民日报》，1949—1966.

[2]《文艺报》，1949—1966.

[3]《戏曲报》，1950—1951.

[4]《戏剧报》，1954—1966.

[5]《人民音乐》，1950—1966.

[6]《曲艺》，1957—1966.

[7]《美术》，1950—1966.

[8]《美术研究》，1957—1966.

[9]《电影放映》，1953—1966.

[10]《电影艺术》，1956—1966.

[11]《中国青年》，1953—1960.

[12]《山西政报》，1949—1966.

[13]《宁波时报》，1949—1951.

[14]《宁波大众》，1951—1966.

[15] 阿尔都塞. 哲学与政治：阿尔都塞读本［M］. 陈越，译. 长春：吉林人民出版社，2003.

[16] 安阳市文化局. 安阳市曲艺志［M］. 郑州：中州古籍出版社，1995.

[17] 北大图书馆学系 56 级下放同学. 组织说书会的体会 [J]. 图书馆工作, 1959 (6): 11 – 12.

[18] 北京市档案馆, 中共北京市委党史研究室. 北京市重要文献选编: 1963 [M]. 北京: 中国档案出版社, 2006.

[19] 本尼迪克特. 想象的共同体: 民族主义的起源与散布 [M]. 吴叡人, 译. 上海: 上海世纪出版集团, 2011.

[20] 柄谷行人. 日本现代文学的起源 [M]. 赵京华, 译. 北京: 生活·读书·新知三联书店, 2003.

[21] 财政部文教行政财务司. 文教行政财务制度资料选编: 1949—1985 [M]. 北京: 中国财政经济出版社, 1990.

[22] 蔡丰明. 江南民间社戏 [M]. 上海: 百家出版社, 1995.

[23] 蔡翔. 革命/叙述: 中国社会主义文学—文化想象: 1949—1966 [M]. 北京: 北京大学出版社, 2010.

[24] 查特杰. 被治理者的政治: 思索大部分世界的大众政治 [M]. 田立年, 译. 桂林: 广西师范大学出版社, 2007.

[25] 陈海峰, 朱金贵. 怎样办农村有线广播站 [M]. 北京: 通俗读物出版社, 1956.

[26] 陈独秀. 陈独秀文章选编 [M]. 北京: 生活·读书·新知三联书店, 1984.

[27] 陈国志. 川剧艺苑春烂漫 [M]. 成都: 四川人民出版社, 1999.

[28] 陈晋. 文人毛泽东 [M]. 上海: 上海人民出版社, 1997.

[29] 《承德戏曲全志》编辑部. 承德戏曲资料汇编 [M]. 内部出版, 1986.

[30] 《当代中国的广播电视》编辑部. 中国的广播节目 [M]. 北京: 北京广播学院出版社, 1987.

[31] 《当代中国的广播电视》编辑部. 中国的有线广播 [M]. 北京: 北京广播学院出版社, 1988.

[32] 《当代中国的广播电视》编辑委员会. 当代中国的广播电视 [M]. 北京: 当代中国出版社、香港: 香港祖国出版社, 2009.

[33] 《当代中国的邮电事业》编辑委员会. 当代中国的邮电事业 [M]. 北京: 当代中国出版社、香港: 香港祖国出版社, 2009.

[34] 《当代中国》丛书编辑部. 当代中国的广西：下册［M］. 北京：当代中国出版社，1992.

[35] 邓运佳. 中国川剧通史［M］. 成都：四川大学出版社，1993.

[36] 丁云亮. 阶级话语的叙述与表象：1950 年代上海工人之文化经验［M］. 合肥：安徽人民出版社，2009.

[37] 董大中. 赵树理年谱：1906—1970［M］. 太原：山西人民出版社，1982.

[38] 杜黎均. 关于农村剧团的几个问题［J］. 新中华，1951（19）：33－36.

[39] 方厚枢. 中国当代出版史料文丛［M］. 北京：中国书籍出版社，2007.

[40] 傅谨. 戏曲"剧种"的名与实［J］. 戏剧（中央戏剧学院学报），2015（4）：59－70.

[41] 傅谨. 新中国戏剧史：1949—2000［M］. 长沙：湖南美术出版社，2002.

[42] 傅谨. 中国：禁戏五十年［J］. 小说家，1999（3）：144－160.

[43] 共青团四川省委青年运动史研究室. 共青团四川省委志［M］. 成都：成都科技大学出版社，1996.

[44] 贵州省地方志编纂委员会. 贵州省志：广播电视志［M］. 贵阳：贵州人民出版社，1999.

[45] 贵州省文艺编辑训练班. 挡不住的洪流［M］. 北京：作家出版社，1960.

[46] 郭于华，孙立平. 诉苦：一种农民国家观念形成的中介机制［J］. 中国学术，2002（4）：130－157.

[47] 国务院法制办公室. 中华人民共和国法规汇编：1953—1957［M］. 北京：中国法制出版社，2005.

[48] 韩德英. 民间戏曲［M］. 郑州：海燕出版社，1997.

[49] 杭州市萧山区政协文史和教文卫体委员会. 听 100 个萧山人话过去的事情［M］. 北京：作家出版社，2007.

[50] 河北省大城县地方志编纂委员会. 大城县志［M］. 北京：华夏出版社，1995.

[51] 河北省文化厅. 晋察冀、晋冀鲁豫乡村文艺运动史料［M］. 内部出版，1990.

[52] 贺桂梅. "当代文学"的构造及其合法性依据［J］. 海南师范学院学报（社会科学版），2006（4）：12－19.

[53] 黑龙江省地方志编纂委员会. 黑龙江省志：文学艺术志［M］. 哈尔滨：黑龙江

人民出版社，2003.

[54] 洪长泰. 新文化史与中国政治［M］. 台北：一方出版有限公司，2003.

[55] 胡朴安. 中华全国风俗志［M］. 石家庄：河北人民出版社，1986.

[56] 湖北省丹江口市地方志编纂委员会. 丹江口市志［M］. 北京：新华出版社，1993.

[57] 湖南省地方志编纂委员会. 湖南省志：第二十卷 新闻出版志 广播电视［M］. 长沙：湖南人民出版社，1997.

[58] 湖南省地方志编纂委员会. 湖南省志：第十九卷 文化志 文化事业［M］. 长沙：湖南出版社，1991.

[59] 吉林省地方志编纂委员会. 吉林省志：卷四十二 新闻事业志 广播电视［M］. 长春：吉林人民出版社，1991.

[60] 吉林省文化局文化处. 吉林省群众文化工作史料：第三辑 报告、评论［M］. 内部出版，1979.

[61] 吉林省文化局文化处. 吉林省群众文化工作史料：第四辑 典型经验［M］. 内部出版，1979.

[62] 季洪. 新中国电影事业建设四十年：1949—1989［M］. 内部出版，1995.

[63] 《江苏戏曲志》编委会，《江苏戏曲志·扬州卷》编辑部. 江苏戏曲志：扬州卷［M］. 南京：江苏文艺出版社，1997.

[64] 江门市政协文史资料研究小组. 江门文史：第25辑［M］. 内部出版，1992.

[65] 姜进. 断裂与延续：1950 年代上海的文化改造［J］. 社会科学，2005（6）：95－103.

[66] 姜彬. 吴越民间信仰民俗：吴越地区民间信仰与民间文艺关系的考察和研究［M］. 上海：上海文艺出版社，1992.

[67] 景德镇市文化局. 景德镇市戏曲志［M］. 内部出版，2003.

[68] 卡瑞，辛顿. 有权无责：英国的报纸、广播、电视与新媒体［M］. 栾轶玫，译. 北京：清华大学出版社，2016.

[69] 考克尔. 电影的形式与文化［M］. 郭青春，译. 北京：北京大学出版社，2004.

[70] 兰考县县志编纂委员会. 兰考旧志汇编［M］. 内部出版，1986.

［71］李丹. 论"大跃进"时期"群众史"写作运动：兼及文学工作者心态［J］. 文
学评论，2015（6）：67 - 77.

［72］李青，达雄. 关于建国初期组织成都川剧艺人政治学习的回忆［J］. 四川戏剧，
1990（4）：8 - 11.

［73］李苟华，王先荣，王源，等. 广东汉剧发展史［M］. 北京：中国戏剧出版社，
2005.

［74］梁景和，等. 现代中国社会文化嬗变研究：1919—1949：以婚姻·家庭·妇女·性
伦·娱乐为中心［M］. 北京：社会科学文献出版社，2013.

［75］梁启超. 新民时代：梁启超文选［M］. 侯宜杰，选注. 天津：百花文艺出版社，
2002.

［76］列宁. 列宁全集：第 12 卷［M］. 北京：人民出版社，2017.

［77］列宁. 列宁全集：第 42 卷［M］. 北京：人民出版社，2017.

［78］林青. 中国少数民族广播电视发展史［M］. 北京：北京广播学院出版社，2000.

［79］刘文峰. 关于建立认定剧种标准的意见和建议［J］. 戏曲研究，2014（3）：1 - 6.

［80］刘云. 江西文艺史料：第 13 辑［M］. 内部出版，1992.

［81］鹿野. 建立农村广播网［M］. 北京：科学普及出版社，1956.

［82］罗常培. 罗常培文集［M］. 济南：山东教育出版社，2008.

［83］马昌顺，于淮仁. 西北大区出版史：1949—1954［M］. 西安：陕西人民出版
社，1997.

［84］马少波. 马少波文集［M］. 北京：北京出版社，2008.

［85］迈斯纳. 毛泽东的中国及后毛泽东的中国［M］. 杜蒲，李玉玲，译. 成都：四
川人民出版社，1992.

［86］《麦田人民公社史》编写小组. 麦田人民公社史［M］. 北京：作家出版社，1959.

［87］米若. 关于公社史及其编写问题的探讨［J］. 读书，1959（22）：39 - 40.

［88］南京大学中文系公社史编写组. 十月鲜花向太阳［M］. 南京：江苏文艺出版社，
1960.

［89］南京市政协文史和学习委员会. 红山照钟山：南京解放初期史料专辑［M］. 南
京：南京出版社，1999.

[90] 清丰县文化局. 清丰县戏曲志 [M]. 内部出版, 1988.

[91] 山东省地方志编纂委员会. 山东省志：第七十三卷 广播电视志 [M]. 济南：山东人民出版社, 1993.

[92] 山西省图书馆. 山西省图书馆史料汇编 [M]. 太原：山西人民出版社, 2003.

[93] 上海文化出版社. 办好农村俱乐部为农业合作化服务 [M]. 上海：上海文化出版社, 1956.

[94] 沈彭年. 胶东宋村的业余说书活动 [J]. 曲艺, 1963 (5)：59－63.

[95] 沈芸. 中国电影产业史 [M]. 北京：中国电影出版社, 2005.

[96] 石家庄市政协文史资料委员会. 石家庄解放初期教育史料 [M]. 内部出版, 1993.

[97] 四川省遂宁市地方志编纂委员会. 遂宁县志 [M]. 成都：巴蜀书社, 1993.

[98] 宋绘萱. 任毅文集 [M]. 河南省革命文化史料征集室内部出版, 2001.

[99] 孙立平. 倾听"被革命卷入者"的心灵 [EB/OL]. (2013－10－03) [2024－12－25]. https：//www. aisixiang. com/data/68173. html.

[100] 孙晓忠. 改造说书人：1944 年延安乡村文化的当代意义 [J]. 文学评论, 2008 (3)：174－181.

[101] 天鹰. 一九五八年中国民歌运动 [M]. 上海：上海文艺出版社, 1959.

[102] 田汉. 田汉文集 [M]. 北京：中国戏剧出版社, 1986.

[103] 田静清. 北京电影业史迹：1949—1990 [M]. 北京：中国电影出版社, 1999.

[104] 桐乡县政协文史资料工作委员会. 桐乡文史资料：第十三辑 桐乡建国后史料 (三) [M]. 内部出版, 1994.

[105] 王恒富, 谢振东. 贵州戏曲大观：剧种卷 [M]. 贵阳：贵州民族出版社, 1997.

[106] 王笛. 国家控制与社会主义娱乐的形成：1950 年代前期对成都茶馆中的曲艺和曲艺艺人的改造和处理 [M] //华东师范大学中国当代史研究中心. 中国当代史研究：第1辑. 北京：九州出版社, 2009.

[107] 王娜, 于嘉. 当代北京广播史话 [M]. 北京：当代中国出版社, 2013.

[108] 王雪梅. 中国广播文艺理论研究 [M]. 北京：中国传媒大学出版社, 2011.

[109] 王永生, 邱明正. 文艺下乡问题初探：奉贤地区文艺面向农村问题调查札记

[J]. 复旦大学学报（哲学社会科学），1965（1）：15－26.

[110] 蔚县政协文史资料委员会. 蔚县古戏楼［M］. 内部出版，2008.

[111] 文化部文学艺术研究院. 周恩来论文艺［M］. 北京：人民文学出版社，1979.

[112] 文艺报编辑部. 论革命的现实主义和革命的浪漫主义相结合［M］. 北京：作家出版社，1958.

[113] 吴迪. 中国电影研究资料：1949—1979［M］. 北京：文化艺术出版社，2006.

[114] 吴继金. 1958 年农村的"新壁画运动"［J］. 读书文摘，2012（10）：51－54.

[115] 西充县志编纂委员会. 西充县志［M］. 重庆：重庆出版社，1993.

[116] 谢保杰. 1958 年新民歌运动的历史描述［J］. 中国现代文学研究丛刊，2005（1）：24－25.

[117] 新疆维吾尔自治区地方志编纂委员会. 新疆通志：第七十九卷 广播电视志［M］. 乌鲁木齐：新疆人民出版社，1995.

[118] 新民社史编写委员会，四川省文联. 绿树成荫［M］. 北京：作家出版社，1959.

[119] 徐光春. 中华人民共和国广播电视简史：1949—2000［M］. 北京：中国广播电视出版社，2003.

[120] 严世俊. 广播文艺与文艺广播［M］. 延吉：延边大学出版社，1992.

[121] 杨波. 中央人民广播电台简史［M］. 北京：北京广播学院出版社，2000.

[122] 杨鸿志. 梨园奇葩［M］. 太原：北岳文艺出版社，2007.

[123] 于立深. 艺人的政府规制研究：对一个特殊职业群体的人文关切［M］//胡建淼. 公法研究：第 6 辑. 杭州：浙江大学出版社，2008.

[124] 云南省地方志编纂委员会. 云南省志：卷七十八 广播电视卷［M］. 昆明：云南人民出版社，1996.

[125] 云南省老新闻工作者协会. 征程留踪：云南老新闻工作者回忆录［M］. 内部出版，2000.

[126] 云南省文化厅. 云南省志：卷七十三 文化艺术志［M］. 昆明：云南人民出版社，2002.

[127] 云南省文教系统社会主义建设先进单位先进工作者代表大会秘书处. 朵朵山茶

　　映日红：云南文教战线上的几面红旗［M］. 昆明：云南人民出版社，1960.

［128］臧克家. 毛泽东同志与诗［J］. 红旗，1984（2）：33 – 36.

［129］张炼红. 历炼精魂：新中国戏曲改造考论［M］. 上海：上海人民出版社，2013.

［130］张硕果. "十七年"上海电影文化研究［M］. 北京：社会科学文献出版社，2014.

［131］张凤铸. 中国广播文艺学［M］. 北京：北京广播学院出版社，1994.

［132］张庚. 当代中国戏曲［M］. 当代中国出版社，1994.

［133］张庚. 扩大上演剧目的几个问题［M］. 北京：通俗文艺出版社，1956.

［134］张弘. 民间文学改旧编新论［M］. 长春：时代文艺出版社，1991.

［135］张林. 说新书歌颂党［J］. 天津演唱，1981（12）：35.

［136］张启忠. "露天电影"与农村的文化启蒙：十七年农村电影放映网的历史分析
　　　　［J］. 艺术评论，2010（8）：49 – 54.

［137］张闻天. 张闻天选集［M］. 北京：人民出版社，1985.

［138］赵庆云. 专业史家与"四史运动"［J］. 史学理论研究，2012（3）：89 – 98.

［139］赵玉明，艾红红. 中国广播电视史教程［M］. 北京：中国广播电视出版社，
　　　　2009.

［140］赵玉明. 中国广播电视通史［M］. 北京：中国广播电视出版社，2014.

［141］政协延寿县文史资料研究委员会. 延寿文史资料：第 5 辑［M］. 内部出版，
　　　　1991.

［142］《中国农业全书·河南卷》编辑委员会. 中国农业全书：河南卷［M］. 北京：
　　　　中国农业出版社，1999.

［143］《中国农业全书·浙江卷》编辑委员会. 中国农业全书：浙江卷［M］. 北京：
　　　　中国农业出版社，1997.

［144］中共广西区委党史研究室. 广西壮族自治区 50 年纪事［M］. 南宁：广西人民
　　　　出版社，2008.

［145］中共九江地委宣传部. 怎样办好农村俱乐部［M］. 南昌：江西人民出版社，
　　　　1959.

［146］中共中央文献研究室. 建国以来毛泽东文稿［M］. 北京：中央文献出版社，
　　　　1987—1998.

［147］中共中央文献研究室. 建国以来重要文献选编：第 11 册［M］. 北京：中央文献出版社，2011.

［148］中共中央文献研究室. 建国以来重要文献选编：第 15 册［M］. 北京：中央文献出版社，2011.

［149］中共中央文献研究室. 建国以来重要文献选编：第 16 册［M］. 北京：中央文献出版社，2011.

［150］中共中央文献研究室. 建国以来重要文献选编：第 2 册［M］. 北京：中央文献出版社，2011.

［151］中共中央文献研究室. 建国以来重要文献选编：第 3 册［M］. 北京：中央文献出版社，2011.

［152］中共中央文献研究室. 毛泽东文艺论集［M］. 北京：中央文献出版社，2002.

［153］中国出版科学研究所，中央档案馆. 中华人民共和国出版史料：1949［M］. 北京：中国书籍出版社，1995.

［154］中国出版科学研究所，中央档案馆. 中华人民共和国出版史料：1951［M］. 北京：中国书籍出版社，1996.

［155］中国出版科学研究所，中央档案馆. 中华人民共和国出版史料：1956［M］. 北京：中国书籍出版社，2001.

［156］中国出版科学研究所，中央档案馆. 中华人民共和国出版史料：1964—1966［M］. 北京：中国书籍出版社，2009.

［157］中国美术家协会南京分会筹委会. 美术战线上的一颗卫星：江苏省邳县农民画文集［M］. 上海：上海人民美术出版社，1958.

［158］中国民间文艺研究会研究部. 民歌作者谈民歌创作［M］. 北京：作家出版社，1960.

［159］中国青年出版社. 俱乐部［M］. 北京：中国青年出版社，1964.

［160］中国人民政治协商会议广东省翁源县委员会文史资料委员会. 翁源文史资料［M］. 内部出版，1990.

［161］中国人民政治协商会议遂宁市委员会文史学习委员会. 遂宁文史资料：第十辑文化教育专辑［M］. 内部出版，1997.

［162］中国社会科学院，中央档案馆. 1949—1952 中华人民共和国经济档案资料选
　　　 编：农村经济体制卷［M］. 北京：社会科学文献出版社，1992.

［163］中国社会科学院新闻研究所. 中国共产党新闻工作文件汇编［M］. 北京：新华
　　　 出版社，1980.

［164］中国戏曲志编辑委员会，《中国戏曲志·安徽卷》编辑委员会. 中国戏曲志：
　　　 安徽卷［M］. 北京：中国 ISBN 中心，1993.

［165］中国戏曲志编辑委员会，《中国戏曲志·北京卷》编辑委员会. 中国戏曲志：
　　　 北京卷［M］. 北京：中国 ISBN 中心，1999.

［166］中国戏曲志编辑委员会，《中国戏曲志·福建卷》编辑委员会. 中国戏曲志：
　　　 福建卷［M］. 北京：文化艺术出版社，1993.

［167］中国戏曲志编辑委员会，《中国戏曲志·甘肃卷》编辑委员会. 中国戏曲志：
　　　 甘肃卷［M］. 北京：中国 ISBN 中心，1995.

［168］中国戏曲志编辑委员会，《中国戏曲志·广东卷》编辑委员会. 中国戏曲志：
　　　 广东卷［M］. 北京：中国 ISBN 中心，1993.

［169］中国戏曲志编辑委员会，《中国戏曲志·广西卷》编辑委员会. 中国戏曲志：
　　　 广西卷［M］. 北京：中国 ISBN 中心，1995.

［170］中国戏曲志编辑委员会，《中国戏曲志·贵州卷》编辑委员会. 中国戏曲志：
　　　 贵州卷［M］. 北京：中国 ISBN 中心，1999.

［171］中国戏曲志编辑委员会，《中国戏曲志·海南卷》编辑委员会. 中国戏曲志：
　　　 海南卷［M］. 北京：中国 ISBN 中心，1998.

［172］中国戏曲志编辑委员会，《中国戏曲志·河北卷》编辑委员会. 中国戏曲志：
　　　 河北卷［M］. 北京：中国 ISBN 中心，1993.

［173］中国戏曲志编辑委员会，《中国戏曲志·河南卷》编辑委员会. 中国戏曲志：
　　　 河南卷［M］. 北京：文化艺术出版社，1992.

［174］中国戏曲志编辑委员会，《中国戏曲志·黑龙江卷》编辑委员会. 中国戏曲志：
　　　 黑龙江卷［M］. 北京：中国 ISBN 中心，1994.

［175］中国戏曲志编辑委员会，《中国戏曲志·湖北卷》编辑委员会. 中国戏曲志：
　　　 湖北卷［M］. 北京：文化艺术出版社，1993.

［176］中国戏曲志编辑委员会，《中国戏曲志·湖南卷》编辑委员会. 中国戏曲志：湖南卷［M］. 北京：文化艺术出版社，1990.

［177］中国戏曲志编辑委员会，《中国戏曲志·吉林卷》编辑委员会. 中国戏曲志：吉林卷［M］. 北京：中国 ISBN 中心，1993.

［178］中国戏曲志编辑委员会，《中国戏曲志·江苏卷》编辑委员会. 中国戏曲志：江苏卷［M］. 北京：中国 ISBN 中心，1992.

［179］中国戏曲志编辑委员会，《中国戏曲志·江西卷》编辑委员会. 中国戏曲志：江西卷［M］. 北京：中国 ISBN 中心，1998.

［180］中国戏曲志编辑委员会，《中国戏曲志·辽宁卷》编辑委员会. 中国戏曲志：辽宁卷［M］. 北京：中国 ISBN 中心，1994.

［181］中国戏曲志编辑委员会，《中国戏曲志·内蒙古卷》编辑委员会. 中国戏曲志：内蒙古卷［M］. 北京：中国 ISBN 中心，1994.

［182］中国戏曲志编辑委员会，《中国戏曲志·宁夏卷》编辑委员会. 中国戏曲志：宁夏卷［M］. 北京：中国 ISBN 中心，1996.

［183］中国戏曲志编辑委员会，《中国戏曲志·青海卷》编辑委员会. 中国戏曲志：青海卷［M］. 北京：中国 ISBN 中心，1998.

［184］中国戏曲志编辑委员会，《中国戏曲志·山东卷》编辑委员会. 中国戏曲志：山东卷［M］. 北京：中国 ISBN 中心，1994.

［185］中国戏曲志编辑委员会，《中国戏曲志·山西卷》编辑委员会. 中国戏曲志：山西卷［M］. 北京：文化艺术出版社，1990.

［186］中国戏曲志编辑委员会，《中国戏曲志·陕西卷》编辑委员会. 中国戏曲志：陕西卷［M］. 北京：中国 ISBN 中心，1995.

［187］中国戏曲志编辑委员会，《中国戏曲志·上海卷》编辑委员会. 中国戏曲志：上海卷［M］. 北京：中国 ISBN 中心，1996.

［188］中国戏曲志编辑委员会，《中国戏曲志·四川卷》编辑委员会. 中国戏曲志：四川卷［M］. 北京：中国 ISBN 中心，1995.

［189］中国戏曲志编辑委员会，《中国戏曲志·天津卷》编辑委员会. 中国戏曲志：天津卷［M］. 北京：文化艺术出版社，1990.

［190］中国戏曲志编辑委员会，《中国戏曲志·西藏卷》编辑委员会．中国戏曲志：西藏卷［M］．北京：文化艺术出版社，1993．

［191］中国戏曲志编辑委员会，《中国戏曲志·新疆卷》编辑委员会．中国戏曲志：新疆卷［M］．北京：中国 ISBN 中心，1995．

［192］中国戏曲志编辑委员会，《中国戏曲志·云南卷》编辑委员会．中国戏曲志：云南卷［M］．北京：中国 ISBN 中心，1995．

［193］中国戏曲志编辑委员会，《中国戏曲志·浙江卷》编辑委员会．中国戏曲志：浙江卷［M］．北京：中国 ISBN 中心，1997．

［194］中国作家协会农村读物工作委员会．农村文学读物丛书［M］．北京：作家出版社，1963．

［195］中国作家协会武汉分会．发动群众，大写工厂史、公社史：湖北省编写工厂史、公社史的体会［J］．文学评论，1960（4）：57-64．

［196］中华全国文学艺术工作者代表大会宣传处．中华全国文学艺术工作者代表大会纪念文集［M］．北京：新华书店，1950．

［197］中华人民共和国文化部．农村群众文化艺术工作会议文件选编［M］．内部出版，1958．

［198］中华人民共和国文化部办公厅．文化工作文件资料汇编：1949—1959［M］．内部出版，1982．

［199］中华人民共和国文化部办公厅．文化工作文件资料汇编：1960—1966［M］．内部出版，1982．

［200］中央档案馆，中共中央文献研究室．中共中央文件选集（1949 年 10 月—1966 年 5 月）：第 27 册［M］．北京：人民出版社，2013．

［201］中央人民广播电台简史编写组．中央人民广播电台简史［M］．北京：中国广播电视出版社，1987．

［202］周简段．梨园往事［M］．北京：新星出版社，2008．

［203］周利成，周雅男．天津老戏园［M］．天津：天津人民出版社，2005．

［204］周扬．周扬文集［M］．北京：人民文学出版社，1984—1994．

［205］HOLM D. Art and ideology in revolutionary China［M］. Oxford：Clarendon Press，1991．